MEINST DU,
DIE RUSSEN WOLLEN...?

*In Erinnerung an unsere Großmutter Else Affeldt (1896 – 1980) und für meine Mutter Karin, meinen Bruder Torsten Nitsche und meine Schwester Marit Jobst.*

CARSTEN GANSEL

# MEINST DU,
# DIE RUSSEN WOLLEN…?

## Ein Moskauer Tagebuch

2018

## IMPRESSUM

Herausgeber:
Nordkurier Mediengruppe GmbH & Co. KG
Friedrich-Engels-Ring 29, 17033 Neubrandenburg

Redaktion: Dr. Frank Wilhelm, Elke Enders
Covergestaltung: Ulrike Kielmann

Layout/Satz/Typografie:  Torsten Nitsche – vanDerner.de
Druck/Herstellung:        ODR GmbH, Rostock

Fotos:  Cover: © Dmitry Vereshchagin – Fotolia.com
        Autorenfoto: Dr. Frank Wilhelm
        Innenteil: Carsten Gansel/Archiv Gansel

Herausgegeben 2018, 1. Auflage

# INHALT

## ENTDECKUNGSREISEN NACH RUSSLAND ZWISCHEN VERGANGENHEIT UND GEGENWART

„Warum Moskau? – Und das nicht nur für eine Woche, sondern fast für ein ganzes Semester. Und noch dazu im Winter." – Diese Frage stellte mir ein Bekannter, als ich ihm davon berichtete, dass ich 2017/18 für einige Zeit unterwegs sein werde. Ich versuchte, ihm zu erklären, dass ein Grund natürlich mit meiner Edition von Heinrich Gerlachs „Durchbruch bei Stalingrad" 2016 zusammenhängt. Dies umso mehr, da wir vor kurzem bei Galiani Gerlachs zweites Buch neu herausgebracht hatten, ebenfalls mit einem umfangreichen Nachwort von 200 Seiten und dokumentarischem Material. „Odyssee in Rot", so der Titel, der im Frühjahr 2017 erschienen war. Es handelt sich um Heinrich Gerlachs Bericht, der von Februar 1943 bis Frühjahr 1950 reicht. Es geht um die Zeit nach dem Trauma Stalingrad, die Kriegsgefangenschaft, das Engagement im Bund Deutscher Offiziere und die nachfolgende Odyssee durch verschiedene Gefangenenlager.

„Stalingrad und Kriegsgefangenschaft? Interessiert dies noch jemanden?", fragte mein Bekannter. Diese Position war nicht von der Hand zu weisen. Ich selbst war mir damals nicht ganz sicher gewesen. Aber schon bald nach dem Erscheinen stellte sich heraus, dass genau das Gegenteil der Fall war. Heinrich Gerlachs Roman über Stalingrad führte dazu, dass neues Interesse für das längst ad acta gedachte Thema entstand – und bald fand sich das Buch, auch dank des großen Medieninteresses und umfangreicher Berichterstattungen in vielen Zeitungen und Kanälen, selbst im Ausland, für mehrere Wochen auf der Spiegel-Bestsellerliste.

Es war also zu erwarten gewesen, dass mein Bekannter irgendwie etwas vom Stalingrad-Buch gehört hatte. Aber man muss da realistisch bleiben. Es ist heutzutage nicht vorauszusetzen, dass jeder sich auf dem inzwischen fast unübersehbaren Buchmarkt auskennt. Immerhin erscheinen jährlich in Deutschland fast 90.000 Titel, alles Neu- und Erstauflagen. Wie soll man da die Übersicht behalten? Es nahm daher nicht wunder, dass der Bekannte mich bat, doch mal zu erzählen, was es mit dem Buch auf sich hat. Dieser Aufforderung war ich in den letzten Monaten wiederholt und gern nachgekommen.

„Nun denn", sagte ich, „ich versuche es kurz zu machen." „Du weißt", begann ich und kam auf das Jahr 1943 zurück:

Vor bald 75 Jahren, im Februar 1943, fand eine der monströsesten Schlachten des Zweiten Weltkrieges ihr Ende. Stalingrad wurde zu einer Art Mythos und dies aus vielen Gründen, in Deutschland wie in der damaligen Sowjetunion. Auf sowjetischer Seite forderte die blutige Schlacht etwa eine Million Opfer. Und entsprechend gilt der Sieg bis in die Gegenwart als Wende im Zweiten Weltkrieg. Von den etwa 300.000 Soldaten und Offizieren der Wehrmacht, die von rumänischen Verbänden unterstützt wurden, kamen 90.000 in Gefangenschaft, schwer verwundet, entkräftet, fast verhungert und erfroren. Bis zum Schluss hatte sich der Oberbefehlshaber der 6. Armee, General Paulus, geweigert zu kapitulieren. Er folgte auch hier Hitlers Befehlen. Der hatte bereits im November den von General Walther von Seydlitz geforderten Ausbruch aus dem Kessel kategorisch abgelehnt. Die Entscheidung von Paulus kostete Tausende das Leben, die seit Mitte November 1942 von der Roten Armee eingekesselt waren und unter schlimmsten Bedingungen in Erdlöchern ausharrten. Nur um die 6.000 kehren letztlich aus der Gefangenschaft zurück.

Einer von ihnen war Oberleutnant Heinrich Gerlach, der schließlich nach acht Jahren, im Frühjahr 1950, mit einem Transport in Berlin ankam. Durch glückliche Umstände war Gerlach im Mai 1943 in das Lager 27 bei Moskau geraten, wo er im Vorbereitungskomitee des Bundes Deutscher Offiziere (BDO) mitarbeitete, der sich am 11./12. September 1943 gründete, zwei Monate nachdem sich das Nationalkomitee Freies Deutschland konstituiert hatte. Schon auf der Gründungsveranstaltung kam es zum Zusammenschluss der beiden Organisationen. In der Bewegung „Freies Deutschland" begegnete Heinrich Gerlach bekannten Exilkommunisten, darunter Wilhelm Pieck und Walter Ulbricht, die nach der Gründung der DDR erster Staatspräsident und später Generalsekretär des ZK der SED werden.

Wichtiger für Gerlach werden in Lunjowo Intellektuelle und Autoren wie Rudolf Herrnstadt, Alfred Kurella, Wilhelm Zaisser, Friedrich Wolff, Gustav von Wangenheim, Fritz Erpenbeck, Willi Bredel, Johannes R. Becher oder Theodor Plievier. Liest man heute die Liste der Exilanten, dann ist das so etwas wie ein „Who is who" der späteren DDR. Freilich konnte dies damals niemand wissen. Rudolf Herrnstadt etwa wurde nach seiner Rückkehr aus dem sowjetischen Exil Chefredakteur der Berliner Zeitung, war 1949 Mitbegründer des Berlin Verlages und der Tageszeitung „Neues Deutschland" sowie Mitglied des ZK der SED. Er war es, der 1953 zusammen mit Wilhelm Zaisser, der Minister für Staatssicherheit geworden war, Walter Ulbricht zum Rückzug drängte. Der Versuch von Herrnstadt und Zaisser einer Reformierung der DDR scheiterte im Juli 1953. Er selbst wurde aus der SED ausgeschlossen und in ein Archiv nach Merseburg abgeschoben. Die Autorin Irina Liebmann, Tochter von Rudolf Herrnstadt und 1943 in Moskau geboren, vermutet Jahrzehnte später in einem eindringlichen Buch, was ihr Vater bei der Begegnung mit den Offizieren der Wehrmacht empfunden haben könnte. „Sieht man die Fotos aus dieser Zeit, wie sie dastehen, die deutschen Offiziere in Schaftstiefeln und mit allen Rangabzeichen – wären sie Herrnstadt auf der anderen Seite der Front begegnet, er wußte, wie diese Begegnung ausgesehen hätte", so Liebmann in ihrem Buch „Wäre es schön? Es wäre schön! Mein Vater Rudolf Herrnstadt" (2008).

Doch 1943, nach Stalingrad, sind sich beide Gruppen in einem einig: Sie wollen einen Waffenstillstand herbeiführen, Hitler stürzen und den Krieg beenden. Gemeinsam geben sie die Zeitung „Freies Deutschland" heraus, in deren Redaktion Heinrich Gerlach arbeitet und für die er zahlreiche Beiträge verfasst hat. Sein Artikel vom 17. Juli 1944 trägt die Überschrift „Eine Stadt von vielen: Lyck". Zu diesem Zeitpunkt ist Lyck in Ostpreußen, das etwa 150 Kilometer von Gerlachs Geburtsstadt Königsberg entfernt liegt, vom Krieg noch unversehrt – „Heimatstädtchen, du liebe, liebe kleine Stadt!", so setzt der Beitrag ein. „Was wird geschehen", fragt Gerlach dann. Die Antwort fällt geradezu gespenstisch aus: „Heute läßt Hitler die Sturmglocken läuten über Lyck! Evakuierung! Antreten auf dem Marktplatz, Frauen, Kinder und Greise mit leichtem Gepäck, Handkarren sind erlaubt." Gerlach sieht Zerstörung und Totalvernichtung. Damit das Schreckliche vielleicht doch noch verhindert werden kann, ruft Gerlach geradezu beschwörend die Landsleute auf, sich nicht in das Schicksal zu ergeben und aufzustehen gegen den Diktator. „Jetzt, jetzt endlich müßt ihr dem Wahnsinnigen den Gehorsam verweigern. Jetzt müßt ihr dem Zerstörer Deutschlands in den Arm fallen", so seine Botschaft. Aber auch sie bleibt, wie zahlreiche andere Aktivitäten des Bundes

Deutscher Offiziere und des Nationalkomitees an der Ostfront weitgehend ohne Erfolg und dies selbst dort, wo sich die Situation für die deutschen Truppen als aussichtslos darstellt.

Die besonderen Bedingungen im Lager 27 bei Moskau machten es möglich, dass Heinrich Gerlach neben seiner Tätigkeit in der Redaktion des „Freien Deutschland" schon im Sommer 1943 mit einem Roman über die Hölle von Stalingrad beginnt. Er will und muss sich vom Trauma des Erlittenen freischreiben. In den Abend- und Nachtstunden kann er eine Schreibmaschine nutzen, eine alte „Remington". Und so entsteht in einer relativ kurzen Zeit ein 600-Seiten-Manuskript, dem er – angeregt durch Arnold Zweigs 1935 im Querido Verlag erschienenen Antikriegsbuch „Erziehung vor Verdun" – den Titel „Durchbruch bei Stalingrad" gibt. Am 8. Mai 1945, dem Tag der bedingungslosen Kapitulation von Nazi-Deutschland, setzt er den Schlusspunkt unter seinen Roman.

Nachdem auf Stalins Befehl am 2. November 1945 der Bund Deutscher Offiziere und das Nationalkomitee „Freies Deutschland" aufgelöst werden, durchläuft Gerlach eine regelrechte Odyssee durch eine Reihe von Gefangenenlagern. Das Manuskript, das er mit Schusterzwirn zusammengebunden hat, schleppt er im Rucksack mit sich und arbeitet im Geheimen weiter daran, er korrigiert, er streicht, er verbessert. Kurz vor der Entlassung wird das Romanmanuskript vom sowjetischen Geheimdienst konfisziert und in russischen Militärarchiven weggeschlossen. Auch eine Miniatur-Abschrift des Romans, die Gerlach mit einem eigens entwickelten Abkürzungssystem auf zehn Doppelblättern untergebracht und einem Mitgefangenen gegeben hat, wird gefunden. Alle späteren Versuche von Heinrich Gerlach, nach seiner Rückkehr 1950 das Manuskript zurückzubekommen, scheitern. Kein anderer als Stalins berüchtigter Geheimdienstchef, Lawrenti Beria, verfügt, dass der Stalingrad-Roman im Archiv verschwindet.

Doch Heinrich Gerlach kann sich mit dem Verlust des Manuskriptes nicht abfinden. Er sieht für sich vor allem eine Aufgabe: „Zeugnis abzulegen im Namen der Toten!" Darum entschließt er sich, das Stalingradepos neben seiner Arbeit als Gymnasiallehrer in Brake an der Unterweser neu zu schreiben. Doch nach den ersten Versuchen muss er aufgeben. Er hat das, was man einen „Writer's Block" nennt, eine Schreibblockade. Es ist ihm schlichtweg unmöglich, das Trauma von Stalingrad, von dem er sich in der Gefangenschaft freigeschrieben hat, erneut zu durchleiden. Immer dann, wenn er glaubt, eine Episode zu erinnern, schiebt sich eine schwarze Wand davor. Gerlach ist verzweifelt. Doch da liest er einen Beitrag, in dem über Möglichkeiten der Hypnose berichtet wird, und er wendet sich an den Autor, einen Arzt und Psychologen, der mit dieser Methode erfolgreich arbeitet. Auf seine Anfrage antwortet Dr. Schmitz aus München und stellt Gerlach in Aussicht, dass sie es gemeinsam schaffen könnten, über Hypnose an das verlorene Manuskript zu kommen. Doch Gerlach hat keine finanziellen Möglichkeiten für den Aufenthalt in München. So gewinnen beide für das spektakuläre Experiment die Illustrierte „Quick", eine der bedeutendsten Wochenzeitschriften in den 1950er Jahren. Es kommt zu einer vertraglichen Vereinbarung, wonach die „Quick" die Kosten für Heinrich Gerlachs Aufenthalt in München übernimmt und dafür die Exklusivrechte für den erwarteten Bericht erhält. Eine Win-Win-Situation.

Und in der Tat: Während der Sommerferien, von Mitte Juli an, gelingt es den beiden in 14 Tagen über Hypnose Teile der verlorenen Gedächtnis- und Romaninhalte wiederherzustellen. Am 26. August 1951 titelt die „Quick" in großen Lettern: „Ich weiss wieder was war...". Der Untertitel lüftet dann das sensationelle Geheimnis: „Rußland-Heimkehrer erhält durch Hypnose-Behandlung sein Gedächtnis zurück". Eingeführt wird die Reportage mit dem Verweis auf die Schlacht bei Stalingrad, die Gefangennahme, die Odyssee durch Gefangenenlager und das Verwischen der Erinnerungen an diese traumatisierende Zeit. Zu diesem Zeitpunkt ahnt Gerlach nicht, dass es weitere fünf Jahre dauern wird, bis er endlich das Manuskript abschließen kann. Wann genau er den Schlusspunkt setzt, das ist im 2016 aufgefundenen Tagebuch mit Ausrufezeichen und in rote Versalien gesetzt unübersehbar hervorgehoben: Es ist der 6. Mai 1956, ein Sonntag, an dem Heinrich Gerlach in der ihm eigenen nüchternen Art schreibt: „Durchbruch bei Stalingrad beendet – nach fast genau 5 Jahren Arbeitszeit!"

Im Herbst 1956 erhält Heinrich Gerlach die freudige Nachricht, dass die Nymphenburger Verlagshandlung in München den Roman in ihr Programm aufnehmen will, und im Herbstprogramm 1957 findet er sich unter dem klangvolleren Titel „Die verratene Armee" auf dem Buchmarkt. Damit ist ein in der Geschichte der deutschsprachigen Literatur einmaliges Experiment zu einem erfolgreichen Ende geführt. Der Roman über den Untergang der 6. Armee wird in der Folgezeit zu einem internationalen Bestseller!

„Was für eine Geschichte", sagte mein Bekannter. „Und wie und wann bist Du darauf gestoßen?" Auch diese Frage hatte ich schon öfter beantwortet: Heinrich Gerlachs Roman kannte ich seit Beginn der 1990er Jahre. Und von daher wusste ich um den Verlust des Manuskriptes. In der Geschichtskommission des Verbandes Deutscher Schriftsteller (VS) wurde ich nämlich mit Heinrich Graf von Einsiedel bekannt, der zusammen mit Gerlach Gründungsmitglied des Bundes Deutscher Offiziere war. Mit Heinrich Graf von Einsiedel, einem Urenkel des ersten Reichskanzlers, Otto von Bismarck, tauschte ich mich am Rande der Arbeit in der Geschichtskommission über Stalingrad, das Nationalkomitee „Freies Deutschland", über Krieg und Gefangenschaft und natürlich über die Rolle der Exilkommunisten aus. Ausgangspunkt für mich war der in der DDR vielgeehrte, aber auch

Ende der 1980er Jahre umstrittene Dichter Johannes R. Becher. Zu Becher hatte ich etwa in der Zeit, da ich Heinrich Graf von Einsiedel kennenlernte, zwei Bände beim Aufbau Verlag Berlin herausgebracht. Es ging dort nicht zuletzt um Dokumente, die in der DDR nicht bekannt oder verschwiegen worden waren. Etwa Bechers versuchter Doppelselbstmord: Gemeinsam wollten er und seine damalige Freundin, die Zigarettenverkäuferin Fanny Fuß, 1910 aus dem Leben scheiden. Fanny Fuß starb, Becher überlebte schwer verletzt. Oder etwa Bechers Gedichte aus dem Moskauer Exil, in denen er versuchte, das Trauma des Großen Terrors unter Stalin zu verarbeiten und die erst zu Ende der DDR erschienen. Heinrich Graf von Einsiedel jedenfalls konnte mit Becher nichts anfangen, er war ihm – wie er sagte – suspekt.

Aber über Stalingrad und den Offiziersbund wollte er sich mit mir unterhalten. Und er machte auf ein Buch aufmerksam. „Du musst unbedingt den Stalingradroman unseres Studienrates lesen", sagte er. Gemeint waren Heinrich Gerlach und seine Neufassung des Romans „Die verratene Armee". „Dieses Buch ist viel authentischer als Theodor Plieviers Welterfolg ‚Stalingrad'", so seine Einschätzung. Ich besorgte mir den Roman und musste Heinrich Graf von Einsiedel in vieler Hinsicht Recht geben. In den folgenden Jahren, in denen ich immer wieder zu Fragen von Literatur und Gedächtnis und zu Kriegsromanen in Ost und West forschte, fragte ich mich oftmals, ob das Ur-Manuskript, das den Titel „Durchbruch bei Stalingrad" trug, wohl noch existierte. Große Hoffnungen hatte ich nicht, aber dennoch erkundete ich immer mal wieder, wie es um den Zugang zu den russischen Archiven steht. Endlich und eher durch Zufall erhielt ich 2011 den Hinweis, dass die Archivsituation in Russland gerade günstig sei. Als die Zeichen für eine mögliche erfolgreiche Suche sich verdichteten, entschloss ich mich zusammen mit meinem Mitarbeiter, Norman Ächtler, kurzfristig nach Moskau zu fliegen. Ein Visum wurde beantragt und der Flug gebucht. Im Februar 2012 gelangten wir schließlich in das Militärarchiv, stießen auf Dokumente in russischer Sprache, und fanden nach längerer Suche das verschollene Manuskript!

„Wahnsinn", sagte mein Bekannter. Und er ließ sofort die Frage folgen: „Was habt Ihr empfunden, als nach jahrelanger Beschäftigung und Suche endlich die Urfassung vor Euch lag?" Auch diese Frage war mir im Frühjahr 2016, als „Durchbruch bei Stalingrad" herauskam, oft gestellt worden. So wiederholt bei Lesungen auf der „Leipziger Buchmesse". Julia Encke hat in der Frankfurter Allgemeinen Sonntagszeitung vom 6. März 2016 sehr treffend beschrieben, was damals in Moskau in uns vorging. „Wer schon einmal etwas in einem Archiv gesucht hat, weiß was so ein Augenblick für Forscher bedeutet. Man möchte denjenigen, der neben einem steht, auf der Stelle umarmen, egal, ob man ihn kennt oder nicht. Glücklicherweise hatte Gansel einen Mitarbeiter dabei, mit dem er den Fund feiern konnte", schrieb sie. Ja, genauso war es! Ich war zunächst skeptisch, denn schon oft hatte ich in Archiven die Erfahrung machen müssen, dass ein Text zwar eigentlich hätte vor Ort sein müssen, aber dann wieder einmal nicht auffindbar war. Doch nicht in diesem Fall. Nach einer uns unendlich erscheinenden Wartezeit lag Heinrich Gerlachs Urfassung, um die sich so viele Geschichten rankten, vor uns!

Aber schon damals war mir klar, dass es eines großen Aufwandes bedurfte, um die Ur-Fassung zu veröffentlichen, denn Heinrich Gerlach hatte auf fast jeder Seite Korrekturen angebracht, er hatte gestrichen, verbessert und ganze Teile überklebt. Es dauerte schließlich fast vier Jahre ehe „Durchbruch bei Stalingrad" in einer druckfertigen Fassung vorlag, ergänzt um ein Nachwort, das auf über 170 Seiten die Geschichte von Heinrich Gerlach und Stalingrad zu erzählen suchte. Ohne meine Sekretärin, Heike Müller-Moritz, die das Manuskript abgeschrieben hatte, wäre es nicht zu schaffen gewesen. Immer wieder saßen wir gemeinsam an der Urfassung und versuchten, Einträge und Korrekturen zu entziffern. Es hat letztlich geklappt! Auch dank der ständigen Besuche in Moskau, bei denen ich weiter in Archiven recherchierte.

„Hätte ich das gewusst", resümierte mein Bekannter, „ich hätte das Buch längst gelesen", und ergänzte, ob ich erwartet hatte, dass der Stalingradroman so ein Erfolg wird? Das ist eine Frage, die ich mir mitunter selbst gestellt habe. Ich glaube, es ist kein „Trick der Erinnerung", wenn ich rückblickend sage, dass mir der Erfolg damals nicht so wichtig war. Es ging mir ab 2012 vor allem um die Geschichte, die ich einfach so einzigartig fand. Diese Geschichte wollte und musste erzählt werden. Aber natürlich hatte ich die Hoffnung, dass es auch anderen so gehen könnte. Von Beginn an wusste ich eigentlich, in welchen Verlag das Projekt um Heinrich Gerlach gehört, in den Verlag Galiani in Berlin. Wolfgang Hörner, den Verlagschef, kannte ich seit etwa 2005, damals war er noch Leiter des Eichborn-Verlages. Er hatte eine tolle Laudatio auf den Träger des Uwe-Johnson-Förderpreises, Arno Orzessek, gehalten. Seitdem waren wir in Kontakt geblieben. Und Wolfgang Hörner war sofort von dem Vorhaben begeistert. Rückblickend glaube ich, dass „Durchbruch bei Stalingrad" in keinem anderen Verlag ein solcher Erfolg geworden wäre. Ein tolles Team, das vom Projekt überzeugt war.

Aber mindestens ebenso wichtig, wie die Entscheidung über den Verlag, war für mich persönlich die Frage, auf welche Weise ich die Geschichte von Heinrich Gerlach erzählen sollte. Lange hatte ich darüber nachgedacht, wie ich das mit dem Nachwort mache, das schließlich auf 170 Seiten anwuchs. Mir war klar, dass es nicht so funktionieren würde, wie in der Wissenschaft. In wissenschaftlichen Beiträgen spricht man unpersönlich und nicht als „Ich". Jedenfalls ist dies über lange Jahre in Deutschland nicht üblich gewesen. Inzwischen gibt es auch in dieser Hinsicht Veränderungen. In Doktorandenschule wird jungen Leuten, die auf dem Weg in die Wissenschaft sind, heute immer wieder gesagt, dass man nach „Außen" Selbstbewusstsein zeigen solle und versuchen müsse, die Bedeutsamkeit der eigenen Ergebnisse herauszustellen. Das gehe am besten, indem man „Ich" sagt. Ich bin da nach wie vor skeptisch, wenn es um den Wissenschaftsbetrieb geht. Aber in diesem Fall handelte es sich um ein Buch in einem Publikumsverlag, es ging also darum, einen größeren Leserkreis zu erreichen. Darüber hinaus hatte dieses Nachwort die spannende Geschichte um Heinrich Gerlach mitzuliefern – eigentlich waren es mehrere. Ganz so wie bei einer russischen Matrjoschka, jenen bunt bemalten Puppen, deren Geheimnis darin besteht, dass sich in der großen Puppe eine größere Anzahl kleinerer befindet. In diesem Fall erschien es mir notwendig, wirklich „Ich" zu sagen. Das passte auch deshalb, weil Heinrich Gerlachs Geschichte mich – mit Unterbrechungen – seit Beginn der 1990er Jahre beschäftigt hatte und in diesem Fall die eigene wissenschaftliche Biographie mit die Grundlage dafür war, dass es mir überhaupt möglich war, die vielen Fäden zu entwirren.

Bei Heinrich Gerlach lief gewissermaßen das zusammen, wozu ich seit vielen Jahren gearbeitet hatte: Johannes R. Becher, Kriegsromane in Ost und West, Kriegsgefangenschaft, Flucht und Vertreibung, Gruppe 47, Literatur und Gedächtnis, Erinnerungs-

kulturen oder eben auch Fragen von Zensur in offe-
nen und geschlossenen Gesellschaften. Wollte man
nochmal auf die Matrjoschka kommen: Es sind Erzählungen, die nicht nur den Blick auf dramatische
Lebensschicksale öffnen und an Brennpunkte der
Geschichte des 20. Jahrhunderts führen, sondern die
auch deutlich machen, wie im Nachkriegsdeutsch-
land mit der Erinnerung an die Schrecken des Zweiten Weltkrieges umgegangen wurde und wie sich
das Verhältnis zur Sowjetunion nach 1945 in Ost und
West gestaltete.

## II     IMMER WIEDER MOSKAU –
         EIGENE ERFAHRUNGEN MACHEN

Nachdem ich meinem Bekannten in Kurzfassung
mitgeteilt hatte, was Gründe dafür sind, warum es
mich für ein Semester nach Moskau zieht, hatte er natürlich einige Einwände. Ihm behage Russland nicht
so recht und Putin sei doch sowas wie ein Autokrat.
Und überhaupt, wie sehe es dort mit der Demokratie aus? Tja, es waren dies Einwände, die ich in den
letzten Jahren immer wieder gehört habe und die mir
auch nicht ganz fremd waren. Als ich mich 2012 nach
Moskau aufmachte, hatte ich durchaus ähnliche Vor-
behalte. Ich stand Russland und seinem Präsidenten,
Wladimir Putin, ausgesprochen kritisch gegenüber.
Damals konnte ich nicht akzeptieren und fand es po-

litisch motiviert, dass etwa Michail Chodorkowski, der noch nach dem Millennium als der reichste Mann Russlands galt, seit 2003 in Haft saß. Mir war schon bewusst, dass Chodorkowski als Kritiker Putins und der „gelenkten Demokratie" aufgetreten war. Aber dies war für mich kein hinreichender Grund, ihn nach Sibirien in ein Straflager zu stecken. Vermutlich hatte ich damals das Lexem ‚Oligarch' noch gar nicht so im Hinterkopf. Ich erinnere mich auch, dass es mit einem Freund heftige Debatten gab, denn der sah Chodorkowskis Verurteilung als rechtens an und verwies darauf, dass der Mann sich als früherer Jugendfunktionär einen der wichtigsten Erdölkonzerne angeeignet hatte. Und so kam es, dass ich ab 2012 bei den ersten Reisen nach Moskau mit russischen Bekannten – Freunde waren es damals noch nicht – immer wieder mal über Chodorkowski, die 1990er Jahre, Jelzin, Gorbatschow und Putin sprach. Mich erstaunte, dass mit Blick auf Chodorkowski recht klare Meinungen in Moskau existierten. Chodorkowski sei ein „Spitzbube", das war noch die freundlichste Umschreibung. Und es wurde darauf hingewiesen, dass der Mann versucht hatte, Teile des Erdölkonzerns „Jukos" an Interessenten aus den USA zu verkaufen.

Irritierend wirkte auf mich, der ich das Schicksal von Chodorkowski mit einiger Empathie verfolgte, auch der Umstand, dass der Ende der 1990er Jahre alle möglichen Oppositionsparteien ganz unterschiedlicher Couleur finanziell unterstützt hatte, darunter die Partei Yabloko, die Kommunistische Partei, aber auch die Regierungspartei Einiges Russland. Natürlich weiß man immer nicht so recht, was man von solchen Informationen halten soll. Wenn es denn stimmte, so meine damalige Auffassung, dann war dies in etwa vergleichbar mit dem, was man in Westeuropa Lobbyismus nennt. Einige Jahre später wurde mir dann klar, dass es hier schlichtweg darum ging, sich möglichst viele Stimmen in der russischen Duma in verschiedenen Parteien zu sichern. Das sollte sich dann wiederum bei Gesetzgebungen für die Konzerne niederschlagen. Ich war allerdings nicht so naiv zu glauben, dass es in der „Raubritterzeit" unter Jelzin, in der nicht nur Chodorkowski es schaffte zum Oligarchen zu werden, alles mit rechten Dingen zugegangen war. Anders gesagt: Unter den Chaosverhältnissen der damaligen Jahre sind mit einiger Sicherheit die Gesetze nicht hinreichend beachtet worden, und es musste in einem solchen System Mitwisser geben. Es war daher kein Wunder, dass nach der Verurteilung von Chodorkowski eine Reihe von Oligarchen aus Russland verschwand und nach Großbritannien, die Schweiz oder die USA auswanderte.

Jedenfalls war ich seit 2012 mehrmals im Jahr in Russland. Und natürlich ging es da nicht nur um Stalingrad, die Kriegsgefangenschaft oder die Kulturarbeit in sowjetischen Kriegsgefangenenlagern, sondern immer auch um die aktuellen Verhältnisse in Russland. Aber mit Notwendigkeit stand ich vor der

Aufgabe, auch die Entwicklungen in beiden Teilen Deutschlands genauer zu diskutieren. Es bestätigte sich, was ich schon in den 1990er Jahren notiert hatte, dass nämlich die Erinnerung an Krieg, Widerstand, Flucht, Vertreibung und historische Schuld bis 1989 in nicht geringem Maße vom Ost-West-Konflikt und ideologischen Frontbildungen bestimmt wurde. Und das war nicht nur meine Auffassung. In einem Beitrag, der sich 70 Jahre danach mit dem Umsturzversuch vom 20. Juni 1944 beschäftigte, zeigte Johannes Tuchel, wie lange es gedauert hatte, bis das Stauffenberg-Attentat als legitimer Widerstand gegen die Hitler-Diktatur anerkannt wurde. „Doch was heute in der Erinnerung an den Widerstand gegen den Nationalsozialismus als selbstverständlich erscheint, ist in Wirklichkeit das Ergebnis eines langen und vielfach widersprüchlichen Prozesses", so Tuchel 2014. „Die Erinnerung an die Breite und Vielfalt des Widerstandes gegen den Nationalsozialismus musste mühsam durchgesetzt werden. Vieles wurde dabei ignoriert, verdrängt, vergessen", notierte er. Tuchel betonte, dass beide deutsche Nachkriegsgesellschaften mit der Erinnerung an den Widerstand gegen den Nationalsozialismus auch politische Ziele begründeten.

Und zweifellos ist der Umgang mit dem deutschen Widerstand gegen Hitler nicht zu trennen von der Geschichte der beiden deutschen Staaten zwischen 1949 und 1989. In der Bundesrepublik musste die Erinnerung an den Widerstand lange aus der Defensive heraus argumentieren. Das war in der DDR etwas anders, wenngleich hier der Kommunistische Widerstand im Zentrum stand, natürlich das Nationalkomitee „Freies Deutschland", später die „Weiße Rose" um die Geschwister Scholl und schließlich der 20. Juni 1944 mit Graf Schenk von Stauffenberg.

Vielleicht ist die Vermutung nicht unbillig, dass die Prägungen, die es in Ost und West gab, bis in die Gegenwart mit ein Grund für das jeweilige Verhältnis zu Wladimir Putin und Russland sind. Lassen wir einmal die mediale Darstellung in den Leitmedien außerhalb der Betrachtung – dazu wird im Gespräch am Ende des Bandes etwas gesagt –, dann gibt es durchaus Unterschiede. Soweit ich es wahrnehme, lehnt ein größerer Teil der ostdeutschen Bevölkerung die aktuelle Politik gegenüber Russland sowie das, was „Russland-Bashing" genannt wird, ab. Die Leserbriefe, die in den Regionalzeitungen, nicht nur im „Nordkurier", abgedruckt werden, geben darüber Auskunft.

Allerdings könnte auf den ersten Blick verwundern, dass in den Neuen Bundesländern eine so offensichtliche Abwehr einer als undifferenziert empfundenen Darstellung von Russland existiert. Denn: Man wird nicht davon sprechen können, dass in der DDR bis 1989 die Sympathien gegenüber der Sowjetunion als Staat riesig groß waren. Im sogenannten kommunikativen Gedächtnis, also in den Familien und unter Freunden, war natürlich das präsent, was öffentlich keine Rolle spielen durfte, etwa die Schrecken von

Flucht und Vertreibung oder die Tatsache, dass es zu Kriegsende zu zahlreichen Vergewaltigungen durch Soldaten der Roten Armee gekommen ist. Meine Großmutter und meine Mutter sind aus der Freistadt Danzig geflohen. Beide hatten Glück, ihnen ist nichts geschehen. Zu den Geschichten gehört aber auch eine andere, nämlich jene davon, wie ein russischer Offizier meiner Großmutter das Leben rettete. Als sie sich gegen die Vertreibung aus Haus und Wohnung wehrte, hatte sie urplötzlich eine Pistole am Kopf. Das allerdings waren keine Soldaten der Roten Armee! Jedenfalls fing meine Großmutter, die alles verloren hatte, in Güstrow/Mecklenburg von vorn an. Sie begann in ihrem studierten Beruf als Lehrerin und unterrichtete vor allem Mathematik und Deutsch. Bis ins hohe Alter sprach sie perfekt Englisch, Französisch und Latein. Vergessen hat sie den Verlust dessen, was sie Heimat nannte, nie!

Vielleicht gab es gerade deshalb in jenen Familien, die in der späteren DDR ihre Zuflucht fanden, das Bestreben, den Verlust von Hab und Gut und Heimat als Folge des von Hitlerdeutschland ausgehenden Vernichtungskrieges gegen die Sowjetunion zu betrachten, also als eine Art von ‚Schuldbegleichung‘. Freilich ändert dies nichts an der Tatsache, dass wohl nur ein Teil der Deutschen für den Krieg ‚bezahlt‘ hat. Und in den Bundesländern, die früher DDR waren, entstanden über Jahrzehnte persönliche Freundschaften in die Sowjetunion, die bis heute existieren.

Noch etwas Anderes kommt hinzu: Bis 1989 gab es unter Bürgern in der DDR durchaus ein gewisses Überlegenheitsgefühl gegenüber dem sogenannten „Großen Bruder". Man empfand zwar auf der politischen Ebene eine gänzliche Abhängigkeit, aber im wirtschaftlichen Bereich war offensichtlich, wem es im Alltag besser ging. Bei allen Engpässen in der DDR, die natürlich ebenfalls eine Mangelwirtschaft war, lag sie gegenüber den anderen Ländern des Real-Sozialismus – gerade auch gegenüber der Sowjetunion – immer noch an der Spitze. Ein Freund, der als Kubaner in Russland studierte, und zu Ende der 1980er Jahre die DDR bereiste, drückt das noch heute so aus: „Für mich war die DDR damals das sozialistische Paradies."

Die gewisse Überheblichkeit, die es in der DDR gab, ist mir unlängst beim Lesen von Christa Wolfs Berichten über die Sowjetunion aufgefallen. Als Christa Wolf, die ja ausgesprochen intensive Beziehungen in die Sowjetunion hatte und viele Freundschaften pflegte, 1966 in Moskau war, notierte sie Folgendes: „An unserem Tisch eine dicke Frau mit einem Jungen, der auf einem Kamm lutscht. Beide ländlich aussehend. Nebenan drei Studentinnen, eine davon unendliche lange silberne Fingernägel. Auffallend, aber nicht sehr geschmackvoll zurechtgemachte Augen, oft alte, billige Mäntel. Viele alte, ärmlich gekleidete Frauen im Straßenbild, aber auch in den Außenbezirken mehr Geschäfte, z. T. auch moderner aufgemacht." Ich glaube, diese gar nicht böse gemeinte Notiz, die unterbewusst einen Abstand, ja eine Überlegenheit formuliert, ist durchaus repräsentativ für DDR-Bürger gewesen. Und wer wusste bis 1989 nicht, wie mies es den Soldaten der Sowjetarmee in der DDR ging?

Zu solchen Erfahrungen mit der Sowjetunion gehört ebenfalls das Erlernen der russischen Sprache, damals sicher eher mit Unwillen und ohne nachhaltige Sprachkompetenz, aber dennoch nicht ohne Wirkung. Schließlich blieb die Vermittlung der russischen und sowjetischen Literatur nicht ohne Folgen. Als Schüler war einem das sicher nicht bewusst. Aber Leo Tolstoi, Fjodor Dostojewski, Maxim Gorki, Nikolai Ostrowski, Michail Scholochow oder Arkadi Gaidar haben ebenso Spuren hinterlassen wie Michail Bulgakow, Valentin Rasputin und Tschingis Aitmatow. Ganz zu schweigen von Musikern und Komponisten.

Das sind frühe und oft ganz persönliche Prägungen, und sie werden bis in die Gegenwart in den Neuen Bundesländern an die nachkommenden Generationen weitergegeben. Und das ist gut so! Es erübrigt sich deshalb auch die Frage, wie man mit solchen Erfahrungen in der Biografie und mit Sicht auf das unermessliche Leid bis 1945 die rhetorische Frage aus Jewgeni Jewtuschenkos großem Poem beantworten soll: „Meinst Du, die Russen wollen Krieg?"

# AUFBRUCH NACH MOSKAU

Es ist schon ein komisches Gefühl, nicht nur für eine Woche Richtung Moskau aufzubrechen, sondern im Bewusstsein, dass es sechs Wochen werden. Geflogen wird mit der Aeroflot, und anders als so oft in den letzten Zeit, startet die Maschine pünktlich und kommt auch zur rechten Zeit an. Berlin – Moskau, das sind nur zweieinhalb Stunden, Ankunft um 16.35 Uhr. Die Passkontrolle!

Einige Kollegen waren skeptisch und meinten, ich solle vorsichtig sein und mich nicht zu sicher fühlen. Sie spielen auf das Ur-Manuskript von Heinrich Gerlachs „Durchbruch bei Stalingrad" an, das wir 2012 sozusagen aus der „Kriegsgefangenschaft" geholt haben, nach 70 Jahren, und das dann bei Galiani 2016 zu einem großen Erfolg in Deutschland wurde, es sogar auf die Spiegel-Bestsellerliste schaffte. Man soll sich nicht so wichtig nehmen, war meine wiederholte Antwort. Die Russen haben nun wirklich anderes zu tun, zumal Heinrich Gerlachs „Durchbruch bei Stalingrad" und die Nachworte auch von der „Odyssee in Rot" der Versuch sind, die „andere Seite mit ihren eigenen Augen" zu sehen.

Ganz abgesehen davon, man sollte nie aus der Er-

*Blick auf Moskau*

innerung verlieren, dass im Zweiten Weltkrieg etwa 27 Millionen Sowjetbürger umgekommen sind. Das hat Heinrich Gerlach, der Stalingrad überlebte und 1991 starb, natürlich im Bewusstsein gehabt. Anders als deutsche Politiker der Gegenwart, die das – so mitunter der Eindruck – oftmals vergessen haben! Mit Geschichtslosigkeit lässt sich besser Politik machen, hat mir mal jemand gesagt.

Jedenfalls stehe ich vor dem Offizier, der die Passkontrolle in aller Gründlichkeit erledigt, der mich zunächst streng ansieht, dann lange im Computer sucht, im Reisepass blättert, und – „Oh, man", denke ich, „es gab in Moskau die Lubjanka, und die arbeitet immer noch gut" – und dann den Reisepass mit dem Adler emotionslos zurückgibt. „До свидáния! Auf Wiedersehen!", sage ich, und ab geht es zu den Koffern. Die sind schnell da, ich bin einer der ersten und strebe umgehend dem выход, dem Ausgang entgegen, den Kollegen am Zoll nett anlächelnd, meine ich. Der lächelt zurück und fordert mich sogleich mal auf, all mein Gepäck ordentlich durch die Schleuse zu schicken. Genauso freundlich verabschiedet er sich, als auf dem Bildschirm nichts Gefährliches zu sehen ist. Und nun aber wirklich zum Ausgang, wo Wladimir, der Mitarbeiter des Akademischen Auslandsamtes der Staatlichen Landesuniversität Moskau, mit einem Schild steht und mich erwartet. Er spricht Englisch, ich antworte auf Russisch und wir kommen in ein nettes Gespräch.

Bis das Auto da ist, dauert es fünf Minuten – dann geht es ab. Eine Stunde soll es dauern bis zum Wohnheim, es werden fast zwei bei den für Moskau üblichen Staus. Wenn man glaubt, nun ginge es endlich los, wieder einreihen, ein neuer Stau. Dagegen sind unsere Autobahnen und Berlin die reinsten Rennpisten. Aber irgendwie kommen wir durch, auch weil der Fahrer des Öfteren die Spur wechselt und ein Gespür dafür hat, wie man schneller vorankommt in Stauzonen. Üblich auch, das fällt mir auf, wenn man sich reindrängelt in eine Spur rechts oder links, ist die Warnblinkanlage ein Dankeschön für den Hintermann.

Jedenfalls kommen wir im Quartier der Universität an, aber einfach reingehen, so läuft das hier nicht. Wie auf Flughäfen muss man durch ein Drehkreuz, freilich nur mit einer Karte. Und da wir keine haben, wird der Wachdienst tätig, der in Uniform an einem großen Tisch sitzt. Dann gibt es die Einweisung für mich durch die Deschurnaja, die Diensthabende, die mir auch das Zimmer zeigt. Spartanisch eingerichtet, drei Betten, zwei Schränke, zwei Schreibtische, ein Stuhl. „Wie wird das werden", überlege ich. Aber die Internetverbindung funktioniert. Das ist schon mal was. Morgen holt mich Wladimir ab, und wir fahren zur Universität.

Nachdem ich mich eingerichtet habe, muss ich die Gegend erkunden. Ganz in der Nähe befindet sich ein georgisches Restaurant, sehr gemütlich, sie wollen mich gleich dabehalten. „Warum morgen", fragt die Kellnerin, besser heute. Ich vertröste sie auf morgen. Und bin recht sicher, dass ich da einkehren werde. Morgen oder übermorgen!

Als ich zurück bin, muss ich mich den Koffern widmen. Zum Auspacken fehlt mir jetzt die Lust. Ich schau mir die Gemeinschaftsküche an. Na ja. Was ich dort aber sofort sehe, das ist ein Evakuierungsplan (план эвакуации), das ist anscheinend global, ich kenne es aus vielen Ländern. Mehr Probleme bereitet mir aber der Umstand, dass Toilette und Waschgelegenheiten sich auf dem Flur vor dem Zimmer befinden. Und noch belastender dürfte sein, dass das Zimmer, das bis kurz vor Weihnachten mein Domizil sein soll, recht hellhörig ist und die Tür anscheinend nicht so wirklich gegen die Geräusche auf dem Flur abschirmt. Wir werden sehen!

DONNERSTAG, 2. NOVEMBER

## DER ERSTE TAG IN MOSKAU

Der Morgen ist da, der erste Tag in Moskau. Gut schlafen, das ist etwas Anderes. Aber wir wollen nicht sogleich nörgeln. Es wird schon werden. Ich bin mit Wladimir vom Akademischen Auslandsamt

*Auf dem Weg vom Wohnheim zum Bahnhof Perlovskaja*

zu 11 Uhr verabredet. Das passt, zumal ich vorher noch diverse Mail-Post und Vorbereitungen erledigen muss und mir in Ruhe in der Küche einen Kaffee machen kann. Ich treffe dabei sogar die Deschurnaja auf einen kleinen Plausch, und sie gibt mir sogleich einen Tipp. Achtung, den Schlüssel im Schloss für mein Zimmerchen nur einmal umdrehen, sonst hakt er und bricht vielleicht ab. Übrigens gibt es noch eine zweite Deschurnaja, die gewissermaßen für die Reinigung verantwortlich ist und mir Informationen zur Dusche gibt. Wenn etwas nicht funktionieren sollte, dann sogleich bei Deschurnaja 1 melden. Das ist schon mal nett und ein guter Service, sage ich mir, aber ich kenne die Zimmer der Studenten im Wohnheim nicht.

Wladimir ist eine halbe Stunde früher da, das passt bestens. Wir können starten. Zu Fuß, also, peschkom (пешком), geht's zum Bahnhof von Mytischtschi, einem Vorort von Moskau, genauer einer Stadt, die zum Oblast Moskau gehört. Bei unserem Gang nehme ich an der rechten Seite hinter einem Zaun eine Holzhütte wahr, auf die eine Botschaft gesprüht ist: „Nicht trinken" steht drauf („Не пить").

Der Bahnhof selbst heißt allerdings Perlovskaya. Das muss man sich merken. Von hier aus fährt ein Zug nach Moskau. Als ich in Vorbereitung des Moskau-Aufenthaltes recherchiert habe, war ich freilich von der Lage der Unterkunft nicht begeistert. Jeden Tag mit dem Zug nach Moskau? Aber mir wurde auch von einem deutschen Kollegen in Moskau immer wieder versichert, dass das Nahverkehrssystem in Moskau eines der besten in der Welt ist. Zur Metro, die jeder kennt, ist ein Eisenbahnring hinzugekommen bzw. reaktiviert und modernisiert worden. Auf diesem Ring kreisten vor dem Bau der Metro – von 1907 bis 1934 – Personenzüge, die von Dampflokomotiven betrieben wurden, rund um die Stadt. In diesen Zügen, sagt mir der deutsche Kollege euphorisch, kann man heutzutage auch Fahrräder mitnehmen. Nebenbei, der Kollege ist ein absoluter Bike-Fan. Also gut, warten wir ab, wie lange es bis Moskau dauert.

Flotten Schrittes brauchen wir etwa 10 Minuten zum Bahnhof Perlovskaya, dort dann Kartenkauf. „Achtung", sagt Wladimir, „das Ticket auf gar keinen Fall wegschmeißen und verlieren. Man braucht es an der Schranke des Eingangs zum Gleis und auch wieder dann, wenn man den Bahnhof verlassen will." Für Schummler keine Chance, aber die Preise sind auch ungemein günstig. Für eine Fahrt nach Moskau sind das etwa 65 Rubel, also ungefähr ein Euro. Allerdings darf man nicht vergessen, wie es um die Löhne in Russland bestellt ist.

Wir kommen am Jaroslawski voksal an, dem bekannten Jaroslawler Bahnhof. Das ist – wie in Leipzig – ein sogenannter „Kopfbahnhof", der bereits Ende des 19. Jahrhunderts gebaut wurde, genau 1892. Hier startet die Transsibirische Eisenbahn, die heute wohl immer noch die längste Eisenbahnstrecke der Welt ist. Es sind um die 9.300 Kilometer. Von Moskau bis nach Wladiwostok am Pazifischen Ozean. Sechs Tage braucht man. Die Fahrt mit der Transsibirischen, das ist immer noch mein Traum. Aber jetzt ist Moskau an der Reihe. Hier am Jaroslawler Bahnhof heißt es umsteigen in die Metro. Vorher das Ticket entwerten. Und dann gelangen wir in wenigen Minuten zur Station „Komsomolskaya". Freilich müssen wir vorher durch eine Schleuse, wie überall an Bahnhöfen, Metrostationen, Einkaufspassagen und größeren Geschäften.

Neben den Schleusen, die die Sicherheit erhöhen sollen, stehen Polizisten oder Sicherheitskräfte. Ein enormer Aufwand an Personal, was ich in diesem Umfang aus keiner anderen Großstadt der Welt kenne.

Wir gelangen – für Moskau-Kenner oder Touristen – auf die „braune Linie", die Ringlinie bzw. die Kolzewaja Linia. Die Station „Komsomolskaya" ist besonders wichtig, weil sie die Möglichkeit bietet, zu drei Fernbahnhöfen umzusteigen, dem Jaroslawler, dem Kasaner und dem Leningrader Bahnhof.

Die Metro kenne ich seit meinem ersten Moskau-Aufenthalt vor vielen Jahren, und ich bin immer wieder aufs Neue fasziniert. 1935 wurde die Metro in Moskau eröffnet, und was sie an Menschen täglich bewegt, ist enorm. Es heißt, sie würde täglich von etwa neun Millionen Leuten genutzt. Die Metro fährt im Minutentakt, und ich habe noch nie eine Verspätung erlebt. Bekannt ist auch, dass die Metro die tiefsten Tunnel weltweit hat und die Stationen durch ihre besondere Architektur berühmt sind. Der bauliche Zustand eigentlich aller Metro-Stationen ist – soweit ich das als Laie erkennen kann – ausgezeichnet, die Decken sind zumeist mit stuckartigen Verzierungen versehen, die Wände aus Marmor und durchweg in höchstem Maße gepflegt.

Wir fahren nur eine Station auf der „braunen Linie" und kommen an der Metro-Station „Kurskaya" an, die 1950 eingeweiht wurde, dann durch diverse Tunnel zum Ausgang Richtung Universität, genauer in die „Kazakova Straße". In 15 Minuten sind wir dann endlich bei der Universität. Wie lange haben wir gebraucht: etwa eine Stunde! Nun ja, es ist doch nicht ganz unaufwendig, aber für die Verhältnisse einer Stadt, die – wie Moskau – etwa 12 Millionen Einwohner hat, eine gute Zeit und relativ entspannt.

Am Eingang der Uni gibt es wiederum eine Schranke. Ich muss meinen Reisepass hervorholen, die Daten werden in ein Buch eingetragen, und erst dann können wir die Schranke passieren! Auf zum Internationalen Büro, denn nun folgt die Anmeldung. Es sind zahlreiche Dokumente auszufüllen. Wie heißt es so schön im Russischen: Wir werden sehen!

## ORDNUNG MUSS SEIN
## ODER ENDLICH ROTER PLATZ

Wie erwartet, haben die Formalitäten dann doch recht lange gedauert. Aber das ist nun mal so. Als ich vor einigen Jahren für ein Wintersemester in Calgary war, gab es ebenfalls eine Menge zu regeln. Der Aufwand vorab war dabei weitaus größer als für diese Gastprofessur in Moskau. Es hing dies wohl mit dem Einwanderungsgesetz in Kanada zusammen. Die Behörden wollen anscheinend dem vorbeugen, dass jemand sozusagen durch die Hintertür nach Kanada kommt. Im Vergleich dazu ist Moskau dann eigentlich recht unkompliziert. Abgesehen davon: Alles muss seine Ordnung haben, so scherzen wir entsprechend auch im Büro des Akademischen Auslandsamtes. Ganz wie in Deutschland. „Ordnung ist das halbe Leben", gleich der nächste Spruch, den die Kollegen kennen und beherzigen. Nach zwei Stunden schlägt Wladimir eine Pause vor: Mittagessen, обедать!

Wir gehen zusammen in die Stolovaya, die Mensa. Sie macht einen sehr guten Eindruck auf mich. Es ist allerdings auch die Mensa für die Mitarbeiter. Dort treffen wir auf einen Kollegen, der perfekt deutsch spricht. Kein Wunder, er ist Leiter des Zentrums für Deutsche Sprache und Kultur, und er kennt sich hervorragend in Deutschland aus. Wir werden demnächst ausführlicher Kontakt haben und planen einen Austausch.

Aber das Essen? Es ist durchaus das, was man – zumindest für Mensaverhältnisse – ‚schmackhaft' nennen kann, jedenfalls nicht schlechter als in Gießen – wohl aber viel billiger: Kartoffelsuppe und Bulette mit Kartoffeln für umgerechnet zwei Euro. Es reicht fürs Erste. Die Mensa ist wie der übrige Teil der Uni, in dem ich mich befinde, in einem ausgezeichneten Zustand, gepflegtes Gebäude, alles frisch, historische Bilder an den Wänden. Freilich sind in den Büros gleich mehrere Arbeitsplätze eingerichtet, was auf die komplizierte Raumsituation schließen lässt. Ich bin gespannt, wie es dann in der Fakultät für Romanistik und Germanistik sein wird.

Bis 15 Uhr haben wir noch zu tun, und dann mache ich mich auf den Weg ins Zentrum, also Richtung „Roter Platz", Metrostation „Platz der Revolution" (Ploschad Revoluzii – ПЛОЩАДЬ РЕВОЛЮЦИИ), die 1938 eröffnet wurde. Unweit vom Ausgang „Platz der Revolution" geht es Richtung GUM, das ist das große Warenhaus, das viele Touristen vor allem aus dem Osten noch kennen. Ich selbst habe dort in den 1980er Jahren mal einen Motorradhelm gekauft, der auch ohne Probleme die Grenze passieren konnte. Während der Sowjetzeit war das GUM, das schon 1893 in der damals typischen historistischen russischen

Architektur errichtet wurde, ein regelrechter Magnet und das Gewimmel der Menschen dort unübersehbar. Es gab damals ein riesiges Angebot, auch an Mangelwaren, und so heißt es, spezielle Abteilungen für hohe Funktionäre.

Heute ist das anders. Das Gebäude ist durch und durch saniert und auf den drei Etagen finden sich diverse Mode-Marken, hochpreisige Konsumgüter, Elektronik von Apple bis Sony. Das hat Folgen, die Hektik der früheren Jahrzehnte gibt es hier nicht mehr. Wer hier einkaufen will, der muss entsprechend gut verdienen. Die deutsche Modefirma Boss hat inzwischen übrigens den Platz von Armani eingenommen und präsentiert sich auf zwei Etagen. Das fällt sofort auf, weil sich die riesigen Schaufenster Richtung „Roter Platz" im Erdgeschoss befinden.

Aber ich bin nicht zum Einkaufen hier, sondern treffe meinen Freund Sascha, mit dem ich seit 2012 zusammenarbeite. Sascha ist ein hoch spezialisierter Fachmann und spricht nicht nur Deutsch, sondern auch Japanisch und Chinesisch. Er übersetzt immer wieder für Einrichtungen aus Japan. Derzeit läuft es allerdings nicht so gut. Wir wollen gemeinsam in den nächsten Wochen wieder in Archiven recherchieren. Mal sehen!

Vom GUM machen wir uns auf in die Stadt, trinken noch einen Kaffee und dann muss ich zurück, es ist dunkel, und irgendwann möchte ich im Wohnheim ankommen. Alles klappt, und ich werde um 21 Uhr

*Im Kaufhaus GUM*

eingelassen, nein, nicht von der Deschurnaja, sondern von der männlichen Sicherheitskraft! Ich erfahre, dass er gewissermaßen Schichtdienst hat, 14 Tage hintereinander, dann eine entsprechende Pause.

# „DAS VERGANGENE IST NICHT TOT" ODER VON DEN SCHWIERIGKEITEN, DEUTSCH ZU LERNEN

Bis Mittag habe ich auch heute wieder in der Auslandsabteilung zu tun, und ich lerne den Leiter kennen. Ein Historiker, der zum Römischen Reich promoviert hat und Latein, Französisch und auch ein wenig Deutsch spricht. Wir verstehen uns gut, und er erzählt mir die Geschichte, dass er Deutsch wegen seiner Großmutter nur heimlich lernen konnte. Seine Großmutter habe ihm das verboten. Etwas zaghaft frage ich nach: „Hängt das mit dem Zweiten Weltkrieg zusammen?" Ja, sagt er. „Hier in Moskau", suche ich der Antwort näher zu kommen. „Nein", sagt er, „in Stalingrad." Ich kann mir denken, was das bedeutet! Sie konnte es nicht vergessen, versuche ich für mich eine Antwort zu bekommen. Aber der Leiter antwortet, als ob er meine Gedanken gelesen hat. „Ja", die

Großmutter habe gesagt, sie bekomme das Geschehene einfach nicht aus dem Kopf. Erst nach ihrem Tod war es ihm möglich, Deutsch offiziell zu lernen.

Da ist es wieder, das Stichwort „Stalingrad". Ich erinnere mich daran, als ich mit dem ZDF-Aspekte-Team im April 2016 an diesem Ort war, der heute Wolgograd heißt: Frank Vorpahl, der das Konzept für den Aspekte-Beitrag geschrieben hatte und vor Ort dann auch als Kameramann aktiv war, Tobi Schlegel, der die Sendung moderierte und den Roman „Durchbruch bei Stalingrad" vorstellte, und ich. Noch mehr als 70 Jahre danach konnte man sehen, was hier ab Ende 1942 geschehen war. Wir waren außerhalb der Stadt, wo die großen Friedhöfe sind, auf denen immer noch Gefallene geborgen werden und ihr Kreuz erhalten, rechts der Straße die sowjetischen Soldaten, links der Straße die deutschen Soldaten.

Wer einmal dort war, dem wird umso mehr bewusst, dass diese Vorgänge nicht aus dem Gedächtnis fallen dürfen. Aber freilich interessiert das deutsche Politiker heute, so hat man den Eindruck, nicht wirklich. Jedenfalls ist seit der krisenhaften Entwicklung nicht erst im Zusammenhang mit der Ukraine und der Krim der Kontakt schwieriger geworden. Das hatte uns eine Dolmetscherin bei unserem Aufenthalt in Wolgograd erzählt, nur noch wenige Schülergruppen würden kommen, sagte sie traurig. — Aber darüber sprechen wir jetzt nicht und auch die Erlebnisse der Großmutter bleiben im Dunkeln. Vielleicht später einmal.

Zu 15 Uhr mache ich mich auf den Weg ins Zentrum, zum DI Telegraf in der „Tverskaya Straße". Unter Stalin wurde sie auf 40 Meter verbreitert, und sie zieht sich über etwa sechs Kilometer. Wie ich das sehe, eine der schönsten Straßen in Moskau, an der auf beiden Seiten zahlreiche Sehenswürdigkeiten, Denkmäler und auch Theater liegen. In der Tverskaya 7 jedenfalls wurde in den 1920er Jahren der Zentrale Telegraf eingerichtet. Es ist ein riesiges Eckgebäude, in dem früher über 1.000 Menschen gearbeitet haben.

Heute werden Teile des Gebäudes von der – so kann man lesen – kreativen Intelligenz genutzt. Dort muss ich hin, denn hier veranstaltet die Friedrich-Ebert-Stiftung in Verbindung mit verschiedenen Partnern einen zweitägigen Workshop zur Kreativwirtschaft.

Per Internet habe ich mich bereits angemeldet, aber erstmal laufe ich diverse Räumlichkeiten an, um überhaupt den Ort zu finden. Wiederholt begegnet mir Schulterzucken, von der Kreativwirtschaft hat in dem Restaurant, in das ich hineinplatze, keiner etwas gehört. Endlich finde ich den Eingang, der sich in einer Seitenstraße befindet, von da aus in die 5. Etage. Und in der Tat, dort ist die Kreativwirtschaft versammelt. Alles klappt ausgezeichnet. Eine nette junge Studentin am Servicepoint checkt über ihr i-phone meinen Namen, ich bekomme eine Mappe und ein Schildchen und los kann es gehen!

## „ART WERK 2017-11-07 – DEUTSCH-RUSSISCHES FORUM DER KREATIVINDUSTRIE" – NEUE SICHTEN

„Art Werk 2017-11-07 – Deutsch Russisches Forum der Kreativindustrie" – das hört sich spannend an. Und in dem riesigen Raum, der noch eine zweite Teil-Etage hat, finden sich – neben einer Cafeteria und vielen Sitzplätzen am Rande – eine Reihe von Ausstellern der Kreativindustrie. Das sind Mode-Designer, Maler, Graphiker, Musikproduzenten, Animationsfilmer. Das Programm geht über zwei Tage, und hier treffen sich zahlreiche Leute, die dem Kreativsektor zugerechnet werden.

Kreativ und Wirtschaft, das ist schon eine wichtige Verbindung. Denn auf Dauer ist es nicht angenehm, in einem Bereich seinen Lebenssinn finden zu wollen, den andere zwar durchaus akzeptieren und interessant finden, der aber leider nicht hinreichend dazu beiträgt, seinen Lebensunterhalt zu verdienen. Man kennt noch bis ins 20. Jahrhundert die Formel von Eltern, die ihren Kindern einzuprägen suchten, um Gottes Willen das Ziel nicht in den „schönen Künsten" zu suchen, die eben „brotlos" seien. Brot steht dabei für die sichere finanzielle Basis, das gute Einkommen, das die Künste eben nicht zu bieten hätten.

Nun gilt das in der Gegenwart nicht unbedingt in gleicher Weise, wenn man an die Gagen von wirklich hochkarätigen Künstlerinnen und Künstlern (Musikern, Sängern, Schauspielern, Pop-Stars, Malern) und auch solchen denkt, die ihre nach Millionen ausgehandelten Verträge deshalb bekommen, weil sie im Öffentlich-Rechtlichen Fernsehen eine Ratesendung oder eine Eventshow moderieren. Diese Leute – wir wollen Fußballprofis und Spitzenmanager nicht vergessen – sind heute das, was früher der Adel bzw. der „Geldadel" war. Sie leisten sich Schlösser und Villen und manche kaufen gar ganze Inseln. Wie einige russische Oligarchen. Nein, kein Neid. Nur mit Leistung haben diese Zahlungen nichts zu tun.

Freilich haben diese Leute mit dem, was Kreativindustrie heißt, wenig zu tun. Und in diesem Bereich hat es der weitaus größere Teil bis heute schwer, sich über Wasser zu halten. Manchen gelingt es nicht, monatlich so viel zu ‚erwirtschaften', dass die Mietkosten bezahlt werden können. Man mache mal – gern in Mecklenburg-Vorpommern – eine Umfrage unter Kreativen, nehmen wir mal Bildende Künstler, wie es mit den Finanzen aussieht. Kurzum, ein wichtiges Thema, das hier im deutsch-russischen Dialog verhandelt wird.

Bei der Podiumsdiskussion, die gerade abläuft, geht es denn auch nicht darum, Erfahrungen und Ideen zu diskutieren, wie man durch Erfindungen viel Geld verdienen kann. Wogegen ja erstmal nichts

*Die Tverskaya Straße*

*Aussteller auf dem Forum der Kreativindustrie*

zu sagen wäre. Teilnehmer in Moskau sind junge Unternehmer, Beamte und Forscher, Kreative aus Russland und Deutschland, die dem Bereich der Kreativwirtschaft angehören. Aus Deutschland sind u.a. Vertreter der Popakademie Baden-Württemberg dabei. Das ist eine in der Tat spannende Gründung aus dem Jahre 2003, die – das spricht für sich – auf Initiative des Landes Baden-Württemberg in Mannheim gegründet wurde.

Soweit ich weiß, war dies die erste Hochschule in Deutschland, die sich – so heißt es auch in der Selbstbeschreibung – „auf populäre Musik- und Musikindustrie spezialisiert hat", inzwischen Bachelor- und Master-Studiengänge anbietet und auch eine Art Beraterfunktion hat. Einem fällt in Verbindung mit der Akademie und Mannheim natürlich sofort Xavier Naidoo ein. Aber die Musik steht erst – soweit ich das übersehe – am Sonnabend im Zentrum.

Ich gerate als Zuhörer in eine Podiumsdiskussion, die in einem riesigen Raum stattfindet, der durch mächtige Vorhänge von den anderen Räumen abgetrennt ist. Mehr als 100 Leute sitzen da und zwei Herren und drei Damen auf dem Podium. Gerade spricht jemand auf Deutsch, und als ich Leipzig höre, nehme ich mir einen Stuhl, setze mich ganz nach vorn an den Rand und verfolge die Diskussion.

Der Mann, der da auf dem Podium gerade das Mikro in der Hand hält, heißt – so sagt das Schild vor ihm – Christian Rost, und er kommt also aus Leipzig. Der

Leipziger verweist auf die Anfänge in jener Stadt, die nach der Wende als „Heldenstadt" firmiert hat. In den Jahren nach 1989 seien dort ganze Industrien zusammengebrochen, Betriebe schlossen im Wochentakt ihre Pforten, Tausende Arbeitsplätze gingen verloren, die Leute wanderten ab, vor allem in die alten Bundesländer und suchten sich dort neue Tätigkeiten. Leipzig – so Rost – hatte einen Bevölkerungsverlust von etwa 100.000 Einwohnern.

Das alles hatte eine Kehrseite, der man freilich erst rückblickend etwas Positives abgewinnen kann: „Das hat viel Freiraum gebracht für ganz viele kreative Ideen", sagt er. Die leerstehenden Orte und Räume seien zu Null Kosten besiedelt worden, vor allem durch Kreativschaffende, die die Zeit nutzten, um ihre Konzepte zu entwickeln.

Christian Rost berichtet dann von einem „Startup", der Neugründung einer kleinen Firma. Da habe sich also ein Krimi-Autor niedergelassen in einem der verlassenen Räumlichkeiten und er habe ein Textbearbeitungsprogramm entwickelt, woraus dann letztlich eine App entstanden sei. Jetzt beschäftigt der Mann zehn Leute. Mir stellt sich sofort die Frage, wer der Mann ist und wie lange er nun wirklich gebraucht hat. Denn vom Anfang der 1990er Jahre bis jetzt, das ist ein Vierteljahrhundert. Da bedarf es eines langen Atems. Aber egal. Sicher zutreffend ist die Aussage, dass Kreativwirtschaft immer ‚klein' anfängt, mit ein oder zwei Leuten, die eine Idee haben.

Da geht es nicht um 1.000 Beschäftigte. Aber, und das ist sicher zutreffend, in Leipzig sind in diesen Kreativbereichen über 10.000 Leute beschäftigt. Porsche und andere Konzerne haben zusammen auch nur um die 6.000, so der Hinweis von Rost. Und schließlich: Auch Zuckerberg, der Facebook-Chef, hätte mit zwei Leuten angefangen.

Die wichtigste Entscheidung der Stadt Leipzig damals sei gewesen, so Christian Rost rückblickend, „gar nichts gemacht zu haben". Da ist was dran, man stelle sich vor, wenn dort frühzeitig die Bürokratie eingegriffen hätte. Wir kennen das aus vielen Bereichen. Nicht zuletzt deutschen Universitäten. Dort sind ja inzwischen diejenigen, die die Lehre und Forschung verantworten, in der Minderheit.

Schließlich sei in Leipzig investiert worden in die Rekonstruktion der alten Substanz. Allerdings durch Investoren, die letztlich auf einen langen Atem gesetzt und die brachliegenden Gebäude nicht totsaniert haben oder schnell das große Geld machen wollten. Gefördert wurde die Ansiedlung von kreativen Leuten. Christian Rost nennt sich selbst als Beispiel, er zahle immer noch vier Euro pro Quadratmeter! Das sind sicher glückliche Bedingungen, aber ist das in der Tat verallgemeinerbar? Es gibt in anderen Gegenden – da würde Rost vermutlich nicht widersprechen – auch eine große Anzahl von Gegenbeispielen. Man müsste da mal ins Gespräch kommen, denke ich mir, zumal sich die Frage stellt, wie das mit den Regionen aussieht,

*Auf dem Forum der Kreativindustrie*

die nicht wie Leipzig immer im Gespräch sind und zu den ostdeutschen Zentren gehörten und wieder gehören. Wie sieht das in Mecklenburg-Vorpommern aus, wie waren die Entwicklungen in Anklam oder Neubrandenburg, in Teterow oder Demmin? Gibt es da Kreativwirtschaft oder ist das etwas, was auf die großen Zentren konzentriert bleibt. Eigentlich sollte das keine Rolle spielen, denn heute kennen Ideen keine Grenzen mehr!

Interessant sind in der Podiumsdiskussion auch die Erfahrungen von Peter Kurz, der ist – so bekomme ich mit – Oberbürgermeister von Mannheim, kommt also aus einer ganz anderen Ecke als sein Mitdiskutant.

Während in Leipzig die Kreativen auf den Verlust von Arbeit und Industrie zu reagieren hatten, war es in Mannheim genau umgekehrt. Dort mussten neue Wege zur Rettung von Industrie gegangen werden, in der Stadt ist es aber nie zu einem Zusammenbruch ganzer Industriebereiche wie im Osten gekommen, betont er. Abschließend verweist der Oberbürgermeister auf einige Probleme, die die Kreativwirtschaft aktuell und in Zukunft hat. Eines bestehe darin, dass in allen deutschen Städten für junge Unternehmen etwas fehlt, das Kapital! Mit Ausnahme von Berlin sei der Markt für Kapital eng, also die Jungunternehmen kommen nur schlecht an finanzielle Mittel heran. Hier müsse etwas unternommen werden.

Eine zweite Frage besteht seiner Meinung nach in

der sogenannten „Sichtbarkeit" von jungen Unternehmen, lokal wie global. Schönes Beispiel: Wer Strickwaren in Reykjavík, also der am nördlichsten gelegenen Stadt der Welt, produziert, der ist wegen der Attraktivität der isländischen City sofort weltweit sichtbar. Das hängt mit dem Tourismus zusammen. Von daher ist der Tourismus etwas, was für die Kreativwirtschaft bislang unterschätzt worden sei.

Und schließlich warnt er vor der „chinesischen Lösung", nämlich irgendwo außerhalb der Städte riesige Investmentparks zu bauen, mit Wohnsilos und toter Natur, die dann schick gemacht wird. Das sind keine Räume für Kreative, so sein Resümee.

Das kann ich mir gut vorstellen. Aber auch hier fragt sich, was mit jenen Regionen ist, die nicht permanent touristisch frequentiert werden. Wie machen sich dort die Kreativen sichtbar? Ein Weg, das erbringt die Diskussion auch mit den russischen Vertreterinnen, besteht auf jeden Fall in der Vernetzung. Gemeinsam ein – so heißt es hier – Cluster zu bilden und die Kräfte zu bündeln, das ist das Mindeste, was Not tut.

„Wow", das war zum Wochenende schon mal ein guter und kreativer Beginn. Ich muss die Anstrengung des Zuhörens hinter mich bringen, nutze das Kaffeeangebot und sehe mir die Kreativen, die dort ausstellen, genauer an.

Um 19 Uhr geht's dann zurück zum Wohnheim.

# FEIERTAG IN MOSKAU

Die Deschurnaja hatte mir auf meine Frage mitgeteilt, dass am 4. November, der in Russland ein Feiertag ist, im Zentrum von Moskau viel los sei. Von daher war klar, ich muss mich da umtun und schaun, was so am „Tag der Einheit des Volkes" passiert. Freilich war mir klar, dass ich nicht an allen Stellen zugleich würde sein können. Von daher fiel die Entscheidung auf den „Platz der Revolution", mithin hinein in den Kern der Wiege des Roten Oktober. Aber inzwischen, das darf man nicht vergessen, hat dieser Tag keineswegs etwas mit der Novemberrevolution zu tun. Im Gegenteil, das neue Datum hat den Tag der Oktoberrevolution vom 7. November ersetzt. Seit 1927, so höre ich, war dann auch immer der 8. November ein freier Tag. Nun also der 4. November, der erst 2005 eingeführt wurde.

Der Feiertag findet seinen Grund in der Befreiung Moskaus im Jahre 1612 von der polnisch-litauischen Besatzung. Mit diesem Feiertag wurde allerdings kein völlig neues Datum im kulturellen Gedächtnis Russlands installiert, es gab die Feiern zur „Einheit des Volkes" bereits vor 1917 im Zarenreich.

Natürlich wird man sagen können, dass die Installierung dieses Datums im Rahmen eines Feiertages

*Sowjetische Plakatkunst in der Ausstellung zu „1917"*

durchaus etwas zu tun hat mit einem staatlicherseits anvisierten Geschichtsbild. Wir wissen ja, dass die tragenden gesellschaftlichen Instanzen in der Lage sind, ganz bestimme Erinnerungen im kollektiven Gedächtnis zu verankern, auch und gerade, indem man bestimmte Feiertage setzt. Wir erinnern uns an den „Tag der Republik" in der DDR oder heutzutage an den 3. Oktober, der als „Tag der Einheit" begangen wird.

Nun denn: Im Zentrum erwartet mich ein großes Getümmel, laute Musik, eine große Bühne und mehrere kleine. Mich zieht es dahin, wo die Leute sind, aber bei näherer Betrachtung zeigt sich, dass dort gar keine Musik-Band in Aktion ist, wie man vermuten könnte, weil aus den Lautsprechern Rock-Musik klingt. Nein, der anmachende Lärm der Moderatoren von den übergroßen Bildschirmen präsentiert konservierte Bilder der Olympischen Winterspiele von 2014 in Sotschi, und auch die Sänger sind sozusagen – nun gut, es ist erst Nachmittag – „geborgt", es sind Aufzeichnungen von damals. Das stört die meisten Leute anscheinend nicht, sie sehen zu, essen, trinken, kaufen an den unzähligen Buden, die alle mit einer Aufschrift versehen sind: „Einheit des Volkes". Hier soll meines Tun nicht länger sein.

Was kann man also Besseres an einem solchen Tag machen, als in das Historische Museum zu gehen, das ja nur wenige Schritte weiter geöffnet hat. Bisher hatte ich bei den zahlreichen Moskau-Aufenthalten keine Zeit gefunden, und ich hatte ehrlicherweise auch nicht das Bedürfnis die „großen Geschichtserzählungen" nachzuvollziehen, die – hier wie da – in den historischen Museen aller Länder zumeist geboten werden, bebildert durch Gemälde, Uniformen, Waffen, Landkarten, Krönungsutensilien, Orden. Aber heute, warum nicht?

Wieder eine Kontrolle des Rucksacks am Eingang, das kenne ich schon. Dann sehe ich eine Schlange. Zu kaufen gibt es da nichts, ich gebe erst mal im Kellergeschoss meine Sachen ab und mache mich wieder auf nach oben. Die Schlange ist größer geworden, und ich stelle fest, die stehen alle wirklich nach Eintrittskarten an. Hätte ich nie gedacht, aber heute zieht es die Leute vielleicht stärker zur Geschichte als sonst. Ich warte also zehn Minuten in der Schlange, und darf dann auf die garstige Frage am Schalter antworten, was ich nun will. Das ganze Museum oder nur die aktuelle Ausstellung. Bei so „freundlicher" Anrede fällt die Entscheidung leicht, natürlich nur für das halbe Ticket, den kleinen Teil, das Aktuelle, also die Sonderausstellung zu 1917 zu sehen. Warum auch nicht? Das sollte für heute reichen.

Also rein dort. Aber immer an die Ordnung halten, erst mal gehört man nach „rechts", dort sei der Beginn der Ausstellung. Als ich mich anders entscheiden will, macht mir die ‚Offiziantka' unmissverständlich klar, dass ich dort, also mit dem Anfang, beginnen soll. Einverstanden, dann also „rechts".

Die Ausstellung liefert dann auch wirklich einen netten Einstieg: Plakate zum Roten Oktober, bis in die 1920er und 1930er Jahre. Viel Lenin, aber auch spannende Plakatkunst mit entsprechenden agitatorischen Mitteln und Statements. Hier und da auch gewisse satirische Plakate, die sogar Lenin auf die Schippe nehmen. Der Teil der Ausstellung mit diversen Räumen geht dann in der Tat den Verhältnissen und den Utopien in den verschiedenen gesellschaftlichen Bereichen nach 1917 nach. Lesen, Lernen, Architektur, Möbel, Malerei – wirklich spannend. Aber nach einer Stunde bin ich durch, und ab geht's erneut ins Getümmel und rüber zum Bolschoi-Theater.

Ich will erkunden, ob es dort für eine der nächsten Tage Karten gibt. Natürlich gerate ich zunächst an den falschen Ort, nämlich den Bolschoi-Shop, in den man nach unten über eine Rolltreppe gelangt. Aber vorher wieder Kontrolle des Rucksacks. Unten freilich nichts Besonderes, CDs, Filme, Anhänger, Ansichtskarten, Bücher – alle über die große Tradition dieses tollen Theaters, das weltweit bekannt ist. Kaufen will ich nichts, ich bin schnell wieder raus und finde dann den Haupteingang. Auch wieder eine Kontrolle und dann endlich eine Kasse. Vor dem 15. Dezember läuft da gar nichts, sagt mir die Dame. Auch der Hinweis, dass ich nicht mehr da bin, hilft nicht, was mir ohnehin klar ist. Aber ich könne im Internet schaun oder telefonieren, die Dame gibt mir ein Kärtchen, auf dem die Telefonnummer der Kasse notiert ist.

*Das Karl-Marx-Denkmal im Zentrum Moskaus*

Auf der anderen Straßenseite sehe ich auch viele junge Leute. Ich denke zuerst, dass sie vor dem
RAMT, dem Russischen Akademischen Jugendtheater
(Российский академический Молодёжный театр)
stehen, aber dann erkenne ich, dass sich hier eine
zweite Kasse des Bolschoi-Theaters befindet, doch
auch hier gibt es keine Karten, aktuelle jedenfalls
nicht. Am Karl-Marx-Denkmal vorbei mache ich mich
wieder auf den Weg.

Der Feiertag ist für mich vorbei. Auf und zurück
zum Wohnheim!


SONNABEND, 4. NOVEMBER (AM NACHMITTAG)


## AUSSTELLUNG IM RUSSISCHEN
## HISTORISCHEN MUSEUM –
## „DIE KRAFT DER TRÄUME"

Der Titel der Ausstellung ist natürlich recht vieldeu-
tig, die „Kraft der Träume". Das hört sich gut an, und
wenn man nicht wüsste, worum es geht, dann kämen
einem phantastische Visionen und Utopien einer
glücklichen Menschheit in den Sinn. Denkt man dann
ein wenig über den Titel nach, ist man schon irritiert.
Denn egal, wie man zur Oktoberrevolution steht, „die
Kraft der Träume" hat nun wirklich nicht unbedingt

das erzeugt, was man sich erträumte. Jedenfalls dürften jene, die im Gulag – jenen Straf- und Arbeitslagern – gelandet sind oder von Stalins „Großem Terror" gleich beseitigt wurden, eine eher dystopische Dimension des Träumens nahelegen.

Freilich gibt es immer auch eine andere Seite. Franz Fühmann, der 1955 mit seiner Novelle „Kameraden" sein Debüt in der DDR als Erzähler gab, hat in seinem Vorwort zu dem Erzählband „Saiäns-fiktschen" (1981) eine schöne und traurige Überlegung angeboten. „Der Schlaf der Vernunft, sagt Goya, gebäre Ungeheuer; das Stocken des Widerspruchs treibt Monstren heraus", so Fühmann. Das war damals auf die Verhältnisse in Ost und West bezogen.

Und zweifellos war die Oktoberrevolution ein Ereignis, das sich lange vorbereitet hatte. Einige Historiker sagen, dass die Macht um 1917 auf der Straße lag und die Bolschewiki sie gewissermaßen aufgesammelt hätten. Von daher: Die Ausstellung ist durchaus spannend, und ich finde es gut, dass sie – soweit ich das erkennen kann – auf einen „Oberlehrerton" verzichtet, sondern viele der Dokumente für sich selbst sprechen lässt. Schaun wir doch einfach mal!

# „MATHILDA" ODER
# GROSSE WELLEN UM EINEN FILM

Es ist Sonntag. Die Deschurnaja, die ich gern kontaktiere, frage ich, ob die Kirche, die ich unmittelbar am Bahnhof gesehen habe, auch ‚aktiv' ist bzw. dort Gottesdienste abgehalten werden. „Selbstverständlich", antwortet sie. „Auch jetzt", meine erneute Rückfrage. „Natürlich" – „Конечно!" Also ziehe ich zu 11 Uhr los. Das Gotteshaus ist ausgesprochen gut besucht, alle Jahrgänge sind vertreten. Wie üblich gibt es in der Russisch-Orthodoxen Kirche keine Orgel, stattdessen zahlreiche Ikonen, die sozusagen den Zugang zur Welt Gottes eröffnen. Bänke gibt es hier ebenfalls nicht, aber das kenne ich, alle stehen während des Gottesdienstes. Es ist dies, so habe ich einmal gelesen, eine symbolische Geste, die ausdrücken soll, in welcher Weise der Leiden Christi gedacht wird, gewissermaßen ehrfurchtsvoll. Bei langen Gottesdiensten, die mitunter über einige Stunden gehen, kann das schon an die Grenzen der körperlichen Fitness gehen.

Ich bleibe freilich nicht stundenlang, sondern mache mich nach 20 Minuten auf zum Handels- und Unterhaltungszentrum, so heißt es wirklich, das nur einige Meter weiter unübersehbar den Eingang zum Bahnhof markiert. Man kann hier nicht nur auf drei

Etagen einkaufen – diverse Handy-Shops, Elektronik, Schmuck, Textilien, Tee, Kuchen, Outdoor-Sachen, Angelbedarf –, es gibt dort zudem einen riesigen Fitness-Bereich (für einen Tag zahlt man in etwa acht Euro) und mehrere Kinosäle. Doch bevor ich mir das Kinoprogramm ansehe, muss ich etwas essen. Die Auswahl ist groß: Da gibt es McDonald's in der typischen authentischen Übertragung des Eigennamens ins Russische und auf der gegenüberliegenden Seite die Konkurrenz, nämlich Burger King. Beide Bewerber sind stark frequentiert, wobei ich einen Vorteil für McDonald's ausmache. Ich entscheide mich allerdings für die Grusinische Küche, und bin mit meinem Kotelett, das aber – wie üblich – aus Hackfleisch

*Im Zentrum am Bahnhof Perlovskaja – McDonald's*

besteht, sehr zufrieden. Danach geht's zum Kino. Ich stelle fest, dass hier heute zum letzten Mal „Mathilda" gespielt wird. Schnell bekomme ich heraus, wann die Veranstaltungen laufen und entscheide mich dafür, um 18 Uhr wieder hier zu sein. Vorher habe ich hinreichend zu tun, einiges muss ich für die Uni noch vorbereiten.

Von dem Stress um den Film „Mathilda" hatte ich noch in Deutschland gehört und zufällig auf dem „Roten Sofa" des NDR das spannende Gespräch mit Lars Eidinger gesehen, der den letzten russischen Zaren, Nikolaus II., spielt. In Russland hat der Film große Wellen geschlagen. Sagt man in Deutschland. Der Zar wurde von den Bolschewiki zusammen mit seiner Familie und anderen Mitgliedern des Hauses Romanow im Juli 1918 ermordet. Man wollte, so die Interpretation, im beginnenden Bürgerkrieg verhindern, dass der Zar oder andere Vertreter der Romanows zu Symbolfiguren des „Weißen" Widerstandes gegen die Bolschewiki werden. Eine unmenschliche Entscheidung, wie ich finde. Es ist daher durchaus nachvollziehbar, dass der letzte Zar von Anhängern als eine Art Märtyrer verehrt wurde. Natürlich nicht in der Sowjetunion. Aber nach dem Ende der Sowjetunion ist es dann auch dazu gekommen, dass der letzte Zar einen wichtigen Platz im kollektiven Gedächtnis der Russen erhalten hat. Nikolaus II. wurde im August 2000 zusammen mit seiner Familie, also seiner Frau und den Kindern, von der Russisch-Orthodoxen Kirche in der

Moskauer Christ-Erlöser-Kathedrale heiliggesprochen, 2008 kam es durch den Obersten Gerichtshof zur Rehabilitierung, er wurde als Opfer der kommunistischen Macht anerkannt.

In dem Film „Mathilda" nun ging es aber nicht um sein Ende, also den Tod der Zarenfamilie. Der Film erzählt eine ganz andere Geschichte, inszeniert wird eine Art Liaison des späteren Zaren mit der aus Polen stammenden Primaballerina Mathilde Kschessinskaya. Teile der Russisch-Orthodoxen Kirche, Monarchisten und Nationalisten sahen in dem Film das Ansehen des Zaren beschmutzt, noch dazu, wo ein deutscher Schauspieler diesen Heiliggesprochenen verkörperte. Entsprechend gab es Schmähungen gegen Lars Eidinger, bei denen sich eine Duma-Abgeordnete besonders hervorgetan hat. Sie ging soweit, den Generalstaatsanwalt zu bitten, den Film zu stoppen. Dazu ist es nicht gekommen! Der Film läuft erfolgreich in russischen Kinos.

Ich frage mich natürlich, ob sich die Erregungen um den Film auch hier im Kino in Moskaus Vorort zeigen, das in etwa zu einem Drittel gefüllt ist. Der Film, der also die Geschichte des Thronfolgers erzählt, der sich in die Primaballerina Mathilde Kschessinskaya, gespielt von der polnischen Schauspielerin Michalina Olszanska, unsterblich verliebt, führt in die russische Welt am Beginn des 20. Jahrhunderts. Es beginnt eine leidenschaftliche Romanze, die freilich nicht glücklich enden kann, denn Nikolai ist der zukünftige Zar. Inwieweit die Romanze mit der Wirklichkeit in jedem Detail übereinstimmt, ist für den Film sicher von untergeordneter Bedeutung, nachgewiesen ist die ‚gewisse' Beziehung, die beide hatten.

Der Film selbst ist – finde ich – gut gemacht, unterhaltsam-romantisch und traurig, viele wunderschöne Kostüme, Mäntel, Degen, dazu Landschaft, Schlösser, Gemächer und sehr wohl tolle Schauspielerinnen und Schauspieler. Jedenfalls bemerke ich während der Veranstaltung keine Proteste, im Gegenteil, wenn ich mich umschaue, dominiert Einfühlung und Sympathie für das Pärchen. Alle, auch ich, verlassen gut unterhalten und um eine Geschichte reicher, das Kino.

Einige Tage später übrigens finde ich in einer der größten Moskauer Buchhandlungen, der Buchhandlung „Москва" in der Tverskaya, die Erinnerungen der Primaballerina, die dann den Bruder Nikolais II. geheiratet hat – der Film deutet das an – und 1920 nach Paris emigriert ist. Sie hat dort Ballettunterricht gegeben und 1929 eine eigene Schule aufgemacht. Auch ihre Erinnerungen wurden publiziert. Sie starb mit 99 Jahren! Mathilde Kschessinskaya, das war eine ungemein starke Frauenpersönlichkeit. Ich werde mir die Erinnerungen auf jeden Fall kaufen, auch in der Hoffnung, dass die Sprache meinen Russischkenntnissen standhält. Das Buch kostet übrigens: 400 Rubel, also etwa acht Euro.

*Plakat zum Film „Mathilda"*

# „KOMMT HER UND SCHAUT EUCH UM!" – AUF IN DIE TRETJAKOWGALERIE

Montag, ein freier Tag in Russland, da der 4. November ein Feiertag war. Auch hier gibt's „Brückentage", wir sind ja in Europa und einem modernen Land. Alle, die da glaubten und glauben, Russland sei doch etwas „hinter dem Mond", mal etwas dümmlich formuliert, die sollten einmal hierherfahren. Das ist ja übrigens eine Aufforderung vieler junger Russen: „Kommt her und schaut Euch um!" Dem ist nur zuzustimmen. Man muss keineswegs immer wieder Richtung Westen fahren. Russland ist ein ungeheuer spannendes Land, freilich mit vielen Widersprüchen. Und klar, Moskau oder St. Petersburg, das sind Spitzenstädte. Die Frage, die steht, aber darauf werde ich in den nächsten Wochen sicher noch eine kleine Antwort finden: Wie sieht es außerhalb des Zentrums aus? Sagen wir wieder einmal: Wir werden sehen, мы ещё увидим.

Wer meint, in Moskau oder anderswo sind am Sonntag oder an einem Feiertag die Geschäfte geschlossen, der irrt. Die deutschen Kirchen würden erschrocken sein, mit welcher Konsequenz in Moskau alles offen ist, bis mindestens 22 Uhr, auch am Sonntag, auch am Feiertag.

Nun gut, was nehme ich mir für meinen noch frei-

Gemälde in der Tretjakowgalerie

en Tag vor, denn morgen geht's zur Universität. Die Antwort ist klar: Wieder einmal die Tretjakow-Galerie. Ich habe sie in den letzten Jahren – es stimmt wirklich – mindestens 7 – 8 Mal besucht. Ja, Bildende Kunst interessiert mich schon immer, aber ich muss zugeben, das ist nicht immer der Hauptgrund in den letzten Jahren gewesen.

Es gibt etwas Pragmatischeres: Wenn man nämlich zum Flughafen „Domodedovo" will, von hier aus bin ich in den letzten Jahren oft nach Berlin zurückgeflogen, dann kommt man an der Metro-Station „Tretjakowskaya" („Третьяковская") vorbei, von hier aus steigt man auf die „Grüne Linie" der Metro um. Da hat es sich immer ganz gut gemacht, hier Station zu machen und so um die zwei Stunden in der Galerie zu verbringen. Und von da aus dann zum Flughafen. Aber diesmal gibt es noch mehr, habe ich gehört, in der Galerie soll eine neue Ausstellung zur Bildenden Kunst zu finden sein, die ebenfalls den Jahren nach 1917 gewidmet ist. Also eine Sonderausstellung.

Man weiß, dass die ersten Jahre gerade nach 1917 für die Russische Avantgarde ungemein spannend waren und in der Bildenden Kunst, der Literatur, der Musik, dem Theater, der Plakatkunst sehr Produktives passierte. Anfangs fühlten die Künstler sich durchaus dem Projekt der Bolschewiki verbunden, und es gab staatliche Förderungen für Kunst und Literatur. Mal sehen, was die Ausstellung also bietet.

Bevor ich mich aber auf das Bildungserlebnis einstelle, suche ich ein Café. Ich finde auch schnell jenen schönen Ort, an dem ich schon mehrfach zu einer großen Tasse Kaffee und einem ebenso großen Stück Kuchen eingekehrt bin. Das Café hat sich der in der Nähe befindlichen Örtlichkeit, also der Galerie, angepasst und präsentiert in den großen Schaufenstern junge Kunst. Die Preise sind eigentlich durchaus in Ordnung, ab etwa umgerechnet 500 Euro. Kaffee und Kuchen sind bestens, und kurz darauf befinde ich mich dann am Eingang der Tretjakow-Galerie.

Die Galerie selbst, das ist bekannt, ist neben der „Eremitage" in St. Petersburg die größte Kunstsammlung Russlands, die präsentierten Werke reichen vom 11. bis ins 20. Jahrhundert. Den Namen verdankt die Galerie ihrem Gründer, einem reichen Kaufmann, Sergej Tretjakow, der zusammen mit seinem Bruder bereits als junger Mann über seinen Geschäftsräumen eine Sammlung aufbaute. Als er 1892 starb, überschrieb er die Sammlung der Stadt Moskau.

Am Eingang erwartet mich die übliche Kontrolle, Rucksack ab und durch die Schleuse. In der Galerie dann die Enttäuschung, die neue Ausstellung wird nicht hier gezeigt, sondern in der Dependance, in der Neuen Tretjakow-Galerie. Egal, ich habe noch einige Wochen in Moskau. Dann also nochmal durch die Räume. Ich gehe, das ist schon ein Ritual, immer zu den Gemälden von Ilja Repin (1844 – 1930). Prägungen der Jugend sicherlich. Denn Repin war Gegenstand des Kunstunterrichts. Er galt damals, und das gilt bis heute, als der wichtigste Vertreter des russischen Realismus. Immer wieder mit Genuss kann man sich solche Gemälde anschauen wie „Die Saporoger Kosaken schreiben dem türkischen Sultan einen Brief", „Unerwartete Heimkehr", „Iwan der Schreckliche und sein Sohn", viele Porträts, darunter von Tolstoi oder dem Musiker Modest Mussorgsky. Das Porträt von Mussorgsky, dem Komponisten der Oper „Boris Godunow", deutet an, dass der dem Alkohol nicht abhold war. Das Gemälde entstand etwa ein Jahr vor seinem Tod, und in der Tat war Mussorgsky stark dem Alkohol verfallen. Das bekannte Gemälde „Die Wolgatreidler" – auch diejenigen, die das Russische nicht mehr unbedingt sprechen, erinnern sich noch heute an den russischen Titel, nämlich „Бурлаки на Волге", ist leider nicht hier. Aber ähnliche Bilder, die die katastrophalen Bedingungen der armen Schichten im alten Russland zeigen.

Übrigens habe ich eine nette Episode mit einer Dame an der Garderobe. Als sie in mir den Ausländer ausmacht, fragt sie, woher ich komme. Nachdem ich bekenne, dass ich aus Deutschland bin, fragt sie, aus welcher Stadt. Um Komplikationen zu vermeiden, sage ich nichts von Neubrandenburg oder Gießen, sondern „aus der Nähe von Berlin." Daraufhin fragt sie, „Früher aus der ФРГ (BRD) oder der ГДР (DDR)?" Als ich antworte, „ГДР", sagt sie, „wir lieben sie", „мы любим", aber vielleicht besser „wir mögen sie", gemeint sind die Ostdeutschen. Das wäre nun der Anlass die Frage zu diskutieren, warum umgekehrt offensichtlich unter den früheren DDR-Bürgern mehr Sympathien für Russland und deutlich mehr „Russland-Versteher" zu finden sind, als in der alten Bundesrepublik! Das war ja in den Jahren der DDR nicht unbedingt so. Darauf kommen wir sicher später noch einmal zu sprechen.

Die 1,5 Stunden in der Galerie jedenfalls vergehen wie im Fluge. Und ich mache mich zum späten Nachmittag nach einigen Zwischenstationen in Moskau wieder auf in mein Wohnheim. Morgen werde ich für zwei Tage umziehen ins Hotel „Warschau"! Warum? Es gibt mehrere Gründe, aber einer besteht darin, dass mir die Wohnverhältnisse langsam zur Plage werden. Ich halte mich keineswegs für jemanden, der sich benimmt wie die „Prinzessin auf der Erbse". Ich bin auch aus früheren Jahren schon einiges gewohnt, und über viele Jahre sind wir mit dem Zelt unterwegs gewesen, in Ungarn, Polen, Rumänien, Bulgarien. Und nach 1989 in Frankreich oder Spanien. Schluss war erst mal mit dem Campen, als man auf wunderschönen Zeltplätzen nicht mehr zum Schlafen kam, weil irgendwelche Typen bis morgens um 3 Uhr permanent rumgrölten. Das ist natürlich hier im Wohnheim nicht so, aber durch die Bewegungen des Nachts auf dem Gang vor meinem Zimmer komme ich einfach nicht so recht zum Schlafen. Von daher: Das Hotel „Warschau", in dem schon Christa Wolf immer wieder bei ihren Reisen in die Sowjetunion übernachtet hat, gehört zu den bekannteren.

# BRANDSCHUTZORDNUNG UND UNIVERSITÄTSBETRIEB

Heute wird es ein spannender Tag werden. Ich packe also meinen Kleinstkoffer und ziehe durch die Schranke am Eingang von dannen. „Verlassen Sie das Wohnheim?", fragt die Wachperson. „Nein", sage ich, „ich komme in zwei Tagen wieder." Wohin ich will, das interessiert ihn natürlich nicht. Erstmal fahre ich zur Universität in die Auslandsabteilung. Ich soll gegen 10 Uhr da sein, um einige Unterschriften zu leisten. Von daher stehe ich bereits gegen 8.45 Uhr auf dem Bahnhof. Allerdings habe ich mit dem Köfferchen keine Chance, in den Zug zu kommen. Alles ist heute übervoll. Die Leute fahren zur Arbeit nach Moskau. Als der Zug ohne mich abrauscht, sehe ich hinten am letzten Waggon einen jungen Mann mit Rucksack, der sich auf die Achse gestellt hat und mitfährt. „Trendsportart" vermutlich. Der nächste Zug ist schon in fünf Minuten da, und nun klappt es, ich komme mit.

Letztlich erreiche ich Punkt 10 Uhr das Büro der Auslandsabteilung. Hier regeln wir alles, es gibt noch ein Foto für die sozialen Netzwerke, wie der Chef sagt, und wir gehen zusammen in ein Büro, in dem ich mit drei Ordnungen auf Russisch konfrontiert werde. Ich soll sie durchlesen. Klar, mache ich. Es geht um die Brandschutzordnung, wieder mal, eine Ordnung für den Gebrauch von PCs oder so. Schnell bin ich durch. Und teile dies den beiden Herren mit. Verstanden habe ich freilich nicht alles. Der Kollege ist erfreut, ich unterschreibe diverse Male, und dann geht es weiter. Wir kehren noch in einem Kleinstzimmerchen ein, und hier bekomme ich eine Karte, mit der ich die Schranken an der Uni selbständig passieren kann – ohne den Wachdienst zu bemühen. Vorher muss allerdings noch ein Foto gemacht werden. Technik ist dafür da. Das geht ungemein schnell.

Im Büro des Office angekommen, wartet jene Master-Studentin auf mich, mit der ich schon vor der Ankunft in Moskau Kontakt hatte. Da wusste ich allerdings nicht, dass es eine Studentin ist. Sie arbeitet in der Auslandsabteilung und verdient sich damit etwas zu ihrem Stipendium dazu. Gemeinsam fahren wir nun endlich zur Fakultät für Romanistik und Germanistik. Pünktlich um 11 Uhr sind wir dort. Das Gebäude allerdings macht nicht so einen guten Eindruck. Am Eingang wieder Wachdienst, aber ich bin jetzt gerüstet und komme mit Hilfe meines Kärtchens sofort durch die Schranke.

Im 4. Stock erwartet mich die Lehrstuhlleiterin, und wir gehen die nächsten Wochen durch. Der Umfang ist recht groß, was die Kolleginnen mir da zugedacht haben: Montag, Dienstag, Freitag. Um die 14 Stunden. Das ist eine Menge. Warten wir ab. Aber die Lehre wird erst in der nächsten Woche beginnen. Das ist auch so geplant, denn in dieser Woche haben die Kollegen noch mit den Gruppen zu tun und es liegen noch verschiedene Projekte an. Am folgenden Tag bin ich dann in einer Kommission für den DAAD, den Deutschen Akademischen Austauschdienst, der Stipendien vergeben wird. Ansonsten alles bestens im Lehrstuhl, wir trinken einen Kaffee, ich bekomme Kekse serviert, sehe mir die Unterrichtsräume an und mein Büro, das ich mit der Kollegin teile, die den Chinesisch-Unterricht macht.

Jetzt verstehe ich auch den Auslandschef, der mir nett mitgeteilt hatte, ich würde ein schönes Zimmer und einen PC bei „den Chinesen" bekommen. Damit konnte ich nichts anfangen. Nach einer Stunde ist in der Uni alles geregelt, und ich mache mich auf den Weg in Richtung Hotel, das ich dem DAAD verdanke. Der DAAD ist eine Einrichtung deutscher Universitäten und Hochschulen, der die internationalen Beziehungen pflegt und – das sagt schon der Name – den Austausch von Studierenden und Wissenschaftlern fördert – von Deutschland ins Ausland und vor allem auch umgekehrt. Es gibt zahlreiche Stipendienprogramme, und was die Bundesrepublik über die Universitäten hier leistet, das ist wirklich hervorragend. In diesem Fall liefern mir der DAAD und das Hotel die Möglichkeit, mich zwei Tage lang von meinem Wohnheimzimmer zu verabschieden und mit meinem Köfferchen durch Moskau zu ziehen.

*Blick auf Moskau aus dem Hotel „Warschau"*

Die Kollegin beim DAAD war so nett und hat mir ein Hotelzimmer gebucht, für zwei Übernachtungen im Hotel „Warschau". Nicht, weil ich ihr mein Wohnheimleid geklagt hätte, sondern weil es mit der Kommission am Mittwoch nach der anstrengenden Sitzung ein gemeinsames Abendessen geben soll, das bis 22 Uhr geplant ist. „Wie soll ich danach in mein Wohnheim kommen", so hatte ich gefragt. Und da war klar, eine Übernachtung muss sein. Und da es dann einen Fehler bei der Buchung gab, wurden daraus gleich zwei.

Ich kann also endlich wieder einmal in einem – sagen wir mal – richtigen Bett schlafen und habe eine Toilette, die keinen Lärm macht und auch nicht auf dem Gang liegt. Das Hotel „Warschau" befindet sich unmittelbar an einer der großen Metro-Stationen, der Oktjabrskaya (Октябрьская), die direkt auf den „Lenin-Prospekt" führt, eine der riesenlangen Straßen in Moskau. Die Station, das merkt man wegen der langen Rolltreppe, muss sehr tief liegen. Später lese ich, dass sie sich 40 Meter unter der Erde befindet. Die Eingangshalle ist wieder einmal ungemein opulent, und bevor man die Metro von außen betritt, schreitet man gewissermaßen durch einen Triumphbogen.

Gegenüber auf der anderen Seite und dem Platz, der früher den Namen Lenins trug, befindet sich entsprechend ein riesiges Lenin-Denkmal. Es ist das letzte, das in den 1980er Jahren entstand. Michail Gorbatschow soll es 1985 eingeweiht haben. Auf der anderen Straßenseite steht ebenfalls ein großes Gebäude, in dem die Staatliche Russische Kinderbibliothek untergebracht ist. Da muss ich an einem der nächsten Tage einmal hineinschauen, denn sie hat einen internationalen Ruf.

Doch nun ins Hotel: Mein Zimmer steht schon zur Verfügung, und ich kann einchecken. „Uff", jetzt erst einmal verschnaufen, und dann nochmal einen Abstecher ins Zentrum! Am Abend werde ich mich mit den Unterlagen für die Kommission nochmals beschäftigen müssen.

# HOTEL „WARSCHAU" UND
# IMMANUEL-KANT-STIPENDIUM

Das Hotel „Warschau" – Es war davon die Rede, dass ich wirklich nicht sehr anspruchsvoll bin, was die „Aufbettung" des Abends betrifft. Ich kenne Kollegen, die auf Tagungen mit Grauen davon sprechen, dass sie die erste Nacht ohnehin nicht schlafen können wegen des „fremden Bettes". Das Problem habe ich nicht, aber ich habe in Zelten, ja selbst auf einer Iso-Matte – so empfinde ich – besser genächtigt als in „meinem" Wohnheimzimmer. Und es muss irgendwie stimmen, denn es gibt offensichtlich einen, denn im „Warschau" wache ich des morgens gut erholt auf und fühle mich nicht wie gerädert. Nichts hat mir den Schlaf geraubt, keine Geräusche der Toilettenspülung und auch nicht ein knarrendes Bett. Das „Warschau" bietet zudem in der 8. Etage ein gutes Frühstück, und der Blick auf Moskau lohnt sich. Auf die Frage, was dort in der Ferne zu sehen ist, vermögen die kellnernden Herren aber keine Antwort zu geben. Ich werde es später herausbekommen.

Auch nach dem Frühstück habe ich noch mit den DAAD-Unterlagen zu tun, ich schaffe es nicht mal, mir etwas zum Mittag zu besorgen. Gegen 14 Uhr wartet ein Taxi auf mich, das mich zum Goethe-Institut und dem DAAD bringt. Beide nutzen die frühere Botschaft der DDR am „Leninskij Prospekt 95a". Mit dem Taxi-Fahrer habe ich ein gutes Gespräch, er informiert mich darüber, wie teuer Wohnungen in Moskau sind. Ausgangspunkt für den Austausch sind die Werbeplakate, die an den Straßen überdimensional motivieren wollen, sich solch eine Wohnung zuzulegen. Eine Zweizimmereigentumswohnung würde so viel kosten wie ein Porsche, meint er.

Beim DAAD angekommen, finde ich schnell den Raum und begrüße die Kollegen. Wir sind nur eine kleine Gruppe von vier Personen, davon zwei Gutachter. Der andere Gutachter-Kollege ist aus Deutschland. Ansonsten lehrt er in St. Petersburg Wirtschaft, seit eineinhalb Jahren ist er dort, wie er sagt, und er spricht fließend Russisch. Zusammen haben wir über 50 Anträge zu bewerten. Anstrengend. Es geht um das Immanuel-Kant-Stipendium, das für 3-Monatsaufenthalte gewährt wird, wenn ein entsprechender Forschungsantrag vorliegt. Das Programm ist – und das ist eher seltener – für die Geisteswissenschaften im weiten Sinne aufgelegt, also für Linguisten, Literaturwissenschaftler, Anglisten, einige Juristen, Wirtschaftsleute und Soziologen. Die Bewerberinnen, es sind fast 80 Prozent junge Frauen, sind zwischen Mitte 20 und Ende 30. Zumeist ungemein gut ausgewiesen, mit vielen Publikationen und aus verschiedenen Teilen von Russland.

Das Stipendium ist eine sehr gute Sache, es ist Anfang der 1990er Jahre durchgesetzt worden und wird zu 50:50 von Deutschland und Russland finanziert. Es gibt sie die Zusammenarbeit, und sie funktioniert auf Wissenschaftsebene, anders als in der Politik.

Wir arbeiten in ca. drei Stunden alle Anträge durch, und der Ertrag lässt sich sehen. Den meisten können wir das Stipendium zusprechen. Gegen 18 Uhr sind wir fertig. Und es soll auch sofort – zusammen mit den Mitgliedern einer anderen Kommission – zum Essen gehen. Alle werden wir in einen kleinen Bus geladen, und los geht es. Zur Begrüßung gibt es in dem Restaurant sofort einen Wodka! Und fast alle trinken den Hochprozentigen, ich auch. Was soll das nur werden?

**FREITAG, 10. NOVEMBER (AM MORGEN)**

## WENIG WODKA
## UND DDR-VERGANGENHEIT

Auch die zweite Übernachtung im Hotel „Warschau" kann ich als geruhsam abhaken. Beim Frühstück in der 8. Etage lasse ich vor meinem inneren Auge den gestrigen Abend kurz vorbeiziehen. Nun ja, es ging nicht wie angekündigt bis 22 Uhr. Und mit dem Wodka hielt es sich ebenfalls in Grenzen.

Ich selbst hatte mich ob einiger Erfahrungen mit dem Getränk ohnehin bei der Verkostung zurückgehalten. Das Gute von „Primärerfahrungen", mit diesem Begriff umschreiben Wissenschaftler jene Lebensweisheiten, die man gegebenenfalls aus Selbstversuchen gewinnen kann, besteht nicht zuletzt darin, dass man gegebenenfalls „lernt". Und wer jemals in seiner Jugend und im späteren Alter mit russischem Wodka in größeren Mengen konfrontiert wurde, der weiß, in welche Richtung sich solche Selbstversuche bewegen. Obwohl – das ist überlieferte Erkenntnis und Selbsterfahrung – der Kopfschmerz hält sich im Gegensatz zu anderen Alkoholika in Grenzen. Was wiederum für die – sagen Fachleute des Trinkens von russischem Wodka – Reinheit des Getränks spricht.

Aber zurück zum Abend: Nicht nur ich hielt mich im weiteren Verlauf mit dem Genuss des Hochprozentigen zurück, einer der russischen Kollegen – mir wurde mitgeteilt, es sei der Mann aus dem Ministerium – füllte schnellstens sein Wodka-Glas mit Wasser. Das hatte zur Folge, dass der permanent anrückende Kellner ihn gar nicht erst in Versuchung brachte. Ansonsten war der Wodka-Kellner in kürzeren Abständen damit beschäftigt, die Gäste zu versorgen. Einen solchen Service kannte ich aus den letzten Jahren nicht, ich erinnere stattdessen, welche Motivationen in Gießen nötig sind, um den Kellner eines von uns des Öfteren besuchten „Italieners" dazu zu bewegen, uns abschließend mit einem „Grappa" zu versorgen.

Der mir gegenübersitzende Kollege, ein Geologe, gehört wohl zu den Trinkfesteren, denn die Anzahl des Verkosteten schien mir beträchtlich, ohne, dass an ihm irgendwelche Anzeichen der Verarbeitung des Genossenen zu beobachten waren. Neben dem Leiter der „Lomonossov-Kommission", so der Name der Stipendien für die Naturwissenschaftler, war ich der einzige aus Deutschland. Dieser Leiter der Lomonossov-Gruppe, der gerade in den Ruhestand gegangen war, hatte übrigens in Moskau Biologie studiert, war danach an der Universität Greifswald, promovierte dort und gelangte später als Wissenschaftler an die Deutsche Botschaft nach Moskau. Freilich zu DDR-Zeiten, wie man immer sagt, um den historischen Einschnitt zu markieren. So klein ist die Welt.

Er war allerdings kein Diplomat, was ihm nach 1989, als der damalige Außenminister, Hans-Dietrich Genscher, alle DDR-Diplomaten entließ, zum Vorteil gereichte, denn er wurde weiter beschäftigt. Er verteidigte seinen DDR-Holz-Schreibtisch gegen alle Neuerungen und bewarb sich dann einige Jahre später erfolgreich um eine Leitungsstelle beim DAAD. Das mitzuteilen, ist sicher keine Verletzung des Persönlichkeitsrechtes, zumal der Umstand, dass er die hochdotierte Stelle, auf die zahlreiche Bewerbungen eingegangen waren, erhielt, letztlich für ihn und seine Qualifikation spricht.

Man könnte jetzt Erinnerungen einschieben an jene Jahre nach 1989, die viele Ostdeutsche gemacht haben, als urplötzlich alles unsicher wurde, in rasantem Tempo scheinbar gesicherte Lebensläufe aus der Bahn gerieten oder gar ans Ende kamen. Von heute auf morgen konnte es aus sein, weil der Betrieb die Pforten schloss oder – nehmen wir die Universitäten – ganze Bereiche geschlossen wurden. Keineswegs nur die Sektionen für Marxismus-Leninismus.

Als der DAAD-Kollege seine Geschichte knapp mitteilte, musste ich also an meine erste Erfahrung mit dem DAAD denken: Sogleich Anfang der 1990er Jahre, es war zweifelhaft, wie es mit der Germanistik an den Hochschulen und Universitäten weiter gehen würde, hatten meine Frau und ich uns für ausgeschriebene DAAD-Lektoren-Stellen in Frankreich beworben und wurden auch zu den Auswahlgesprächen eingeladen. Mein Bewerbungsgespräch verlief im ersten Teil ausgesprochen erfolgreich. In der Kommission war ein renommierter Romanist, den ich von Beiträgen her kannte, Hans-Martin Gauger. Nachdem wir ein – so fand ich – angeregtes und gut laufendes Gespräch über die deutsche Literatur des 20. Jahrhunderts und dann auch über die DDR-Literatur hatten, in dem auch – so erinnere ich – Anna Seghers eine Rolle spielte, meinte Gauger, „nun Herr Gansel, jetzt müssen wir noch ein wenig auf Französisch miteinander sprechen." Logisch, es ging um Stellen in Frankreich. Mir war vorher klar, dass ich mir nicht die Schmach antun würde, meine geringen Sprachkenntnisse unter Beweis zu stellen.

Mit nur einem Jahr Französisch an der John-Brinck-man-Oberschule in Güstrow, noch dazu fakultativ, also freiwillig, war ich nun wahrhaftig nicht hinreichend qualifiziert. Entsprechend bekannte ich „Farbe" und gab zu verstehen, dass wir es derzeit darauf besser nicht ankommen lassen sollten. Ich könne aber versichern, dass ich mich, sofern man sich für mich entschiede, in der verbleibenden Zeit in Französisch fit machen würde. Hans Martin Gauger und der Kommission tat es leid, dass sie darauf nicht bauen konnten. Damit war dann das Gespräch zu Ende, und ich ging keineswegs unzufrieden. Den Versuch war es wert, allein schon, um zu sehen, wie solche Bewerbungsgespräche ablaufen. Was die Kommission sich wohl gedacht haben mag, diese Frage habe ich damals verdrängt. Immerhin gab es in der Folgezeit einen Briefwechsel mit Hans Martin Gauger, so über ein Jahr. Meine Frau hatte natürlich eine DAAD-Lektorenstelle in Frankreich bekommen. Ihr Französisch war sehr gut, sie war während der Oberschulzeit in einer sogenannten S-Klasse, einer „Sprachen"-Klasse und hatte verstärkt Französisch. Aber zum Glück konnte sie das Angebot absagen. Unsere Biographie lief an der Universität weiter.

Aber ich würde eine These wagen: Es gab nach 1989 keinen einzigen Bereich der ostdeutschen Gesellschaft, der in diesem Maße evaluiert, also überprüft und letztlich ausgetauscht wurde, wie dies in der Hochschul- und Akademielandschaft geschah. Man möge einmal sehen, ob es in den Räten der Kreise oder Bezirke, den Zeitungen, den Schulen, den diversen Ämtern vergleichbar zur Einrichtung von sogenannten Ehren- und Überleitungskommissionen gekommen ist! Das hatte natürlich Gründe. Es ist ja bekannt, dass es in der alten Bundesrepublik einen Stau gegeben hat, viele gut qualifizierte Wissenschaftler waren schlichtweg arbeitslos oder retteten sich von einer Vertretungsstelle oder einem Halbtagsjob zum anderen. Da kam natürlich der Umbruch an den DDR-Universitäten zur rechten Zeit. Darüber haben wir aber in Moskau am DAAD-Tisch nicht gesprochen.

Unser Abendessen war im weiteren Verlauf nicht nur deshalb sehr angenehm, weil ausgesprochen Schmackhaftes gereicht wurde – diverse Salate, gegrilltes Fleisch, Gemüse, auch gut verarbeiteter Knoblauch –, sondern weil ich mich mit zwei jungen russischen Kollegen austauschen konnte. Die junge Frau war für den DAAD tätig und der junge Mann für das Goethe-Institut. Beide sprachen perfekt Deutsch. Von der jungen Frau erfuhr ich, dass sie etwa 1,5 Stunden zur Arbeit brauche, das sei für Moskau vollkommen normal. Und ich konnte auch meine Erkenntnisse aus dem Taxifahrergespräch überprüfen. Die Summe für den Kauf von Wohnungen setzten die beiden sogar noch höher an. Je nach Lage in Moskau. Eine Reihe von Wohnungen allerdings gehören den früheren Mietern selbst und waren inzwischen Erbmasse, sie wurden von den Großeltern und Eltern an die Kinder vermacht. Oder die erwachsenen Kinder lebten noch bei den Eltern. Mir stellte sich die Frage, wie hoch wohl der Anteil der vererbten Wohnungen in Moskau sein könnte.

Die Wohnungen, von denen die Rede war, konnten nach dem Ende der Sowjetunion von den alten Mietern für geringe Preise erworben werden. Man hätte sich übrigens auch im Osten Deutschlands nach dem Ende der DDR solche Alternativen denken können – und es gab entsprechende Vorschläge – das Volkseigentum durch Gutscheine an jene aufzuteilen, die einmal das Volk gewesen waren. Daraus wurde nichts. Das lag sicher auch daran, dass eine Instanz ins Leben gerufen wurde, die Betriebe und Immobilien mitunter für eine symbolische West-Mark an neue Besitzer verkaufte, die Treuhandanstalt.

Ich bin mir nicht sicher, ob jemand von denen, die mit der Wirtschaft zu tun hatten, an den Erfolg einer solchen Einrichtung geglaubt hat. Nun gut, hinterher ist man schlauer. Das Stichwort „Treuhand", es fiel nur einmal am Moskauer Tisch in einem Nebensatz, löste bei mir einen richtigen Erinnerungsschub aus.

Ich musste daran denken, wie ich Anfang der 1990er Jahre für den NDR gearbeitet hatte, um mir ein weiteres Standbein zu verschaffen. Und am Theater in Neustrelitz wurde Rolf Hochhuths „Wessis in Weimar" inszeniert. Das war jenes Stück, in dem der Autor radikal mit der Treuhandanstalt abrechnete. Ich sollte mit Hochhuth, der bei der Premiere anwesend war, für den NDR ein Gespräch machen. Aber Hochhuth zeigte sich nicht, und das Interview kam nicht zustande.

Jedenfalls wäre es aus meiner Sicht Anfang der 1990er Jahre denkbar gewesen, Wohnungen an ihre Mieter zu verkaufen. So wie in Russland nach 1989. Bei den Betrieben wäre es schon schwieriger geworden, zumal in einigen Regionen – wie Mecklenburg auch – wenig Industrie existierte. Aber auch hier hätte man Ungleichgewichte durchaus ausgleichen können. Besser wohl als der dann gewählte Weg über die Treuhand, die selbst gut wirtschaftende Betriebe, das war ja der Vorwurf von Hochhuth, für eine D-Mark an halbseidene Typen verkauft hat.

Gegen 21 Uhr waren wir – drei Kollegen und ich – pünktlich im Hotel, und mir blieb noch die schon zitierte Nacht unter bevorzugten Schlaf-Bedingungen. Um 12 Uhr checkte ich aus und suchte den Tunnel, der mich unter der Straße hindurch zur „Staatlichen Russischen Kinderbibliothek" bringen würde, unterwegs mit meinem Köfferchen.

Am Eingang erwartete mich denn auch wieder mal die übliche Kontrolle. Es dauerte ein wenig, da gerade eine große Gruppe von Kindern die Bibliothek verließ. Ebenfalls am Eingang erkennbar war, dass hier ein Autor im Zentrum stand, der in der gesamten 1. Etage vorgestellt wurde. Es ging um Samuil J. Marschak (1887 – 1964), einen der bekanntesten Kinderbuchautoren in der Sowjetunion. Auf Marschak

*Einlass in die Staatliche Russische Kinderbibliothek*

geht die Idee der „Pionierhäuser" zurück, die auch in der DDR bekanntlich eine große Rolle spielten. Durch seine Kindermärchen wie „Das Katzenhaus" oder „Der Zauberstab" wurde er zu einem Klassiker der sowjetischen Kinderliteratur. Dies hing auch damit zusammen, dass er einen Kinderbuchverlag leitete und literarische Zeitschriften herausgab.

Vom „Großen Terror" in der stalinistischen Sowjetunion blieb er verschont, aber einige seiner Mitarbeiter gerieten in dessen Mühlen, darunter Daniel Charms, zu dem ich in Vorlesungen schon oft etwas gesagt hatte. Die Ausstellung in der Bibliothek geht gewissermaßen der Spur von Marschak nach und macht sein Leben für Kinder einsehbar. Ich konnte beobachten, mit welchem Interesse die jungen Leser dabei waren.

Zum Nachmittag kehrte ich in mein Wohnheim zurück, es gab noch viel zu tun: Gutachten, Vorbereitung der Seminare, Planung der Archivaufenthalte.

Bevor ich im Wohnheim ankam, tätigte ich meine Einkäufe, ich war und bin ja Selbstverpfleger. Dies macht es notwendig, ab und an die Märkte zu frequentieren und sich einen Überblick über das Angebot zu verschaffen. Wer da glaubt, dass es angesichts der Einfuhrsperren für bestimmte Produkte durch die EU und Deutschland an etwas mangelt, sieht sich getäuscht. Das Angebot hier in Moskau ist enorm, und dies ganz unabhängig von der Größe des Ladens, alles ist – ja, man kann das so sagen – im Überfluss da. Und die Leute, zumindest jene, denen ich im Alltag begegne, kaufen. Die Läden stehen in ihrer Ausstattung denen in Deutschland in keiner Weise nach. Es fehlt an nichts: Obst, Gemüse, Fleisch, Unmengen der verschiedensten Joghurt-Sorten, Kaffee, Wein, Sekt, Bier. Und auch die Preise stimmen.

Auch vor diesem Hintergrund ist es an der Zeit, mit Urteilen aufzuräumen, die immer noch in Deutschland existieren und die glauben, Russland sei mit der Sowjetunion, die – wie die DDR eine Art Mangelwirtschaft war – zu vergleichen. Ich jedenfalls kann bisher keinen Mangel feststellen. Die Frage, wie es auf dem Land aussieht und wie die Verdienste insgesamt sind, die wäre freilich noch zu beantworten.

### FREITAG, 10. NOVEMBER (AM NACHMITTAG)

## KARTEN FÜR DAS BOLSCHOI-THEATER

Es ist wieder einmal spannend. Ich habe seit meinem Aufenthalt in Moskau ja nun mehrfach versucht, eine Karte für das Bolschoi-Theater zu bekommen. War sozusagen höchstpersönlich an der Kasse, habe versucht, Mitleid zu erwecken und die Zeitschiene mit dem kurzen Aufenthalt in Moskau ins Spiel zu bringen – keine Chance. Aber es gibt im Internet ein Portal, wo man es versuchen kann. Nun bin ich gegenüber solchen Angeboten immer recht skeptisch, aber immer nur lange ‚rumlabern‘ und Bedenklichkeiten ins Feld führen, hilft auch nicht. Und die Hinweise, dass es sogenannte „Rentner-Tickets" gibt, die vor den Vorstellungen angeboten werden, sind mir auch zu unsicher.

Also habe ich vor einigen Tagen den Versuch über das Internet unternommen und kurzfristig eine Karte für den Sonntag gebucht, für das bekannte Ballett „Giselle". Es waren für die einzelnen Kategorien nur noch um die 10 Karten vorrätig. Lange habe ich überlegt, mit welchem Preis ich einsteige, und letztlich aus Sicherheitsgründen für die günstigste Variante votiert. Das sind immer noch 110 Euro, dazu kommen diverse Bearbeitungs- und Versandgebühren. Am Ende kostet die Karte um die 160 Euro. Das große Problem allerdings, das ist die Zustellung. Es soll eine Anschrift angegeben werden. Neubrandenburg wird schwerlich sinnvoll sein, denn von einer Verschickung an meine Heimatadresse habe ich nichts. Was tun? Ich verständige mich mit dem Kollegen vom DAAD und gebe die Anschrift des DAAD an. Mal schaun, was draus wird.

Doch mir kommen Zweifel, es ist Freitag, und der Sonntag naht. Mir wird bewusst, dass ab Freitagnachmittag die Möglichkeiten der Zustellung schwierig werden, denn der Kollege vom DAAD ist nur bis 15 Uhr erreichbar, und es gibt dort keine Besetzung der Rezeption zum Wochenende. Also ins Internet und kurzfristig die Anschrift ändern: Besser die Zustellung ins Wohnheim nach Mytischtschi (die Stadt wird immer wieder mal anders geschrieben).

Aber – nun muss ich Farbe bekennen – ich habe vor, meinen Aufenthalt im Wohnheim nicht zu verlängern und mir etwas auf dem freien Markt gesucht. Sonnabend fällt der Hammer. Ich werde also zum Sonnabend das Wohnheim verlassen, von daher wäre eine Zustellung ungünstig. Dazu später! Die Lage wird noch komplizierter, als mir die Deschurnaja auf meine Frage hin erklärt, dass sie keine Karte annehmen darf, das könne nur ich persönlich machen. Mein freundliches Gerede hilft nicht, es sei ihr verboten. Was nun? Der DAAD-Kollege gibt mir eine Nummer, über das man das Karten-Portal bei Problemfällen erreichen kann. Und der Kollege versichert, „in Moskau geht alles". Und in der Tat, das mit dem Telefonieren, das klappt, ich rufe mit meinem russischen Handy an und bekomme die Info, dass ich umgehend einen Rückruf erhalten werde, der auch prompt erfolgt. Wir überlegen, wie ich an das Ticket kommen kann und ich schlage schließlich einen Treffpunkt vor: An der Lenin-Bibliothek vor dem Denkmal von Dostojewski! Dort hatte ich mich vor einigen Jahren schon einmal verabredet, mit dem wohl wichtigsten Vertreter der Russlanddeutschen Literatur, mit Hugo Wormsbecher.

Lenin-Bibliothek und Denkmal sind einfach nicht zu verfehlen. Die Lenin-Bibliothek nenne ich auch deshalb, weil ich mich hier mit meiner Kollegin,

Tatiana Yudina, treffen will. Sie ist Professorin an der Lomonossov-Universität, und gemeinsam wollen wir ein Projekt zu Intellektuellen in Russland entwickeln und einen Antrag auf Fördermittel einreichen. Das ist mit ein Grund, warum ich hier bin.

Also 14 Uhr Treff mit dem Kurier bei Dostojewski! Ich bin pünktlich da, sehe aber keinen, es ist kurz vor 14 Uhr, ich greife sicherheitshalber zum Handy und rufe seine Nummer an, er fragt, wo ich bin, ich sage, blauer Parka, und da sehe ich ihn schon. Alles klappt, ich bekomme die Karte, er eine Unterschrift, und damit kann es losgehen am Sonntag. Wie sagt der Kollege, „in Moskau geht alles."

Auch Tatiana Yudina ist wenig später da, und in einem nahegelegenen Café verständigen wir uns bei Kaffee und Kuchen über die nächsten Schritte. Tatiana Yudina ist zudem wenig zufrieden mit meiner Unterbringung und möchte helfen, sie hat schon mehrfach mit einem verantwortlichen Kollegen der Universität gesprochen, aber keine Chance. Die Uni hat keine besseren Quartiere. Ich habe mehrfach die gleiche Antwort bekommen, das Wohnheim, das sei noch das Beste aktuell. Nun kann ich gegenüber Frau Yudina mein kleines „Geheimnis" lüften, dass ich nämlich erst einmal für vier Tage etwas Neues gefunden habe und am Sonnabend das Wohnheim verlassen werde. Zehn Tage sind genug. Ich habe alles ausgekostet, hatte nette Gespräche mit der Deschurnaja und dem – sagen wir einfach – „Wachmeister",

*Dostojewski-Denkmal*

*Bolschoi-Theater*

konnte mir einen Eindruck davon verschaffen, wie das Leben hier so in dem Vorbezirk von Moskau aussieht – soweit das möglich ist.

Am Sonnabend um 11 Uhr bin ich an der nun gemieteten Wohnung verabredet. Ich werde dort allerdings nur vier Tage bleiben, denn am 15. November muss ich zu einer Tagung nach Deutschland zurück. Das ist ein Muss, denn wir führen die 10. Hans Werner Richter Literaturtage in Bansin auf der Insel Usedom durch.

Klar ist aber schon jetzt, dass ich mit meinem sämtlichen Gepäck aufbrechen werde, also nicht nur dem schmalen Köfferchen. Aber erst mal geht es zurück zur Station Perlovskaya und zum Wohnheim in Mytischtschi. Es ist noch das Packen angesagt! Und ich muss unbedingt ein Foto von der Deschurnaja machen, obwohl sie das nicht so gerne hat.

**SONNABEND, 11. NOVEMBER**

# DAS WOHNHEIM VERLASSEN IN RICHTUNG MOSKAU ZENTRUM – DIE TVERSKAYA

Schwer bepackt mit zwei Koffern, zum Glück mit Rollen, mache ich mich vom Wohnheim in Mytischtschi auf den Weg zum Bahnhof. Es nieselt. Soll ich ein Taxi nehmen? Für die zehn bis fünfzehn Minuten, nein. Ich sage mir, wenn wir seit vielen Jahren in die Dolomiten fahren, um höhere Berge zu besteigen, dann kann das Marschieren zum Bahnhof nur fitnessfördernd sein, also nix mit „Schlaffi" und Taxi. Peschkom, zu Fuß.

Ich mache zwischendurch noch einige Fotos auf dem Weg zum Bahnhof. Dann bin ich da, kaufe die Karte nach Moskau und frage, wann der Zug fährt. Hätte ich auch sehen können, aber beständig die Sprache trainieren! In einigen Minuten, sagt die nette Dame hinter dem Schalterfenster. Und in der Tat, wieder pünktlich auf die Minute. Noch einige weitere Fotos, da ich vermute, dass es die letzte Übernachtung hier in Mytischtschi gewesen sein könnte. Es sei denn, alles geht schief. Sicherheitshalber behalte ich den Schlüssel für das Wohnheimzimmer, denn ich weiß natürlich nicht, was mich auf dem „freien Markt" erwartet.

Perlovskaya dann in 25 Minuten bis zum Jaroslawer Bahnhof (вокзал), von da aus mit den beiden Koffern durch die Schranke, wieder entwerten und weiter zur Metro „Komsomolskaya". Hier, das ist mir klar, werde ich sofort wieder von zwei Polizisten, die immer unmittelbar am Eingang stehen, zur Seite gerufen. Beide Koffer und der Rucksack gehen durch die Sicherheitskontrolle, sie werden durchleuchtet und als unbedenklich frei gegeben. Danach die Schranke in die Metro passieren und mit der Rolltreppe tief abwärts auf die „rote Linie" Richtung Zentrum. Ich entscheide mich, da ich nicht weiß, wo die Straße mit der Wohnung nun wirklich liegt, die Metro-Station „Tverskaya" anzusteuern. Ich habe das vorher über Google Maps recherchiert. Die Wohnung soll sich nicht weit von der Metro befinden.

Die Entscheidung ist auch genau richtig. Mit meinem Plan, auf dem ich das Ziel groß markiert habe, finde ich die Straße schnell. Schon nach ca. 20 Metern entdecke ich den Eingang Nr. 2. Es kommt gerade jemand aus dem Haus, ich kann eintreten. Das Haus ist in einem ausgezeichneten Zustand, wahrscheinlich aus dem 19. Jahrhundert, gut rekonstruiert. An den Wänden finden sich Fotos, die ein Bild der Gebäude und der Straße aus früherer Zeit liefern. Im großen Eingangsbereich gibt es eine kleine Zelle, in der – auch hier – eine Deschurnaja sitzt. Sie fragt mich aber nichts, ich erreiche schnell den Fahrstuhl, zerre die beiden Koffer hinein und fahre hoch in die 5. Etage. Dort finde ich nach einigem Suchen auch die Apartmentnummer. Es ist ein langer Gang, und man sieht, ich schätze es sind so 40 bis 50 Meter, jeweils die Wohnungstüren nebeneinander. So, wie man es mitunter aus riesigen Neubaublöcken in Großstädten kennt. Ich klingele, aber niemand öffnet.

Wir hatten uns für 11 Uhr verabredet, es ist jetzt 10.55 Uhr. Ich lasse die Koffer vor der Tür und mache es mir am Ende des Ganges auf dem Fenstersims gemütlich. Als um 10 Minuten nach 11 Uhr immer noch niemand da ist, suche ich die Telefonnummer und rufe an. „Oh, sagt Kate", so lautet ihr Name im Internetportal, „sie sind schon da, meine Mitarbeiterin kommt sofort." Es dauert keine fünf Minuten und da ist die Kollegin vor Ort, sie lässt mich in das Apartment ein, erklärt einiges, und ich kann mich umsehen.

## DIE WOHNUNG IN DER TVERSKAYA UND DIE DENKMALSTOUR

Die Wohnung, die ich gemietet habe, besser das Apartment, gefällt mir ausgezeichnet. Ein großes Zimmer mit Küchenzeile, wie man sagt, abgetrennt durch ein Bücherboard, in dem ich auch Tolstois „Krieg und Frieden" sehe. Ein schönes Badezimmer, ein Schlafzimmer. Der Blick aus den großen Fenstern geht auf einen Hinterhof, aber man kann in der Ferne wieder eine der großen Kirchen sehen. Und, was besonders nett ist, es gibt eine wunderschöne Fensterbank, die mit zwei Kissen und einer schönen Decke drapiert ist und zum Lesen einlädt. Also rundum ein tolles Teil. Da lässt es sich die nächsten Tage gut aushalten.

Ich mache mir erst einmal einen starken Kaffee und lasse mich auf der Fensterbank nieder. Dann überlege ich, was ich mir nun – jetzt direkt im Zentrum der Stadt wohnend – ansehe. Das will gut geplant sein, denn ab der nächsten Woche habe ich viel in der Uni zu tun.

Ich entscheide mich, die Tverskaya zu entdecken und erst mal das Denkmal von Jurij Dolgoruki, der als der Gründer von Moskau gilt, aufzusuchen.

Mit Dolgoruki hatte ich es im Zusammenhang mit der Herausgabe von Heinrich Gerlachs Dokumentarroman „Odyssee in Rot" (2017) bei Galiani bereits vor kurzem zu tun bekommen. Gerlachs Gang durch sowjetische Kriegsgefangenenlager war erst im März erschienen. Und eine der ersten Stationen des Autors von „Durchbruch bei Stalingrad" war das Offizierslager in Susdal. Hier erfährt Gerlach, dass Susdal eine der ältesten russischen Städte ist und sie ihre Bedeutung, ja ihren Ruhm dem sagenumwobenen Fürsten Juri Dolgoruki verdankt, der als Gründer Moskaus gilt. Dieser Fürst Dolgoruki brachte der Stadt Susdal im 12. Jahrhundert einen großen Aufschwung.

Und in Moskau befand sich nun jenes Denkmal, das an ihn erinnerte und das ich schnell gefunden hatte. Von der Wohnung aus, liegt das Denkmal in Richtung Roter Platz und gar nicht so weit weg vom Telegraf, den ich von den ersten Tagen schon kannte.

Von da aus dann in die andere Richtung, denn zwei weitere zentrale Plätze mit für Russland gewichtigen Personen, die man im kollektiven Gedächtnis durch ein Denkmal in Erinnerung hält, waren zu betrachten: das Puschkin-Denkmal und das für Wladimir Majakowski. Puschkin ist bis in die Gegenwart in

Russland der Dichter, den jedes Kind kennt. Er ist nämlich Schulstoff, also das, was man einen Kanon-Autor nennt. So wie bei uns Lessing, Goethe und Schiller.

Wie es um Majakowski bestellt ist, das muss ich die Studenten in der nächsten Woche fragen. Auf jeden Fall sind es – wie schon bei Dolgoruki – monumentale Denkmäler, unübersehbar in das Straßenbild integriert. Zudem sind Puschkin und Majakowski mit Blumen versorgt, beim Fürsten habe ich keine gesehen. Wenn es also keine offiziellen Vertreter gibt, die hier Hand anlegen, dann muss es Sympathie sein und ein ehrendes Gedenken.

<br>

**SONNABEND, 11. NOVEMBER (AM ABEND)**

## AUF DER SUCHE NACH MICHAIL BULGAKOW UND DEM „MEISTER UND MARGARITA"

Ich weiß, dass sich fußläufig, also in der Nähe der Tverskaya jenes Museum befinden muss, das ich bisher noch nicht gesehen habe, das aber schon lange auf dem Plan steht. Die ganzen letzten Jahre war es mir nie gelungen, das Museum für jenen Autor aufzusuchen, den ich mit großer Faszination gelesen habe: Michail Bulgakow. Bulgakow gehört neben Tolstoi, Dostojewski, Rybakow und Tschingis Aitmatow zu jenen Autoren, die ich freiwillig in früheren Jahren gelesen habe. Aitmatow war besonders wichtig in den 1980er Jahren gewesen, das begann mit „Der Tag zieht den Jahrhundertweg" (1982), in dem die Mankurt-Legende erzählt wird, bei der Gefangenen durch schreckliche Folter ihres Gedächtnisses beraubt wurden. Man konnte Teile des Romans auch symbolisch lesen, als Gleichnis für die zunehmende Gedächtnislosigkeit des damaligen Real-Sozialismus.

Vor allem „Richtstatt" war dann in der Zeit der beginnenden „Perestroika" ein in der DDR vielgelesener Roman. Anfang der 1990er Jahre hatten wir Aitmatow zu einer Lesung in Neubrandenburg. Wir nutzten die Chance und führten – Gundula Engelhard von der Mecklenburgischen Literaturgesellschaft und ich – ein Gespräch mit ihm. Es findet sich in dem Buch „Literatur im Dialog" (2016), das über 30 Gespräche enthält, die ich mit Autorinnen und Autoren zwischen 1989 und 2015 gemacht habe.

Aber Michail Bulgakow hatte ich weitaus früher gelesen als Aitmatow. Es müssen die 1970er Jahre gewesen sein, natürlich ging es um jenes Buch, das Bulgakow weltberühmt gemacht hat, seinen Roman „Meister und Margarita". Der Roman war allerdings erst etwa 30 Jahre nach seinem Tode, Ende der 1960er erschienen und sofort in der DDR übersetzt worden. Freilich waren Teile des Romans der Zensur zum Opfer gefallen, die dann in Abschriften von Hand zu Hand gingen. Bulgakow hatte in satirisch-phan-

*Fans von Bulgakow haben sich im Museum verewigt*

tastischer Weise nicht nur über den Alltag in den 1920er Jahren in der Sowjetunion erzählt, sondern gewissermaßen durch die Zeiten geführt. Es ist daher kein Wunder, dass sich im Haus, in dem Bulgakow gewohnt hat, nämlich in der „Bolschaja Sadawaja Uliza № 10", heute ein Museum befindet, ja eigentlich sind es zwei.

Schon die Geschichte dieser beiden Einrichtungen ist einzigartig. Noch zu Sowjetzeiten waren Fans des Meisters daran gegangen, an den Autor zu erinnern, Sie hatten ohne Genehmigung der Behörden Mitte der 1980er Jahre in der 1. Etage des Hauses von Bulgakow in einer frei gewordenen Wohnung eine Art musealen Ort eingerichtet. Der wurde wieder geschlossen, aber die Liebhaber gaben nicht auf. Nun sind es zwei Orte, die sich gegenseitig in gewisser Weise Konkurrenz machen.

Einer befindet sich in der unteren Etage des großen Hauses und der andere in der früheren Wohnung Bulgakows, die auch im Roman eine Rolle spielt, die Wohnung № 50. Während ich in die erste Bulgakow-Stätte ganz ohne Probleme, ja sogar ohne Eintritt komme, muss ich beim offiziellen Museum an der Tür klingeln, es befindet sich auch an einem anderen Eingang, und man muss in die 5. Etage hinauf.

Was man da an den Wänden im Treppenhaus sehen kann, wäre allein eine Untersuchung wert. Die Fans haben sie über und über mit Wünschen, Namen, Zitaten, Zeichnungen versehen. Mehrfach sieht man

Behemoth, den phantastischen Kater aus „Meister und Margarita". Ich werde auf jeden Fall noch einmal in Ruhe zu Bulgakow und seinen Figuren gehen.

## BEGEGNUNG MIT HEINER MÜLLER

Auf dem Weg ins Museum für Neuere Geschichte, das sich unweit vom Bulgakow-Museum befindet, mache ich eine Stippvisite im Elektrotheater „Stanislawski" (Электротеатр „Станиславский"), das nur wenige Minuten von meiner Wohnung liegt. Das Theater gehört zu den bekanntesten. Es verfolgt zwei Prinzipien: Es ist ersten ein „Regietheater" und legt daher großen Wert auf die jeweiligen Methoden des Regisseurs, und zweitens soll es möglichst innovative Vorstellungen anbieten. Ich erkundige mich danach, ob in den nächsten Tagen etwas gespielt wird. Aber das ist nicht der Fall, stattdessen bekomme ich einen Plan in die Hand, und die Dame macht den Vorschlag, dass ich mir ein Video-Projekt ansehe, es läuft gerade im hinteren Teil des Foyers, der sogenannten „Elektrozone". Dort gibt es die Möglichkeit, verschiedene Veranstaltungsformen zu erproben: Bildende Kunst, Musik, Lesungen, kurz, es geht um zeitgenössische Kultur.

Der Raum ist öffentlich zugänglich, man braucht also keine Karten, und man kann sich mit einem Kaffee dort hinsetzen. Die Räumlichkeit ist wirklich ungemein einladend. Ich schaue auf die Videos und traue meinen Augen nicht. Auf einem sehe ich Heiner Goebbels, einen Kollegen aus Gießen. Heiner Goebbels ist Professor am Institut für Angewandte Theaterwissenschaft, das er über Jahre geleitet hat und das – ebenso wie er – international ausgesprochen anerkannt ist. Das liegt vor allem an Heiner Goebbels, der als Musiker, Komponist, Regisseur und Hörspielautor eine Vielzahl von Preisen erhalten hat und weltweit zu Festivals eingeladen wird. Es liegt aber auch an den tollen Studenten und Absolventen.

Im Gespräch mit Heiner Goebbels ist Boris Yukhananov, der Leiter des Theaters, der zu den innovativen Regisseuren in Russland gehört und der Goebbels 2015 eingeladen hat. In den 1980er Jahren war er einer der führenden Köpfe der Underground-Bewegung. Zudem hat er das sowjetische Parallelkino mitbegründet, das sich als Alternative zum staatlich finanzierten Kino entwickelte. Beide tauschen sich über ihre Arbeit mit Heiner Müller aus. Heiner Goebbels jedenfalls hat schon seit den 1980er Jahren Hörstücke zu Texten von Heiner Müller gemacht. Und genau darum geht es in dem Gespräch. Goebbels spricht auf dem Videomitschnitt Deutsch und eine Dolmetscherin übersetzt für den russischen Kollegen und umgekehrt. Beide tauschen sich über Erlebnisse

*Im Bolschoi-Theater*

mit Heiner Müller aus. Goebbels erzählt von einem Treffen in Ostberlin, bei dem er Heiner Müller gebeten hat, einen Text für ihn zu lesen, aber zu Musik beim Essen. Beide sind dann im Palast-Hotel gelandet, damals ein nobles Restaurant, in dem ein Jagdquartett mit Jagdhörnern Jagdweisen spielte. Die Musiker gingen mit ihrem Atem sparsam um. Und da Goebbels Heiner Müller gebeten hatte, nur bei Musik zu lesen, machte er jeweils mitten im Satz eine Pause, wenn die Musik aufhörte.

Wieder was gelernt, könnte man sagen. Mal schaun, ob es mit einem Besuch in diesem Theater noch klappt.

SONNTAG, 12. NOVEMBER (AM ABEND)

## „GISELLE" IM BOLSCHOI-THEATER

Langsam muss ich mich auf den Bolschoi-Abend vorbereiten. Ich überlege, welche Anzugsordnung zu wählen ist: Jeans und ein lockeres Jackett oder doch den Anzug, den ich extra für besondere Anlässe mit dabei habe? Mit dem entsprechenden Schuhwerk, das versteht sich. Die Entscheidung fällt recht schnell. Bolschoi-Theater, da scheint mir die Form des Anzuges angemessen. Wann, wenn nicht hier? Um 19 Uhr soll das Ballett „Giselle" beginnen. Also mache ich mich zu Fuß kurz nach 18 Uhr auf. Von meinem Apartment sind es knapp 15 Minuten bis zum Bolschoi-Theater, es geht durch die Gasse, besser den Boulevard, in dem einmal mehr verschiedene Denkmäler stehen: Tschechow (gegenüber ist das Theater, das seinen Namen trägt und ein Café), Sergej Prokofjew.

Ich komme über einen Seiteneingang in das große Haus, genau gegenüber vom riesigen Kaufhaus „ZUM" mit seinen enormen Schaufenstern, in denen teuerste Designer-Waren ihre Käufer suchen. Am Einlass wieder Kontrolle, Handys sind abzugeben und dann durch eine Schleuse. Mein Platz befindet sich, das stelle ich nunmehr fest, in der 7. Etage. Auf dem Ticket stand nur etwas vom Rang. Oh, Mann! 7. Etage, das entnehme ich einem Plan, das ist ganz, ganz oben. In aller Ruhe steige ich die Treppen der einzelnen Etagen hoch und komme in der 6. Etage an. Hier ist die Garderobe, und die Mäntel sind abzugeben. Und man kann sich hier für 150 Rubel, also etwa zwei Euro, einen „Binokel" ausleihen, Binokel, so heißt es auf Russisch.

Ich kenne das Gerät noch aus meiner Kindheit. Meine Großmutter besaß einen solchen „Operngucker", wie er bei uns hieß, für ihre Theaterbesuche. In den letzten Jahren habe ich solche Geräte in Theatern kaum noch gesehen. Woran mag das liegen? Aber hier im Bolschoi, da gehört es zur Normalität. Jedenfalls sehe ich zahlreiche Zuschauer mit einem „Binokel"!

Die Eingänge zu den Plätzen, so erfahre ich, werden erst 20 Minuten vor Beginn der Vorstellung geöffnet. In der 7. Etage findet sich auch eine riesige Räumlichkeit, in der es verschiedene große Buffets gibt, an denen man diverse Getränke – Wein, Champagner, Kaffee, Wasser usw. – bestellen kann und natürlich kleine Happen für den hungrigen Magen. Hier ist schon einiges los, und es hat ein wenig etwas von einer Modenschau. Die Kleider der Damen geben einen Hinweis darauf, dass hier viel Geld im Spiel ist. Davon Fotos zu machen, verbietet sich.

20 Minuten vor Beginn mache ich mich dann auf, um an meinen Platz zu kommen. Vorher noch kurz ein Programm gekauft, und die nette Einlassfrau zeigt mir, wo ich hingehöre. Es ist in der Tat die allerletzte Reihe. Höher geht's nimmer! Die Entscheidung für das Binokel war also genau richtig. Aber auch auf den teureren Plätzen ist der Blick nicht unbedingt frei zu nennen. Ich mache schnell einige Fotos von den besseren Plätzen und Logen, das Parkett ist noch recht wenig besetzt, das wird sich im Verlauf der nächsten Minuten ändern. Zum Schluss ist in der Tat alles voll, auch im Parkett, das sind Karten, die für diese Vorstellung um die 500 Euro kosten, jedenfalls über das von mir genutzte Internet-Portal.

Kurz nach 19 Uhr beginnt „Giselle", und es lohnt sich. Es ist ein romantisches Ballett, und im Zentrum steht ein junges und wunderschönes Mädchen, das letztlich von einem Prinzen verführt wird und sich aus Kummer in das Schwert des Liebhabers stürzt, als der von seiner Verlobten geoutet wird. Immer wieder unterbrochen von „Bravo"-Rufen vor allem zu den Parts der beiden Hauptakteure geht es nach einer Stunde in die Pause. Der erste Akt ist vorbei. Die nutze ich, um ganz nach unten in den „Beethoven-Saal" zu kommen, so ist er angezeigt. Hier sind kleine Separees, in denen man ebenfalls etwas genießen kann. Aber oben in der 7. Etage ist es turbulenter, da ist einfach mehr Leben. Und so mache ich mich wieder auf, gönne mir einen Rotwein, den ich noch kurz vor Beginn des 2. Teiles bekomme. Dann der 2. Akt, und um 21.20 Uhr ist das Ende gekommen. Es hat sich gelohnt. Gern nochmal, finde ich.

*Karte für das Bolschoi-Theater*

# AN DER UNI MIT DEN STUDENTEN
# BEIM ÜBEN VON „KOMMUNIKATION"

Endlich ist es soweit, Arbeit an der Universität mit den Studenten. Wir haben im Bereich alles in der letzten Woche besprochen. Ich bin zu 9.30 Uhr an der Uni und gehe in meinen Raum, eben den, den mir die Kolleginnen aus dem „China-Bereich", die also Chinesisch lehren, mit zur Verfügung gestellt haben. Ein Arbeitsplatz mit Computer wartet auf mich. Der Raum sieht entsprechend aus und verweist deutlich auf China.

Pünktlich um 10 Uhr macht mich eine Kollegin mit dem Seminar bekannt. Neun Studentinnen und ein Student. Wir werden jetzt in den nächsten Wochen miteinander arbeiten, das 2. Studienjahr und ich. Dabei geht es nicht um eine Vorlesung, sondern um ein Seminar, konkreter, es geht um „Kommunikation". Eigentlich war das nicht unbedingt in dieser Weise vorgesehen. Aber, wenn ich ehrlich bin, mir ist das sogar lieber als eine Vorlesung. Denn bei einer solchen Veranstaltung ist es nicht einfach, ins Gespräch zu kommen. Langfristig, also in dem Fall, da ich nochmals herkomme, wäre sicher eine Mischung am besten, Vorlesung, Seminar, Übung. Nun also nur Übungen und Kommunikation.

Das ist gar nicht verkehrt, denke ich, wenn man denn zusammenarbeitet, dann möchte man wissen, mit wem man es zu tun hat. Also stelle ich mich vor, und das Gleiche gilt für die Seminarteilnehmer. Natürlich meine ich die Studentinnen und Studenten. Aber wir einigen uns auch im Seminar gleich darauf, dass wir nicht ständig auf irgendwelche „gendergerechten" Formulierungen achten. Die Studentinnen und Studenten erklären mir, dass ihnen das nicht so wichtig sei. Sie würden schon wissen, wer und was sie sind. Also Studenten! Punkt!

Ich erfahre, dass alle im Seminar um die 20 sind und früher in der Schule Deutsch hatten. Viele streben an, Deutschlehrerin zu werden oder wollen später in der Wirtschaft arbeiten. Das Sprachniveau ist gut, und es ist eine nette Gruppe. Gemeinsam haben wir ein Thema gestellt bekommen, über das wir „kommunizieren" sollen, nämlich „Die Stadt". Warum nicht? Da kann man doch gut ins Gespräch kommen, Großstadt, Kleinstadt, Metropolen, Moskau, Berlin usw. Und außer Frage steht, dass im Gespräch immer auch über die „große" und die „kleine Welt" zu sprechen ist. Aber zuerst mal machen wir eine Mind-Map, das ist ja ein bekanntes Verfahren, um „Gedankensplitter" zu sammeln. Wir halten unsere Ideen dann auch an der Tafel fest. Auf diese Weise kommt schon einiges zusammen, das eine Großstadt wie Moskau kennzeichnet: Staus, Sehenswürdigkeiten, viele Straßen, Geschäftshäuser, viel Geld, Architektur, viele Cafés.

Da Kommunikation angesagt ist, gibt es auch viel zu besprechen. Unter anderem berichte ich von meinem Besuch im Staatlichen Russischen Museum für die Neuere Geschichte in der Tverskaya. Ich hatte gehört, dass das Museum erst vor einigen Jahren neu eröffnet worden war. In der Sowjetunion befand sich dort das Revolutionsmuseum, das damals täglich viele Schulklassen besuchten.

Gegründet worden war es schon 1923, und nach Lenins Tod stand der Begründer der Sowjetunion über Jahrzehnte im Zentrum der Darstellung. Vor dem dreistöckigen Gebäude, das wegen seiner klassizistischen Säulen und dem schönen Eingangsportal den Blick des Betrachters auf sich zieht, steht rechter Hand ein gepanzerter Kampfwagen aus dem Jahre 1915, ein „Bronewik", wie er im Russischen heißt. Der Panzerwagen macht einen martialischen Eindruck. Aber von meinem Freund Sascha habe ich erfahren, dass es sich bei diesem „Bronewik" um eine nicht sehr gute Nachbildung handelt, und das Triebwerk Mitte der 1930er Jahre von armen Bauern gestohlen wurde!

Aktuell ist auch hier eine Ausstellung zu sehen, die Russland ab 1917 ins Zentrum stellt. Zur Präsentation gibt es auch einen Katalog, den ich natürlich kaufe. Man sieht die führenden Revolutionäre, Dokumente aus der Revolution von 1917, das „Dekret über den Frieden", das „Dekret über den Boden" – wir kennen das noch aus dem Geschichtsunterricht. Es geht um

*Panzerwagen »Bronewik«*

*Im Staatlichen Russischen Museum für Neuere Geschichte*

Aspekte der Nationalitätenpolitik, die Raumfahrt, Juri Gagarin, Originalanzüge sowjetischer Kosmonauten, auch 180 Jahre Entwicklung der Eisenbahn in Russland und der Sowjetunion kommt vor.

In der 2. Etage sind die Jahre ab 1985 bis 1991 mit der „Perestroika" dokumentiert, die auf das Ende der Sowjetunion zulaufen. Da sieht man ein Foto von Solschenizyn und von Sacharow, eine Vitrine ist Alexander Lebed gewidmet, an dessen Rolle sich heute nur noch wenige erinnern. Er war in den 1990er Jahren der bekannteste General in Russland. Während des Putsches 1991 hatte er sich hinter Gorbatschow und Jelzin gestellt und später bei den Wahlen zur Präsidentschaft kandidiert. Mit um die 14 Prozent war er auf Platz 3 gekommen.

In den Vitrinen findet sich zudem Ehrendes aus Österreich für Michail Gorbatschow. Jelzin ist zu sehen und der Putschversuch gegen Gorbatschow mit dem Plakat „Soldaten schießt nicht auf Eure Brüder." Auf einem Video-Clip, der im Zeitraffer auf einer Zeitleiste die Jahre bis 2000 dokumentiert, sieht man Gorbatschow in Berlin, neben Honecker und Mielke. Auch Tschernobyl kommt vor. Über einige von diesen Fragen möchte ich mich gern mit den Studenten austauschen, denn sie gehören einer Generation an, die erst Ende 1990 geboren wurde. Und es klappt auch bald.

## SENSIBLE FRAGEN –
## ZWISCHEN GORBATSCHOW UND JELZIN

Mit den Studentinnen, aber nicht nur mit ihnen, habe ich über die Ausstellung in Museum für Neuere Russische Geschichte gesprochen, und dabei ging es insbesondere um die Sicht in Russland auf Gorbatschow und Jelzin. Ich versuche mich dabei an die schwierige Frage heranzutasten. Schwierig ist sie, das merke ich sofort. Als ich nämlich den Studentinnen von meinem Besuch im Museum erzähle und auf die Rolle von Gorbatschow und Jelzin zu sprechen komme, die dort zu sehen sind, sehen die Gesichter wenig glücklich aus. Einige haben den Ausdruck, als ob sie verstärkte Zahnschmerzen bekämen.

Bei solchen Fragen muss ich immer an Heinrich Heine denken, der lässt in seiner „Nordsee" (1826/27) eine Dame fragen: „Doktor, was halten Sie von Goethe?" Und es folgt durch den Erzähler eine Kommentierung: „Die Dame hatte, ohne es zu wissen, die allerschlauste Frage getan. Man kann ja einen Mann nicht geradezu fragen: was denkst du von Himmel und Erde? Was sind deine Ansichten über Menschen und Menschenleben? Bist du ein vernünftiges Geschöpf oder ein dummer Teufel? Diese delikaten Fragen liegen alle in den unverfänglichen Worten: Was halten Sie von Goethe?"

Tja, genauso ist es, wenn man nach Gorbatschow fragt, nach Jelzin oder noch deutlicher, wenn man die Sicht auf Putin kennen lernen möchte! Die Studenten erklären mir, dass Gorbatschow für die Deutschen sicher wichtig war, deutsche Einheit und so – sie wissen das sehr gut – und nach „Außen" habe er viel getan. Aber seine Träume und Vorstellungen innerhalb der Sowjetunion, die seien überhaupt nicht umgesetzt worden und hätten keine Chance gehabt. Er sei kein guter Präsident gewesen und letztlich mit verantwortlich für den Zusammenbruch der Sowjetunion. Darüber herrscht unter den Studentinnen in jeder Hinsicht Konsens. Und zu Jelzin sagen sie: „Der wird von vielen regelrecht gehasst." Auf meine Frage, „warum?" gibt es zunächst keine umfangreiche Antwort, aber es fällt der Hinweis auf Korruption und schließlich kommt die Ergänzung: „Mafia!" Zudem sei er eine lächerliche Figur gewesen, so die jungen Leute. Sie erinnern sich alle an die schwierigen Zeiten, mit denen ihre Eltern und Großeltern es in den 1990er Jahren zu tun bekommen hatten, keine Arbeit, kein Geld, einfach schlimm.

Einige Tage später komme ich nochmal auf unser Thema zu sprechen und frage, was man denn in Russland von Putin halte. Auch hier wieder ein wenig ein Blick, der Zahnschmerzen verheißt. Aber die Antwort ist nicht so eindeutig wie bei Gorbatschow und Jelzin. Das sei schwierig, höre ich – und diese Antwort ist nicht neu. Putin sei anders als Jelzin oder Gorbatschow durchaus eine starke Persönlichkeit,

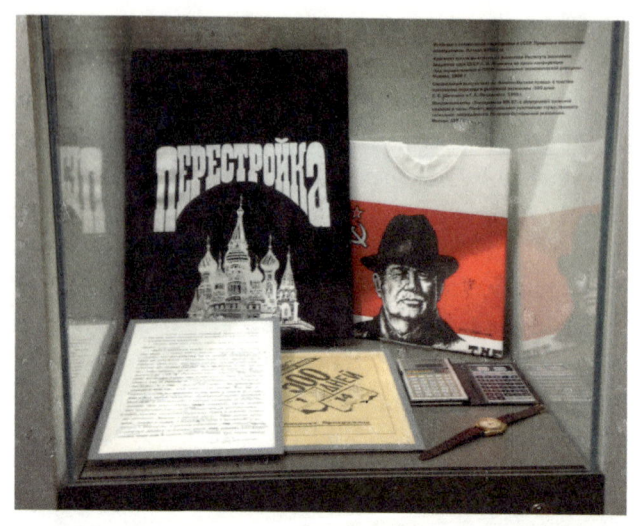

*In der Ausstellung zur Sowjetunion von 1917 bis 2000*

und was er nach „außen" mache, damit würden nicht wenige Russen sich einverstanden erklären. Aber nach „innen", da klappe zu wenig. Was dies konkret bedeute, dass „wenig klappe", dazu äußern sich die jungen noch Leute nicht. Ich werde sehen, was ich in Zukunft zu Wladimir Putin erfahre.

Übrigens, damit der „Schwarze Peter" nicht nur bei den Russen liegt: Wie würde man in Deutschland die Frage beantworten: „Was halten Sie von Merkel?"

**MITTWOCH 15. NOVEMBER**

## DEUTSCH-RUSSISCHE BEZIEHUNGEN UND RÜCKFLÜGE

Die Frage, was die Studenten von Merkel halten, habe ich noch nicht gestellt, die kommt noch. Aber wir haben mit dem 3. Studienjahr zumindest darüber gesprochen, welches Bild von Deutschland in Russland existiert. Es ist, wenn ich den jungen Leuten glauben will, ausgesprochen positiv. Deutschland gilt als erfolgreiches Land, in dem ein großer Wohlstand herrscht und es für junge Leute viele Perspektiven gibt. Man blicke, so die Studenten, mit Wertschätzung auf das Land. Etwas bedrückt sehen die Studenten, von denen einige bereits in Deutschland waren

– zumeist in Bayern –, die Konflikte zwischen beiden Ländern. Wobei die Position vertreten wird, dass die Entscheidung von Putin in Richtung Ukraine und Krim richtig war. Das bestätigt übrigens eine Auffassung, die ich hier in Moskau bislang durchweg gehört habe, schätzungsweise 90 % der Russen würden die Annexion der Krim – in dem Fall, da das Gespräch darauf kommt, werde ich wiederholt darauf hingewiesen, dass die Bezeichnung „Annexion" nicht stimme – als eine Entscheidung empfinden, die ihre Zustimmung hat. Wie kann es sein, werde ich in diesem Zusammenhang gefragt, dass in einem Land wie der Ukraine von der neuen Regierung, die vorgeblich so tolerant sei, Russisch als Sprache verboten wird? Und nach diesem oft emotionalen Hinweis sind wir in den Gesprächen zumeist auf die Geschichte gekommen und darauf wie die Krim zur Ukraine kam.

Wir lassen die Bezeichnung im Seminar erst einmal offen, Ich verweise darauf, dass die Entscheidung in Deutschland anders gesehen wird, als Bruch von existierendem Völkerrecht. Aber zweifellos hat der Konflikt in der Ukraine historische Wurzeln und reicht bis in die Sowjetunion und die Gründung der Unionsstaaten zurück. Die Ukraine, das ist bekannt, hat es vorher in dieser Form als Republik nicht gegeben.

Das Problem um die Ukraine und die Krim ist auch Thema des „II. Jugendforums Potsdamer Begegnungen 2017" gewesen, das vom 13. bis zum 14. November in Moskau stattfinden sollte. Ich hatte davon gehört, dass zehn junge Leute aus Deutschland und aus Russland gemeinsam über das Thema „Deutsch-russische Partnerschaft: von der Sprachlosigkeit zur Zusammenarbeit" diskutieren wollten. Dabei sollte es um verschiedene Sichten auf Probleme zwischen beiden Ländern gehen, also auch um die Krim-Krise. Ich wusste auch, dass es sich hier um ein Projekt handelte, dass das Deutsch-Russische Forum zusammen mit der Gortschakow-Stiftung veranstaltet.

Der Zufall wollte es nun, dass ich bei meinem Rückflug nach Deutschland am 15. November – für ein Wochenende – genau auf diese Delegation stieß, die wie ich am Flughafen Scheremetjewo auf den Flieger nach Berlin wartete. Das erste bekannte Gesicht, das ich sah und mich vermuten ließ, dass es sich um diese Gruppe handeln könnte, war Matthias Platzeck, ehemaliger Ministerpräsident Brandenburgs, den ich am Gate warten sah. Und beim Einchecken konnte man erkennen, dass da auch eine Gruppe Jüngerer dazu gehörte. Man kannte sich. Nun ist man nicht darauf aus, die Gespräche anderer zu belauschen, aber es war nicht zu überhören, dass die Leute von einem Treffen kamen, auf dem es um deutsch-russische Beziehungen ging. Übrigens saß kein einziger, auch Platzeck nicht, in der Business-Class, sondern ganz normal. Ich nahm mir vor, genauer zu recherchieren, was bei den Gesprächen herausgekommen ist. Gar keine Frage, dass solche Initiativen ungemein wichtig sind. Wir hatten über das Thema auf unserer Tagung am deut-

schen Literaturarchiv in Marbach Anfang Oktober zu
den „deutsch-russischen Beziehungen — 1917–2017"
sehr ausführlich diskutiert. Es ging in Marbach um
Literatur, Kultur, den Zweiten Weltkrieg, Kriegsgefangenschaft, Stalinismus, Gulag oder auch die Rolle
von Nikita Chruschtschow.

MITTWOCH, 15. NOVEMBER

## EIN NEUES ZIEL – ÜBERGANGSWOHNUNG
## IN DER DEUTSCHEN BOTSCHAFT

Schon lange bevor mein Moskau-Aufenthalt konkret
wurde und sich abgezeichnet hat, dass ich im Novem-
ber/Dezember 2017 in Moskau sein würde, hatten wir
die 10. Hans Werner Richter-Tage in Bansin auf der Insel Usedom geplant. Dass die Tagungen seit 2007 stattfinden können, ist vor allem auch Karin Lehmann zu
danken, die seit vielen Jahren verantwortlich für den
Kulturbereich des Eigenbetriebs der drei Kaiserbäder
auf Usedom ist. So haben wir jährlich im Umfeld des
Geburtstages von Hans Werner Richter (12. November
1908), dem Spiritus Rector der „Gruppe 47", eine Tagung veranstaltet. Dabei ging und geht es um Themen,
die jeweils bis in die Gegenwart führen. Etwa: „Erzählen und Erinnern – Hans Werner Richter und die

deutsche Nachkriegsliteratur in Ost und West" (2009), „Krieg – Gefangenschaft – Lagerhaft: Opfernarrative und Wandlungsmythen in der deutschsprachigen Literatur nach 1945", „Realistisches Erzählen als ‚Diagnose' von Gesellschaft und Erfolgsrezept in Vergangenheit und Gegenwart" – um nur einige Themen zu nennen. Diesmal, also 2017, sollte es anlässlich des 70-jährigen Jubiläums der Gruppe 47 um „Wirkung und Nachwirkungen im internationalen Kontext gehen". Und wir würden auch wieder – wie in jedem Jahr – zusammen mit Martin Bartels am Grab von Hans Werner Richter einen Kranz niederlegen.

Warum Martin Bartels? Das hat eine Vorgeschichte: Als Publizist und Herausgeber war Hans Werner Richter maßgeblich beteiligt an der Etablierung von Intellektuellendebatten in der Bundesrepublik. Es nahm daher nicht wunder, dass es dem Autor über lange Jahre versagt blieb, in die DDR zu reisen. Erst Mitte der 1980er Jahre gab es Veränderungen und Möglichkeiten für Gespräche, wenn man denn beharrlich genug war. So fand die erste Lesung von Hans Werner Richter in seiner Heimat, auf der Insel Usedom, im Juli 1986 in der Benzer Kirche statt. Dieses Erlebnis hat der Autor in der Erzählung „Bruder Martin" – die Geschichte findet sich in seiner letzten Veröffentlichung „Reisen durch meine Zeit" (1989) – sehr detailliert und treffend beschrieben. Hinter der Figur des „Bruder Martin" steht eine „wirkliche" Person, nämlich Martin Bartels, der 1968 seine erste

Pfarrstelle in Benz antrat und seiner Gemeinde über 32 Jahre die Treue hielt, bis zu seinem Ruhestand! Und er war es auch, der Hans Werner Richter 1985 einlud, doch in Benz zu lesen. Das war noch in der DDR und eigentlich das, was man heute ein „no go" nennt. Es war theoretisch nicht machbar. Martin Bartels hat mir später geschildert, wie es doch möglich wurde, dass Hans Werner Richter in der DDR lesen konnte:

*Ich hatte ihn persönlich bei einem Besuch in München im Herbst 1985 eingeladen, als ich zur Hochzeit meines Bruders eine Privatreise in die BRD genehmigt bekommen hatte. Das war eigentlich der Beginn unserer herzlichen Freundschaft. Wir saßen auf seinem Balkon in der Floßmannstraße, Toni (Richter – C.G.) servierte ‚Kullerpfirsich', und er war zu Tränen gerührt, als ich zaghaft meine Bitte zu einer Lesung in der Benzer Kirche vortrug. Ein bisschen blauäugig planten wir, dass er eine Privatreise zu den Verwandten in Bansin beantragen würde und ich, erst wenn er das Visum in der Tasche hätte, mich um eine ‚Veranstaltungsgenehmigung' bemühen sollte. Das war nach der Veranstaltungsverordnung der DDR nötig. Während ich bei DDR-Künstlern nur eine ‚Veranstaltungs-Anmeldung' zu tätigen hatte, galten BRD-Künstler als ‚Ausländer', für die man eine Genehmigung brauchte. Die Genehmigung wurde abgelehnt. Hans Werner galt als ‚persona non grata', weil er sich gerade in einem Film über Bansin (‚Flaggenwechsel') sehr unliebsam über die DDR geäußert hat-*

*te. Ich habe dann alle Hebel in Bewegung gesetzt, um die Lesung doch noch möglich zu machen. Auf Kreis- und Bezirksebene war nichts zu machen. Der Versuch über Stephan Hermlin, zu dem HWR geraten hatte, schlug fehl. Der Verbandssekretär des DDR-Schrift- stellerverbandes, Henninger, druckste auch rum und ich vermute, dass letztlich Hermann Kant den Aus- schlag gegeben hat, der gesagt haben soll: „Lasst den Richter doch ruhig in der Dorfkirche lesen. Das gibt weniger Ärger, als ein Spiegel-Artikel ‚Gruppe 47 Chef darf nicht in seiner Heimatkirche lesen.'" Einen Tag vor der Lesung erhielt ich telefonisch aus Berlin die Erlaubnis, schriftlich leider nie. Das wäre ein schönes Erinnerungsstück geworden.*

Sicher, das wäre ein spannendes Dokument. Martin Bartels erfüllte den Wunsch von Hans Werner Rich- ter, der nämlich seine letzte Ruhestätte in Bansin fin- den wollte. Und Martin Bartels und Karin Lehmann ist es zu danken, dass sich in Bansin bis heute das Hans Werner Richter-Haus befindet.

Die Tagung in diesem Jahr – das hatte gute Traditi- on – veranstalten wir zusammen mit der Universität Gießen, der Mecklenburgischen Literaturgesellschaft und dem Internationalen Christa-Wolf-Zentrum. Es war also klar, dass ich für diese drei Tage unbedingt aus Moskau zurückkommen musste. Stress zwar, aber wie sagt ein Plattdeutsch sprechender Freund immer: „Wat mutt, dat mutt".

*Die neue Metro-Station Lomonosovsky Prospekt*

Kompliziert wurde es diesmal aber nicht nur wegen des Fluges von Moskau nach Berlin, sondern auch deshalb, weil ich wieder einmal meine Wohnungsangelegenheiten in Moskau zu klären hatte. Auf verschiedenen Wegen war es mir nämlich gelungen, Unterkunft in der Deutschen Botschaft in Moskau zu finden. Nach meiner Rückkehr wollte ich dort ab Sonntag (18. November) einziehen. Ich musste also direkt vom Flughafen in die Botschaft, in eine sogenannte „Übergangswohnung", wie es heißt.

Als „Übergangswohnung" ist das Quartier auch am Türschild ausgewiesen. Mein erneuter Wechsel von der Tverskaya in die Botschaft bedeutete aber auch, dass ich vor meinem Abflug nach Berlin einen Platz für meinen schweren Koffer finden musste, in dem auch diverse Bücher lagerten und eben das, was man für sechs Wochen benötigt. „Was tun?" – wie es in einem bekannten Text von Lenin heißt. Ich hatte Glück. Die Kollegin von der Botschaft war so freundlich und gab mir die Möglichkeit, meinen Koffer während der Tage schon mal in der Wohnung zu deponieren. Sie war nämlich gerade frei geworden. Ich entschied also, den Koffer einen Tag vor dem Abflug in die Botschaft zu bringen und bei meiner Rückkehr dann zum Wohnen gleich in die Botschaft zu ziehen. Etwas naiv suchte ich bei google.map heraus, wie man am besten mit schwerem Gepäck zur Botschaft kommt und machte mich von meinem schönen Apartment im Herzen von Moskau, der Tverskaya, auf den Weg. Ich hatte gesehen, dass eine neue Metro-Strecke dichter an die Botschaft heranführt, die sich in der „Mosfilmovskaya Straße" befindet. Es sollte dies die neue „gelbe Linie" sein, die im März 2017 eröffnet worden war. Und beim Studium der Karte kam ich zum Ergebnis, ich müsse an der Metro „Lomonosovsky Prospekt" aussteigen. Von da aus könne man die Botschaft zu Fuß erreichen. So meine Interpretation. Also, der Weg ist klar. Vorher mache ich nochmal ein Foto von „meiner Straße". Dann in den Tunnel zur Metro, wieder Kofferkontrolle, dann bin ich in der Metro. Von der Tverskaya zum „Platz der Revolution" (Площадь Революции), also eigentlich „Roter Platz", da umsteigen auf die „Blaue Linie", bis zum „Park Pobedy", dort wieder umsteigen auf die „Gelbe Linie" und bis zu „Lomonosovsky Prospekt".

Nach einiger Zeit komme ich da wirklich an. Eine tolle und ganz moderne Metro-Station. Schon hier unten Richtung Ausgang frage ich einen jungen Mann nach der Straße, in der die Deutsche Botschaft ist. Der schaut auf dem Handy nach und sagt, ich sei hier falsch. Ich müsse zur Metro-Station „Universität". Ich sage, „aber es soll auch einen Bus geben, Nummer 34". Davon weiß er nichts, also schlägt er vor, nach oben zu gehen und eine Bus-Station zu suchen. Ok, hoch also in den Regen und weiter fragen. Ich finde eine Bus-Station und spreche eine junge Frau an, die wiederum zwei ältere Damen hinzuzieht. Zu dritt bereden die Damen alles, und es sieht so aus, dass sie mir helfen können. Bis ihr Bus kommt und sie mich umgehend verlassen! Zu Fuß, das sei nicht zu machen, hatten sie noch gesagt, das sind mehrere Kilometer. Die „34" und die „Mosfilmovskaya", ja, das könne aber stimmen, da müsse ich aber ein Stück laufen und auf die andere Straßenseite.

Nun sind die Straßen in Moskau nicht mit denen in Berlin zu vergleichen. Ich halte mich an den Hinweis, mit dem schweren Koffer wieder rein in die Unterführung, auf die andere Seite und da weiter fragen. Letztlich finde ich die 34, wuchte mein Teil in den Bus, dort gibt es ebenfalls die schönen Schranken, die nur jene durchlassen, die ein Ticket haben. Entsprechend Ticketkauf, 55 Rubel, das sind aktuell etwa 78 Cent. Das mit dem Ticket erledigt der Fahrer während der Fahrt. Aber wann kommt nun die Deutsche Botschaft?

Der Fahrer weiß es nicht. Aber einige nette Damen haben meine Unwissenheit bemerkt, sie nehmen sich meiner an, und geben mir zu verstehen, wann ich auszusteigen habe. Gottlob! Ich komme nach eineinhalb Stunden Fahrt gerade noch rechtzeitig in der Botschaft an, kurz vor 17 Uhr. Klingeln, ein Summer, die Tür geht auf. An der Wache den Reisepass vorzeigen und die Frage, wohin ich will. Die Dame von der Botschaft wird gerufen. Sie führt mich zu der Wohnung, ich kann meinen Koffer abstellen und werfe noch einen kurzen Blick in das Apartment. Flur, Wohnzimmer, Schlafzimmer. Alles ok, mithin bestens. Hier werde ich dann nach meiner Rückkehr einziehen. Die

*In den Metrostationen*

*Metro mit Werbung für Kino-Filme*

nächsten Tage in Moskau sind gesichert. Ich mache mich auf den Weg zurück in die Tverskaya. Insgesamt kostet es mich mehr als drei Stunden. Das sind Unwissenheit und Großstadt! Aber ich bin gespannt, was mich nach der Rückkehr erwartet und wie das so ist – Wohnen in der Botschaft!

# ZURÜCK IN MOSKAU

Die Tagung zur „Gruppe 47" in Bansin war erneut ungemein produktiv. Getagt hatten wir wieder im Hans Werner Richter-Haus in Bansin. Mit diesem Haus ehrt die Gemeinde den wohl bekanntesten Sohn des Ortes. Hans Werner Richter, der in Neu Sallenthin, mithin etwa zwei Kilometer von Bansin entfernt, geboren wurde. Aufgewachsen ist Richter auf der „Hoflage" in der Seestraße 68 in Bansin. Auf eigenen Wunsch wurde der Spiritus Rector der „Gruppe 47" nach seinem Tod 1993 in Bansin beigesetzt. Martin Bartels, seit 1968 Pfarrer in Benz auf Usedom und ein Freund Richters, gehörte neben Karin Lehmann in der Folge zu einem Kreis von Engagierten in der Gemeinde, die das ehemalige Feuerwehrhaus zu einem Hans Werner Richter-Haus umbauten. Grundlage dafür war eine Schenkung von Toni Richter, die nach dem Tod ihres Mannes Teile des privaten Nachlasses der Gemeinde Bansin vermacht hat. Auf der Grundlage dieser Schenkung ist dann aus dem alten Bansiner Feuerwehrhaus ein Literaturhaus geworden. Es gibt hier eine Bibliothek und Ausstellungsräume, in denen Originale zu sehen sind, die Hans Werner Richter und die „Gruppe 47" betreffen. Auch Richters Bibliothek befindet sich hier.

Die Entscheidung, solch ein Literaturhaus zu begründen und das Erbe von Hans Werner Richter zu bewahren, ist wichtig gewesen. Auf diese Weise kann Bansin zu einem Ort intellektuellen Austausches werden und eine Tradition fortsetzen: Die Insel Usedom mit ihren bekannten Ostseebädern Ahlbeck, Heringsdorf und Bansin gehörte nämlich im 20. Jahrhundert zu einem Raum, den Maler, Musiker, Schriftsteller, Filmemacher und Wissenschaftler, mithin zahlreiche Intellektuelle, gerade wegen seiner besonderen Atmosphäre schätzten. Gern hierhergekommen sind daher so unterschiedliche Persönlichkeiten wie Maxim Gorki, Thomas Mann, Theodor Fontane, Lyonel Feininger oder Johann Strauß. Gemeinsam nehmen wir uns Zeit, sind am Grab von Hans Werner Richter – auch in diesem Jahr wurde, wie bei jeder Veranstaltung seit 2007, an den Autor erinnert. Übrigens ging es bei der Tagung auch um die Sowjetunion, denn Hans Werner Richter war 1963 einer Einladung gefolgt.

Nach der Tagung ging es dann am Sonntag wieder zurück nach Moskau, nach über drei Stunden diesmal, hatte mich die Metropole wieder. Der Flug dauerte länger, es gab Verspätungen, an der Passkontrolle musste ich warten und dann war der Aero-Express gerade abgefahren. Also entspannt bleiben, denn ich war nicht der einzige.

Der Express ist übrigens die beste Variante, um ins Zentrum zu kommen, für 500 Rubel, also etwa sieben Euro, ist man dabei, in ca. 45 Minuten und ohne Stau! Ein Taxi ist wesentlich aufwendiger. Und mit meinem kleinen Handgepäck nahm ich mir auch die Zeit, einen Schnappschuss in der Metro „Kiewer Bahnhof" zu machen. Dort angekommen, ging es die Rolltreppe hoch, dem Ausgang entgegen und schnell über die Straße zur Busstation. Ich musste nicht lange warten und so erreichte ich endlich gegen 21.30 Uhr die Botschaft.

Hier klappte zum Glück alles, der Schlüssel für die Wohnung war hinterlegt, auch eine Bestätigung, dass ich für die nächsten 10 Tage hier eine Unterkunft haben würde. Allerdings fand ich schlichtweg in der Dunkelheit zunächst den Weg nicht. Ich irrte herum, fragte erneut an der Wache und wurde dann zu einem Tor geschickt, bei dem man nochmals die Klingel betätigen musste, bevor es sich öffnete. Nicht so einfach, sich auf dem Territorium der Botschaft zurecht zu finden. Dann war ich endlich im Apartment bzw. der „Übergangswohnung". Es konnte weiter gehen mit meinem Moskau-Aufenthalt. Aber es waren noch einige Vorbereitungen zu erledigen, denn am nächsten Tag stand wieder die Uni auf dem Programm.

## DEUTSCHLAND UND RUSSLAND – EIN HISTORISCHES SONDERVERHÄLTNIS?

### EINE DISKUSSIONSRUNDE IN DER DEUTSCHEN BOTSCHAFT (I)

Für die nächste Woche habe ich ein umfangreiches Programm. Die Zeit vergeht wie im Fluge. Man muss sie nutzen: Mehrere Veranstaltungen an der Uni, zwei Mal Theater, ein Öko-Abend. Aber erst mal kommt der Dienstag. Ich hatte eine Einladung zu einer Veranstaltung in der Deutschen Botschaft. Da ich vor Ort war, eine günstige Gelegenheit. Eingeladen hatte die Gesandte, Beate Grzeski, in Verbindung mit dem Leiter der politischen Abteilung der Botschaft, Hubert Knirsch. Interessantes Thema, finde ich, als mir die Einladung vorliegt: Eine Diskussionsrunde zum Thema „Deutschland und Russland – ein historisches Sonderverhältnis". „Das passt", denke ich, „darüber wollte ich immer schon etwas wissen."

Der genaue Ort in der Botschaft ist nicht angegeben, ich frage und werde darauf verwiesen, dass es eine Ausschilderung in der Botschaft geben wird. Und in der Tat sind Schilder aufgestellt, die den Weg weisen sollen. Um 19 Uhr ist Veranstaltungsbeginn, ich mache mich schon zu 18.40 Uhr auf den Weg und frage sicherheitshalber eine Dame, wie ich zur Veranstaltung gelange. Sie sagt, sie hätte auch Schilder gesehen, und sie nennt die Nummer der Wohnung. Genau jene, die ich wahrgenommen hatte. Ich wundere mich zwar ein wenig, dass so eine Veranstaltung in einer Privatwohnung stattfindet. Aber ok., zu 18.45 Uhr stehe ich vor der Tür, klingle, und eine junge Frau öffnet. Ich sehe einen gut gedeckten Tisch. Sie fragt nach meinem Begehr, ich nenne meinen Namen und verweise auf die Einladung zu der Veranstaltung. „Oh je", sagt sie. „Das ist diesmal auch wirklich nicht gut gelaufen", auch sie habe die Schilder gefunden. Es finden heute parallel zwei Veranstaltungen statt, aber ihre, die sei privat, sie habe Freunde eingeladen. Die Diskussion findet am anderen Ende des Botschaftsbereichs statt.

Die Sache ist mir etwas peinlich, aber so etwas gibt es nun mal. Die Wege in der Botschaft sind kurz. Ich finde dann schnell den wirklichen Veranstaltungsraum. Tolle Örtlichkeit, und es ist noch etwas Zeit bis zum Beginn. Alles ist vorbereitet, ein Vorraum, der entsprechend hergerichtet ist. Dezent und mit einem Service. Ich werde begrüßt und stelle mich an einen der Tische, wo sich sofort ein Kontakt herstellt. Wenig später bin ich mit einer Dame im Gespräch, es stellt sich heraus, dass es die Gesandte der Botschaft ist. Sie geht davon aus, dass ich die Deutsche Community in Moskau erweitern werde. Ich verweise auf meinen Gaststatus an der Moskauer Universität und dass ich von der Uni Gießen komme. Frau Grzeski weiß sofort, dass der Bundespräsident, Frank Walter Steinmeier, in Gießen studiert und dort promoviert hat. Die Welt ist klein.

Es ergibt sich, dass ich auch mit Hubert Knirsch, dem Leiter der politischen Abteilung, ins Gespräch komme. Irgendwie landen wir dann bei meinen Moskau-Aufenthalten seit 2012 und bei der Herausgabe von Heinrich Gerlachs Roman „Durchbruch bei Stalingrad", der nun auch ins Russische übersetzt wird. Der Antikriegsroman interessiert, und wir können Details zu Stalingrad austauschen. Etwas verspätet beginnt die Veranstaltung. Das sei zumeist so, da wegen der Moskauer Staus Teilnehmer es schlichtweg oft nicht pünktlich schaffen können.

Das Thema ist letztlich so überschrieben: „Russland und Deutschland – die Allianz, die es nie wurde." Das ist in etwa der Titel des Buches von Nikolaj Walentinowitsch Pawlow, der Professor an der MGIMO ist, dem Staatlichen Moskauer Institut für Internationale Beziehungen. Er ist der Gast und sein Buch Grundlage für die Diskussion. Vorgestellt und auf angenehme Weise moderiert wird er vom Leiter der Politischen Abteilung. Pawlow spricht bestens

Deutsch, seine Mutter, so erzählt er einleitend, sei in Berlin-Karlshorst als Dolmetscherin im Stab der Luftwaffe tätig gewesen und später Direktorin einer Deutschen Schule in Moskau. Als er sieben Jahre alt war, habe sie ihn, ihren Sohn, aber nicht aufgenommen mit der Begründung: „Meine Schande soll außerhalb der Schule bleiben." Harte Sitten, heute würde ein solcher Satz die Begründung für ein lebenslanges Trauma abgeben nach dem Prinzip, „die anderen sind Schuld"! Nicht so bei Pawlow, der 18 Jahre an der Diplomatenakademie war, bis 2010 Botschaftsrat in Bonn und seitdem Professor in Moskau. 15 Bücher hat er geschrieben, die sich mit deutsch-russischen Fragen beschäftigen. Ich bin gespannt, was mich erwartet.

DIENSTAG, 21. NOVEMBER

## DEUTSCHLAND UND RUSSLAND – EIN HISTORISCHES SONDERVERHÄLTNIS?

### EINE DISKUSSIONSRUNDE IN DER DEUTSCHEN BOTSCHAFT (II)

Die Einführung, die Nikolaj Pawlow gibt, ist knapp und launig. Beide Länder verbinde eine lange Geschichte, es habe mal kurze Allianzen bzw. Zusam-

*Neben der Deutschen Botschaft befindet sich die
Olof-Palme-Straße – Im Gedenken an den schwedischen
Ministerpräsidenten, der 1986 ermordet wurde.*

menarbeit gegeben, aber von Dauer sei die nicht gewesen. Mich erstaunt, dass er die Verbindung so kritisch sieht. Ich denke an die DDR. Aber als ob er meine Gedanken gelesen hat, verweist er darauf, dass die DDR nicht habe Deutschland repräsentieren können, da sie nur ein viertel des Landes gewesen sei. Zudem hätte es nach dem Machtantritt von Honecker 1971 nicht mehr so gut funktioniert, wie zuvor mit Walter Ulbricht. Honecker hätte „eigene Geheimnisse" gehabt.

Seit dem Beginn der 1990er Jahre dann habe sich der Status von Deutschland in der Welt verändert. Deutschland ist nunmehr ein „Weltspieler". Verwiesen wird auf ein Buch von Christian Hacke, einem Politikwissenschaftler, vom Anfang der 1990er Jahre. „Weltmacht wider Willen" hieß das und setzte sich mit der deutschen Außenpolitik auseinander. Das ist freilich lange her. Pawlow betont, dass Deutschland zwar nicht zu den ständigen fünf Mitgliedern des UN-Sicherheitsrates gehört (Frankreich, Russland, die Vereinigten Staaten, die Volksrepublik China, Großbritannien), aber eine „eigene Rolle" spielt. „Das ist auch gut so", sagt er. Eben darum hänge von den deutsch-russischen Beziehungen viel ab. Ohne Russland – darüber wird Einigkeit herrschen – ist Stabilität nicht denkbar.

Die Diskussion, die bald darauf beginnt, benennt – wie ich finde – einige zentrale Fragen. Ob der Titel nicht zu negativ sei, wird eingewandt von einem russischen Kollegen. „Wir dürfen uns nicht nur auf das Schlechte konzentrieren", heißt es. In Russland habe die „Gunst" gegenüber Deutschland nicht nachgelassen, man mag Deutschland in Russland nach wie vor. Gegenüber den USA sei das anders. Wie schon auf unserer Tagung in Marbach wird auf gute Kontakte in Kultur, Wissenschaft, Kunst verwiesen und resümiert, „wir können optimistisch in die Zukunft schauen." Pawlow reagiert mit einem netten Vergleich: Die Deutschen seien die „Wurstesser", die Russen diejenigen mit den Getränken. Ein gutes Getränk braucht Wurst und umgekehrt. „Wir ergänzen uns", so Pawlow. Witzig, aber durchaus zutreffend.

Danach wird es ernster. „Wir sind in Europa nicht integriert", so die Aussage von Pawlow. Der Westen habe dies nach 1989 mit Russland versucht. Es sei nicht gelungen. Das ist eine interessante Sicht eines Russen. Ich hätte es anders eingeschätzt. Umgekehrt herum. Nun würde von beiden Seiten ein Propagandakrieg geführt. Die russischen Diplomaten können nicht begreifen, dass Deutschland Bestandteil des „kollektiven Westens" ist, so sein Befund. Später im Verlauf des Abends wird dann davon die Rede sein, dass es angefangen mit Gerhard Schröder keine eigene Ostpolitik Deutschlands mehr gibt, Deutschland könne dies nicht, es müsse im Rahmen der EU agieren.

Bei solchen Aussagen stellt sich freilich in der Tat die Frage, welchen Sinn so eine Politik macht, in der ein Land, das auf Grund seiner Geschichte eigentlich dazu in der Lage und verpflichtet sein müsste, mit Russland einen Ausgleich herzustellen – mehr als 27 Millionen Sowjetbürger sind nach dem Überfall Hitlerdeutschlands im Zweiten Weltkrieg ums Leben gekommen –, gerade auch in krisenhaften Situationen.

Von Estland, das inzwischen EU-Mitglied ist oder Polen wird man das nicht erwarten können. Immer, wenn es „Alleingänge" etwa von Deutschland oder Russland gegeben habe, sei dies für die Welt gefährlich geworden, sagt Pawlow. Die Diskussion streift auch die gegenwärtige Situation in Russland. Sehr offen wird von russischer Seite vermerkt, dass es aktuell in Russland Vieles gleichzeitig gebe: Freies Denken und Reden und Verhaftungen, Freie Medien und weniger freie Medien, Zensur, aber eben auch keine.

Aber immerhin – so ein Einwurf – alle deutschen Stiftungen haben in Russland Vertretungen. Als Problem wird wiederum von Pawlow der Umstand benannt, dass Merkel eine „wertorientierte Politik" mache, aber „wir, die Russen, haben unsere Werte aktuell nicht definiert, welches Ziel haben wir, was wollen wir", fragt er.

Der Hinweis ist sicher zu bedenken, aber was meint „wertorientierte Politik" konkret. Sie kann sich ja nicht darauf beschränken, von Freiheit und Demokratie zu reden und dann diese Werte zu exportieren. Vom Vertreter der Hans-Seidel-Stiftung kommt denn auch der Einwand, dass dies so nicht ganz stimme mit dem Dissens in Hinblick auf die Werte. „Wenn das so wäre, dann könnten wir abreisen", lautet der nett formulierte Einwand. Einig ist man sich allerdings darüber, dass ein Dialog über gemeinsame Werte geführt werden müsse.

Wichtig und fast zum Ende des Austausches kommt ein Hinweis, der den Krim-Konflikt betrifft: Hier ständen sich zwei Sichten gegenüber, die Russen würden mit Blick auf die Krim von „Gerechtigkeit" sprechen – es geht um die Geschichte der Krim, die zu Russland gehöre – in der EU und darüber hinaus ist vom „Recht" die Rede, davon also, dass Russland das Recht gebrochen habe, die Geschichte interessiere nicht.

Nach etwa zwei Stunden ist das ungemein lebhafte und offene Gespräch beendet. Die Gesandte leitet über zum zwanglosen Austausch. Resümee für mich: Solche ernsthaften, reflektierten und (selbst)kritischen Debatten ohne moralisierende Attitüden wünschte man sich auch in Deutschland. Und nicht Gerede von Leuten, die keinerlei Ahnung von Russland haben und auch die deutsch-russische Geschichte nicht im Ansatz kennen. Müsste ich eine Punktzahl vergeben auf der Skala von 1 bis 10, dann lande ich – wirklich – bei 9,5 bis 10 Punkten.

ABSINTH –
DAS MOSKAUER „THEATER FÜR MUSIK UND POESIE" VON ELENA KAMBUROVA ERLEBEN

Mein Ziel war es, in Moskau einige Theater kennenzulernen und Aufführungen zu erleben. Das ist eigentlich einfach und auch wieder nicht. Einfach, weil es in Moskau – man glaubt das kaum – über 200 Theater gibt. Schwierig, weil es in der Tat so ist, dass die Moskauer fleißige Theatergänger sind. Es ist also gar nicht so leicht, an Karten zu kommen. Aber das spricht aus meiner Sicht einmal mehr für eine Stadt und ihre Einwohner. Freilich wird man auch einrechnen können, dass eine nicht geringe Zahl von Touristen die Moskauer Theater besucht.

Nun denn, ich nehme auf jeden Fall die Einladung eines Moskauer Bekannten an, der ein Freund eines Freundes ist. Er fragt, ob ich Lust habe in eine Aufführung des „Theaters für Musik und Poesie" von Elena Kamburova zu gehen. Das Theater kenne ich nicht. Ich habe aber schon einmal von der Gründerin gehört.

Das war im Zusammenhang mit dem Autor Bulat Okudschawa. Mein Bekannter erzählt mir denn auch, dass Elena Kamburova das Theater 1992 gegründet habe und auch heute noch die künstlerische Leiterin ist. Das Theater – und das sagt schon der Name – präsentiert auch literarische Abende, Lesungen, Kammerkonzerte, Jazzvorstellungen, Performances oder Liederabende. Die Kamburova – sie wurde 1940 geboren – ist schon seit den 1960er Jahren aktiv und eine der bekannten Künstlerinnen Russlands. Ein Ausgangspunkt war für sie die Lyrik von Bulat Okudschawa, die sie in den 1960er Jahren beeinflusste. Insofern wurde die Poesie die Grundlage für ihre weitere Entwicklung. Die Verbindung von Musik und Poesie hat dann auch dazu geführt, dass Elena Kamburova einen sehr eigenen Stil entwickelt hat.

In den 1970er Jahren stand sie in der Sowjetunion für das Plädoyer von Künstlern, denen es darum ging, die Freiheit des Wortes zu verteidigen. Verse von wichtigen Autoren wie Oskar Mandelstam, Marina Zwetajewa, Alexander Blok, Anna Achmatowa oder Wladimir Majakowski wurden zur Grundlage von Liederzyklen und im Gedächtnis behalten. So hat die Kamburova – es waren die 1970er Jahre – zwei Suiten aufgeführt, in denen bereits früh an die menschlichen Tragödien der totalitären Stalin-Zeit erinnert wurde. Übrigens, die Kamburova war – kein Wunder – neben Okudschawa auch mit Jacques Brel befreundet. Fotos im schmalen Gang, der zur Bühne führt, geben einen Eindruck davon.

Aber darum ging es diesmal nicht, wir sind im Jahr 2017. Die Aufführung, die ich besuche, trägt den vielversprechenden Titel „Abcent", also Absinth! Die Vorstellung ist – und das soll immer so sein – ausverkauft. Es sind aber auch nur etwa 80 Plätze, in einem früheren Kinosaal, für den es Anfang der 1990er Jahre keine Verwendung mehr gab. Damals, in der kritischen Phase des Zerfalls der Sowjetunion, war das Interesse am Kino radikal gesunken.

Der Preis einer Karte beträgt 400 Rubel, das sind ungefähr sechs Euro. Wirklich preisgünstig, aber es sind auch ermäßigte Karten. Dennoch frage ich mich, wie das Theater existieren kann.

Die Aufführung selbst führt ins Fine de Siècle zu Ende des 19. Jahrhunderts und an den Beginn des 20. Jahrhunderts in Paris. Im Programmheft wird dabei auf die besondere Bedeutung von Absinth für die künstlerische Kreativität verwiesen. Berühmte Absinth-Trinker werden erwähnt, darunter Vincent Van Gogh, Edgar Alan Poe, Henri Toulouse-Lautrec, Charles Baudelaire, Arthur Rimbaud, Paul Verlaine oder Oscar Wilde. Von Wilde zitiert das Programm einen der bekanntesten Absinth-Sprüche. „Nach dem ersten Glas siehst du Dinge wie Du wünschst, dass sie wären. Nach dem zweiten Glas siehst Du die Dinge, wie sie nicht sind. Zum Schluss siehst Du die Dinge, wie sie wirklich sind, und das ist das Schrecklichste auf der Welt!"

Die vier Sängerinnen führen bei einem grandiosen Bühnenbild, das auf engstem Raum die Pariser Atmosphäre imaginiert, in die Welt der Decadence. Leider ist das Fotografieren verboten. Aber die Melodien von Claude Debussy, Gabriel Faurio, Gregorio Allegri und schließlich Maurice Ravel und zahlreiche Chansons geben ein Gefühl davon, wie die jungen Frauen damals auf der einen Seite in der Vergnügungsindustrie ihren Lebensunterhalt verdienen, sich aber andererseits ihr Selbstbewusstsein und ihren Stolz bewahren.

Einige Tage später werde ich erneut in dem Theater sein. Aufgeführt wird das „Sieges-Requiem"! Lieder und Texte, die sich mit dem Zweiten Weltkrieg beschäftigen. Es geht um Erinnerung, und darum das Geschehene im Gedächtnis zu bewahren – durch „Musik und Poesie".

## MOSKAUER GESPRÄCHE
## UND DIE „ÖKO-FRAGEN"

Das Schöne und Interessante an den Seminaren mit meinen Studentinnen und den zwei Studenten – es ist ein junger Mann dazu gekommen – besteht u.a. darin, dass wir gemeinsam all jene Probleme bereden können, auf die ich bei meinem Aufenthalt stoße. Und natürlich können sie alle Fragen auf den Tisch legen, die ihnen wichtig sind. Es geht schließlich um „Kommunikation", und aktuelle Themen sind mit Sicherheit spannender, als das, was in den Lehrbüchern der Studenten steht. Ich habe bisher zwar kein Lehrbuch gesehen, aber es soll eines geben. Als ich vorschlage, dass wir uns auch daran halten können, höre ich ein vielstimmiges Veto. Nein, wir sollen besser das Buch weglassen und über das wirkliche Leben reden.

Nun denn, ich erzähle kurz davon, dass ich nach unserem Seminar in der letzten Woche, am Freitagabend, bei einer Gesprächsrunde gewesen bin, die sich mit dem Thema „Öko-Produkte & Öko-Landwirtschaft" in Russland beschäftigt hat. Verwiesen wurde darauf, dass die russische Politik aktuell über Möglichkeiten einer Förderung von Landwirtschaft berät, die ökologisch ausgerichtet ist. Ich frage meine Studentinnen, was sie denn von ökologischen Produkten halten. Die Studentinnen sind, wie gesagt, um die 20. Tanja meldet sich und bringt das so auf den Punkt: „Ja, ökologische Produkte seien ganz gut, auch sie würde manchmal welche kaufen. Aber sie sind einfach zu teuer, und Leute die weniger Geld haben, können sich so etwas nicht leisten." – „Öko-Produkte, die sind einfach Luxus!", so die Meinung, die von allen im Seminar geteilt wird. Ich kann dem nur zustimmen.

Das gilt freilich keineswegs nur für Russland. In Deutschland mache ich ähnliche Beobachtungen. Mir soll mal jemand erklären, wie hoch die Wahrscheinlichkeit ist, dass sich Rentner, die mal gerade um die 500 Euro im Monat zum Leben haben, Öko-Produkte leisten können. Die wissen so schon nicht, wie sie im Monat über die Runden kommen sollen. Daher ist die Diskussion in Deutschland über zahlreiche der sicher wichtigen Öko-Produkte – wie so Vieles – Gerede!

Bei der Gesprächsrunde in Moskau habe ich mir ebenso die Frage gestellt, was machen jene in Russland, deren finanzielle Möglichkeiten schlichtweg mehr als begrenzt sind?

Aber, und nun kann ich kurz von meiner Beobachtung erzählen, diese Frage wurde während der Talk-Runde im Deutsch-Russischen Haus im Moskau so gut wie nicht besprochen. Das DRH kannte ich schon von früheren Aufenthalten in Moskau, 2013 war ich zufällig bei der Feier zu seinem 15-jährigen Bestehen. In der Selbstbeschreibung des DRH steht, dass sich hier russlanddeutsche, russische und deutsche Kultur begegnen. „Unser Ziel ist", so die Aussage, „durch vielseitige Aktivitäten die Interessen der deutschen Minderheit in Russland zu unterstützen sowie zur Gestaltung enger freundschaftlicher Beziehungen zwischen Russland und Deutschland beizutragen." Entsprechend sind die Veranstaltungen ausgerichtet. Diesmal also „Öko".

Die Fragen diskutieren Tatjana Lebedewa, Chefredakteurin von Look.Bio & LookBio, Natalja Paramonowa, sie ist Journalistin und Organisatorin des „grünen" Dokumentarfilmfestivals „Eco Cup", sodann Julia Gratschewa, Leiterin der Organisation „Ecological Union" in St. Petersburg und schließlich Helena Drewes, die aus Dänemark kommt und Beraterin und Leiterin der Organisation „Organic Russia" ist. Moderiert hat das Gespräch Jan Dresel, er ist Leiter der Verbindungsstelle der Hanns-Seidel-Stiftung in Moskau.

Im Gespräch werden dann einige Probleme markiert: Der Bio-Markt in Russland würde sich erst langsam entwickeln, in Russland werden die Produkte aktuell unter dem Markenzeichen „organische Produkte" angeboten. Ebenso ist es um die Kultur des Anbaus von Öko-Produkten bestellt – alles entwickelt sich erst. Wiederholt verwiesen wird auf eine Aussage von Wladimir Putin, der gesagt habe, Russland sei perspektivisch der größte Produzent von Bio-Produkten. Dann müsse Russland aber auch die internationalen Standards einhalten, so ein Einwand. Von daher debattieren die Damen das Problem der Zertifizierung und sie verweisen darauf, dass es derzeit noch kein einheitliches Label gebe. Auf die Frage von Jan Dresel, ob der Russe bereit sei, mehr Geld auszugeben für organische Produkte, ist die Antwort – so scheint es mir – doch recht ausweichend. Deutschland spiele eine große Rolle beim Aufbau der „russischen organischen Welt", die Bio-Produkte kommen häufig aus Deutschland, so die erste Richtung der Antwort.

Ich frage mich nebenbei, ob diese Produkte auch vom EU-Embargo betroffen sind. Zu den Preisen gibt es dann das zaghafte Eingeständnis „Ja schon", die Öko-Produkte seien nun mal 20 – 30 % teuer. Aber anders als die Studentinnen, die sehr realistisch darauf hinweisen, dass sie und andere sich so etwas nicht leisten können, setzen die Damen auf Aufklärung! Man müsse den Leuten eben sagen, wie wichtig Öko für die Gesundheit und überhaupt ist.

Was sind das für Reden, denke ich mir. Ich kenne das aus deutschen Debatten, die an der Wirklichkeit der meisten vorbeigehen. Moralisieren ohne Ende und ohne die realen Verhältnisse zu reflektieren. Ist das nicht wieder eine neue Form von – sagen wir mal – „Ideologie"? Und auch in der Diskussion, aber das ist normal, bleiben viele Fragen offen. Ein männlicher Diskutant meldet sich und will wissen, ob Öko ohnehin eher etwas für Frauen sei – das sehe man auch an der Zusammensetzung des Podiums – und russische Männer sich dafür nicht interessieren. Es wird ein wenig gelacht, die Antwort bleibt auch hier un-

beantwortet. Mein Student, Iwan, hat da ganz knall-
hart reagiert. Meistens würden doch zu Hause auch
heute noch die Frauen kochen, daher interessiere sie
das Thema mehr. Russischen Männern, so Iwan, sei
es egal, ob das Bio ist oder nicht. Ob Makkaroni oder
Kotelett, Hauptsache was auf den Teller! Seine Kom-
militoninnen wenden dann doch ein, dass das heute
nicht mehr ganz so sei, denn Frauen würden schließlich auch arbeiten. Aber letztlich, ja schon, das Essen
sei doch oft Sache der Frauen.

In der Diskussionsrunde im Deutsch-Russischen
Haus hatte Helena Drewes die Frage durchaus pointiert so auf den Punkt gebracht: In Russland würden
sich vor allem Frauen für Öko interessieren, weil die
für sich und ihre Kinder bessere Lebensmittel haben
wollen, ohne Pestizide. Die andere männliche Gruppe,
das seien die Nerds, also eine bestimmte Gruppe von
absonderlichen Männern. Der Moderator, der die Fäden des Gesprächs gut verbindet, gesteht ein, ja, bei
ihm gebe es auch noch Reserven.

Im Seminar zeige ich das Foto von der Gesprächsrunde, und eine Studentin sagt, sie könne sich gut
vorstellen, dass „die da" an Öko interessiert sind und
auf Öko machen. „Warum", frage ich: „Na, so wie die
aussehen." Alle lachen! Wir lassen das so stehen in unserer Runde. Aber in der Tat, bei manchen Problemde-
batten hier in Russland – auch im Fernsehen – kann
ich mich nicht des Eindrucks erwehren, dass sehr genau danach geschaut wird, welche Position im Wes-

ten gut ankommt und wofür man mit Unterstützung rechnen kann. Man erhält sie, wenn man Distanz zum jeweiligen etablierten System äußert oder protestiert.

Das muss in dieser Weise nicht in jedem Detail für die Öko-Debatte zutreffen, dazu kenne ich die Verhältnisse zu wenig. Aber einige der russischen Bekannten und Kollegen haben auf solche Tendenzen mehrfach verwicsen. Sollte das wirklich so sein? Ich weiß es schlichtweg nicht. Aus einem anderen Land kann ich diese Vermutung allerdings bestätigen, denn da haben wir wirklich Einblicke, seit immerhin 10 Jahren. Gemeint ist Kuba!

MONTAG, 27. NOVEMBER

## „WARMSPRECHEN" UND EINE REDE IM BUNDESTAG

Die Woche beginnt, und es geht erneut auf in die Uni. Als ich an der Ampel warte und zur Bus-Station auf die andere Seite will, sehe ich ein Plakat, auf dem mit H.P. Baxxter und „Scooter" für eine „Super Diskothek" geworben wird. Ich drehe mich noch schnell um und mache ein Foto von der Botschaft, die unübersehbar und in russischer Sprache auf Martin Luther verweist. Am Kiewer Bahnhof angekommen, gehe ich schon automatisch mit den Menschenströmen auf die Rolltreppe zu und dann Richtung „dunkelblaue Linie", die bis zur Station Baumanskaya fährt. Das sind nur 13 Minuten! Um 9.40 Uhr bin ich in meinem Büro bei den „Chinesen", gehe in die 3. Etage, schließe den Raum auf und kümmere mich zusammen mit einer Kollegin um die Technik. Um 10 Uhr geht's dann los.

In den Seminaren besprechen wir zu Beginn immer, was so alles gelaufen ist in den letzten Tagen oder am Wochenende. Eine leichte Übung, sozusagen zum „Warmsprechen", und um wieder ins Deutsche zu kommen. Aber natürlich ist eine solche „Kommunikation" immer auch eine Gelegenheit, sich über Aktuelles auszutauschen in Politik, Kultur, Literatur. Und die Studentinnen machen das durchaus gern. Heute kam nochmal in Sachen „Öko" die Feststellung, „Öko-Produkte sind toll, aber teuer, und wir sind arme Studenten!"

Natalja ist neu in das Seminar gekommen, sie war zu einem Aufenthalt in München an der Uni. „Wie hat es Ihnen gefallen in München?", frage ich. Sie wiegt mit dem Kopf und sagt: „Nicht gut!" „Warum?", frage ich, und sie sagt, dass die Menschen in München sehr unfreundlich und manche sogar aggressiv gewesen seien. „Gewalttätig", sagt sie. „Ihnen gegenüber?", meine Frage und die Antwort: „Ja, beim Einkaufen." Ein Mann habe sie beschimpft und das bezog sich auf sie als „Russin". Die jungen Frauen wollen die Beleidigung nicht so recht ins Deutsche übersetzen, aber ich verstehe, was der Typ gesagt hat. Aufgefallen ist Natalja auch, dass sehr viele Ausländer in Gruppen unterwegs gewesen sind und „sehr laut". Von der anderen Seite kommt sofort eine Gegenmeinung: „Das kann nicht sein, wir haben das in München ganz anders erlebt." Sie seien im Mai dort gewesen, und die Deutschen seien sehr freundlich und sogar „lieb" gewesen. – Wir lassen das mal offen, es bedarf keines Oberlehrers, der hier Erklärungen abgibt und erklärt, warum der Typ beim Einkaufen möglicherweise so mies gewesen ist.

Als wir uns über das Wochenende austauschen, erklärt ein größerer Teil der Gruppe, dass es sehr langweilig gewesen sei, denn sie hätten fast ausschließlich Aufgaben für das Studium zu erfüllen gehabt. Ich erzähle vom Nowodewitschi-Friedhof (Новодевичье кладбище) und vom erneuten Besuch des Theaters für „Poesie und Musik".

Aber bevor ich etwas zu der Aufführung sage, kommen wir auf die Rede des russischen Schülers im Bundestag zu sprechen. In beiden Seminaren ist die Rede bekannt, auch die Reaktionen in Russland. Die Meinungen sind sehr unterschiedlich. Einige finden die Rede nicht gut, das würde eine Entschuldigung dafür sein, was im Krieg angerichtet wurde. Die Studentinnen bleiben dabei ein wenig zurückhaltend. Es ist nicht die Rede von „den Deutschen", sondern vom Krieg allgemein. Andere finden, dass der Junge noch ein Kind sei, er aus Zeitgründen wohl viel streichen musste und da sei dann so was rausgekommen. „Der Krieg, das ist über 70 Jahre her", und man könne doch nicht sagen, es seien „die Deutschen" gewesen, die den Krieg zu verantworten hätten, es seien die Politiker, eben Hitler. Die Soldaten haben einen – Anja sucht schnell nach dem deutschen Wort – Fahneneid geschworen. So geht das lange hin und her.

„Aber sind nicht um die 27 Millionen sowjetische Menschen im Krieg umgekommen", frage ich. „Ja, schon", die Antwort. Und sofort die Gegenfrage: „Aber sind Sie", gemeint bin ich, „daran schuld?" Das erinnert an deutsche Argumentationen, denke ich und verweise auf Stalingrad und auch auf die Wehrmachtsausstellung, die in Deutschland in den 1990er Jahre große Wellen geschlagen hat. Da entsteht eine gewisse Bedrückung, und wir kommen nochmal auf die Rede und sehen uns den Wortlaut genauer an.

Das sei zumindest „unglücklich", wie er das gesagt hat. Bei so einer Sache, noch dazu im Bundestag, also vor einer großen Öffentlichkeit, da müsse man die Worte genau wählen. Und er werde doch jemanden gehabt haben, der sich das mal ansieht, was er da vor Kameras erzählt. In der Tat, diese Frage stellt sich. Über die Deutschen Medien sprechen wir nicht, das wird zu kompliziert, denn wir müssten uns die verschiedenen Beiträge genauer ansehen. Wobei der Tenor – soweit ich das hier aus Moskau erkennen kann – wohl eindeutig ist. Von „Hetze" und „Ideologie" in Russland und den dortigen, also den russischen Medien, ist die

Rede. Dem Schüler schlage nun unverblümter Hass in Russland entgegen, heißt es. Ich kann diese Sicht nicht teilen und die Aussagen, die ich höre entsprechen dem überhaupt nicht. Ein Bekannter, mit dem ich gesprochen habe, verweist auf „den Kreml", der vor einer „übertriebenen Hetzjagd" gewarnt habe. Dem Bekannten geht es auch weniger um die Rede, es seien zwei Minuten gewesen und einige unglücklich gewählte Worte. Er ist Übersetzer ins Deutsche. Ihn schockiert die Reaktion der deutschen Medien. Und in der Tat, der Tenor scheint weitgehend einheitlich zu sein. Das irritiert etwas, zumal wir im Seminar vor dem Austausch über die Rede des Schülers in anderen Zusammenhang über „Political Correctness" gesprochen hatten, die in Deutschland eine gewichtige Rolle spielt. Aber die geht anscheinend immer nur in eine Richtung. Und warum ist es nicht möglich, erst einmal klar und deutlich – noch dazu am Volkstrauertag – die historischen Fakten zu benennen. So, wie das etwa Mathias Platzeck in seiner Reaktion auf die Aufnahme der Rede – hier wie da – getan hat?

„Deutschland ist mit Russland durch die Geschichte eines ganzen Jahrtausends eng verbunden", so Platzeck. „Der Angriff Nazideutschlands auf die Sowjetunion am 22. Juni 1941 bedeutete einen tiefen Bruch und war Teil des bis dato größten und grausamsten Vernichtungskriegs der Menschheitsgeschichte. Mit dem schrecklichen Leid, das deutsche Soldaten über die Völker der Sowjetunion brachten, geht für uns Deutsche auch heute noch eine besondere Verantwortung einher. Die Verantwortung, dieses Leid nicht in Vergessenheit geraten zu lassen und der Opfer zu gedenken."

Das ist stimmig und das ist historisch korrekt. So viele Zeilen sollten bei über 50 Millionen Toten wohl zur Verfügung stehen können in den Print- und anderen Medien! Aber es herrscht in den deutschen Medien anscheinend eine andere Auffassung vor, die letztlich doch immer nur in einer Kritik der russischen Seite mündet. Ich frage mich, was die Journalisten vom „mündigen Bürger" halten, um den es seit Jahrzehnten geht. Wen wundert es da, wenn das Vertrauen in die Medien permanent sinkt, wobei natürlich die Russland-Berichte nur ein Teil sind. Aber noch einmal und sehr deutlich: Ich war in Wolgograd, das bekanntlich früher Stalingrad hieß – mit dem schon genannten Team von ZDF-Aspekte. Wir haben dort zur Veröffentlichung von Heinrich Gerlachs „Durchbruch bei Stalingrad" einen kurzen Streifen gedreht. Und was wir dort gesehen und gehört haben, noch heute nach fast 75 Jahren, das hat uns erschüttert. Nicht nur die Gräber und Toten, die nach wie vor aus der Erde geborgen werden. Und: Wolgograd, das wollen wir mal nicht vergessen, das liegt nicht in Deutschland! Von daher wiederhole ich mich gern und sage das auch den Studenten: Es wäre gut, wenn einige deutsche Politiker mal in diese Stadt fahren würden. Übrigens auch Journalisten!

# „HAUSAUFGABEN"
# ODER WIE WOLFGANG SCHREYER
# GEDANKLICH NACH MOSKAU KOMMT

Natürlich habe ich in Moskau auch einige „Hausauf-
gaben" zu erfüllen. Zusammen mit einer Publizistin
gebe ich den Briefwechsel zwischen Brigitte Reimann
und Wolfgang Schreyer heraus.

Für den Band haben wir den Titel „Ich möchte so
gern ein Held sein" gewählt – ein Zitat aus einem Brief
von Brigitte Reimann. Der Band wird in einem neuen
Verlag in Berlin erscheinen, OKAPI heißt der. „Das
Okapi ist ein scheuer Einzelgänger und uns noch
nicht lange bekannt; es birgt weiterhin viele Geheimnisse. Scheinen auch seine einzelnen Merkmale auf
den ersten Blick vertraut, wirken sie doch wie neu zu-
sammengesetzt und regen dadurch zu aufmerksamer
Betrachtungsweise an", so hat es der Mitgründer und
Verlagschef, René Strien, formuliert. René Strien ist
ein erfahrener Verleger und brillanter Übersetzer
aus dem Spanischen. Er hat seit Anfang der 1990er
Jahre den Aufbau-Verlag in Berlin über 20 Jahre lang
in die Marktwirtschaft geführt und zu einem erfolgreichen Unternehmen gemacht.

Brigitte Reimann ist durch ihre erst 1997 veröffentlichten Tagebücher richtig berühmt geworden.

Aber vielen DDR-Lesern ist sie durch ihren Roman „Franziska Linkerhand" bekannt, der auch erst nach ihrem frühen Tod publiziert wurde. Wolfgang Schreyer wiederum, der einige Jahre älter als Brigitte Reimann war, ist der vielleicht erfolgreichste Autor aus der DDR, er hat immerhin eine Auflage von um die vier Millionen Büchern erreicht. Ich selbst kann mich noch gut an die Verfilmung „Das grüne Ungeheuer" erinnern. Mit Jürgen Frohriep und Kati Szekely in den Hauptrollen. Ein früher „Straßenfeger" in der DDR.

Zu Wolfgang Schreyer hatte ich schon in den 1980er Jahren Kontakt und der hat sich bis in die Gegenwart erhalten. Er ist ein aus meiner Sicht wichtiger Autor, der schon in den 1950er Jahren sein Schreibkonzept gefunden hat: Anspruchsvolle und ausgezeichnet recherchierte Spannungsliteratur. Ganz abgesehen davon hat Wolfgang Schreyer sich, ohne auf die eigene Person zu achten, für Kollegen eingesetzt. Es ist kein Zufall, dass er mit Stefan Heym und Erich Loest befreundet war. Wir wollten es unbedingt schaffen, dass der Band zu seinem 90. Geburtstag am 20. November erscheinen kann. Das haben wir nicht ganz geschafft, aber pünktlich zu seinem Geburtstag ist ein Vorausband bei ihm in Ahrenshoop eingegangen.

Heute nun, da ich gerade wieder den Band Korrektur lese, bekomme ich eine sehr traurige Nachricht: Wolfgang Schreyer ist kurz vor seinem Geburtstag am 17. November verstorben. Nun hat er das Erscheinen der Briefedition, die ihm sehr wichtig war, doch nicht mehr erlebt. Aber wir werden es schaffen, dass das umfangreiche Buch, es sind um die 500 Seiten, im Juni erscheinen kann.

Als ich jetzt in den Briefen lese, fällt mir wieder ein Schreiben auf, das Wolfgang Schreyer am 10. Dezember 1967 an die Verlagsleitung des Deutschen Militärverlages in Berlin geschickt hat. Es ging direkt an den Verlagsleiter, einen Oberst Lauterbach. Im Militärverlag hatte Wolfgang Schreyer seit Ende der 1950er Jahre fünf Bücher herausgebracht. Kennern sind einige der frühen Romane von Wolfgang Schreyer „Alaskafüchse" (1959), „Tempel des Satans" (1960), „Der grüne Papst" (1962), „Vampire, Tyrannen, Rebellen" (1963) und „Augen am Himmel" (1967) noch heute bekannt.

Im Zusammenhang mit der für 1969 geplanten „Karibischen Chronik" und einem Sachbuch verweist Wolfgang Schreyer in dem Schreiben nun auf ein „Darstellungsproblem bei populärwissenschaftlichen Arbeiten". Er meint damit den Ansatz des Verlages und einer Lektorin, die der Auffassung sind, man müsse den Leser gewissermaßen an die „Hand nehmen". In Verbindung damit kritisiert er das, was man Tagesagitation nennt. Als ich die Kritik von Wolfgang Schreyer nun lese, muss ich an die vielen Berichte in deutschen Medien zu Russland denken. Was schreibt Wolfgang Schreyer also 1967:

Frau Kuna verficht die konventionelle Methode der Meinungsbildung: Der Autor teilt dem Leser oftmals direkt seinen Standpunkt mit, er führt ihn an der kurzen Leine. Das ist unangreifbar, scheint auch narrensicher, die Tagesagitation hat lange ausschließlich nach diesem Grundsatz gearbeitet, kommt aber davon allmählich ab. In einer internen Veröffentlichung zur „Arbeit des Rundfunk-Dokumentaristen" schreiben Dannenberg und Grothe neuerdings dazu:

Der Hörer, Zuschauer, Leser wolle sich mit Fakten bekanntgemacht sehen und auseinandersetzen – „er will Informationen bekommen. Erst in der zweiten Linie interessiert ihn die Meinung des Autors, Journalisten, Informanten, der ihm diese Information vermittelt. Der Rezipient schätzt also das Gefühl der subjektiven Freiheit der Meinungsbildung, zu der ihm objektive Faktenvermittlung die Grundlage gibt. Am Anfang steht also der Fakt, am Ende die Meinung. Voraussetzung für die Annahme des Fakts in diesem Sinne ist natürlich, daß der Fakt als dieser erkennbar ist: es gibt auch falsche Informationen, die als Faktenvermittlung getarnt sind. Um also die objektive Wahrheit durch Fakten glaubhaft zu machen, müssen diese Fakten selbst in maximal glaubhafter Form dargeboten werden ... Denn die stärksten Fakten stoßen beim Rezipienten auf verschiedene subjektive Barrieren, wie ‚das Nicht-Glauben-Wollen‘, die nur allmählich überwunden werden

*können." Eben um das Überwinden psychologischer
Barrieren, die nicht zuletzt durch herkömmliche Methoden der Meinungsbildung aufgebaut worden sind,
geht es mir. Was nützen theoretisch unanfechtbare
Formulierungen, die vom breiten Publikum weder
gelesen noch geglaubt werden? Sie dienen allenfalls
zur Selbstverständigung, zum Repetieren eines Lehr-
stoffs, zur Weiterbildung schon Gleichgesinnter. So
bitter das womöglich klingt: Die Mißerfolge unserer
Propaganda gehen u.a. auf das Konto jener Methode,
die nicht mit den Barrieren rechnet, die sich nicht
dem Aufnahmevermögen, der Mentalität derjeni-
gen anpaßt, auf die sie wirken soll, sondern doziert,
predigt oder appelliert, wo sie behutsam ansprechen,
Interesse wecken, packen müßte – und dies, wenn nötig, sogar unter vorübergehendem Verzicht auf Un-
angreifbarkeit, auf die volle Höhe der wissenschaftlichen Erkenntnis, wenn es anders vorerst nicht zu
machen ist. (In der Schule lernen wir anfangs, daß
zwei minus drei „nicht geht".)*

Sieh an, denke ich, das hat Wolfgang Schreyer im Jahr
1967 in der DDR geschrieben!

## NACHDENKEN ÜBER GESCHICHTE –
## DAS „SIEGES-REQUIEM"

Nach unserem Gespräch über die Rede des russischen Schülers im Bundestag habe ich mich mit den Studenten über meinen Theaterbesuch unterhalten. Es ist reiner Zufall, dass ich gerade in diese Vorstellung gekommen bin, in der der II. Weltkrieg eine Rolle spielt. Das Stück hieß „Das Sieges Requiem" und wurde erneut im Theater von Elena Kamburova gezeigt. Auch hier handelt es sich – kennzeichnend für die Kamburova – um einen Liederzyklus, zahlreiche der Lieder sind wiederum von Bulat Okudschawa. Es geht hier nicht um heroische Gesänge, es geht nicht um die Feier des Sieges, sondern viel mehr um das Überleben, das Trauern und den Versuch, angesichts der vielen Toten aus der Einsamkeit herauszukommen.

Den russischen Freund, mit dem ich dort war, erinnert der Zyklus an Heinrich Heines „Ich bin das Schwert, ich bin die Flamme (...) Wir haben gesiegt, aber rings umher liegen die Leichen meiner Freunde." Die Schauspielerinnen und Sängerinnen – in Personalunion – verkörpern verschiedene Varianten mit der Trauer und dem Verlust des Mannes, des Vaters, des Geliebten umzugehen. Selbst eine als Trinkerin angelegte Figur, die mit der Ziehharmonika und mit ihren frechen und lustigen „Tschastuschka"-Liedern – das sind drollige, expressiv-witzige Lieder aus der Tradition russischer Folklore – die anderen aufstört, sind im Kern voller Traurigkeit. Die Witwen und die Frauen und Freundinnen von vermissten Soldaten, versuchen gemeinsam zu überleben und – irgendwie – in ein neues und friedliches Leben hineinzukommen. Ohne ihre gefallenen Männer. Während der Vorstellung habe ich beobachtet, wie wieder und wieder von Besuchern sehr unterschiedlichen Alters Taschentücher benutzt werden. Obwohl ich Vieles nicht verstanden habe, es war eine ungemein beeindruckende Vorstellung. Auch die jungen Zuschauerinnen, das konnte ich sehen, waren bewegt. Das konnte man dann auch im Foyer hören. Vielleicht geht ja mal eine der Studentinnen in die Vorstellungen des Theaters.

MITTWOCH, 29. NOVEMBER

## FAHRT INS „LEERE" – ISMAILOWO IST VERWAIST

Nach einem der Seminare, so ist mein Plan, will ich zum Großen Souvenirmarkt nach Ismailowo (Измайловское Шоссе). Es bietet sich an, das von der Uni aus zu machen, denn von der Metro-Station „Baumans-

*Der Markt in Ismailowo*

kaya" bis zur Metro „Partisanskaya" (Партизанская) sind es nur wenige Stationen.

Wer auf Tour nach Moskau ist, der wird immer wieder in verschiedenen Reiseempfehlungen lesen können, dass der Markt in Ismailowo die Fahrt mit der Metro wert ist. Und in der Tat, ich kann das bestätigen. Seit 2012 bin ich öfter mal dort gewesen, denn mehrfach war ich in der eigentlich wenig gastlichen Hotelburg Ismailowo untergebracht. Das ist ein riesiger Hotelkomplex, der zu den Olympischen Spielen 1980 gebaut wurde. Wenn man vom Zentrum kommt, dann ist auf die Metro-Station „Partisanskaya" zu achten. Vor einigen Jahren waren links und rechts Richtung Ausgang der Station riesige Bronzefiguren zu sehen, die man unzweifelhaft als Partisanen identifizieren konnte. Daran kann man sich gut orientieren.

Ich plane einen Tag ein, an dem ich Seminare an der Uni habe, denn von der Metro „Baumanskaya" fährt man auf der „blauen Linie" nur zwei Stationen, das sind laut Plan nur sieben Minuten. Genauso ist es, aber als ich diesmal an der „Partisanskaya" ankomme, sind die Plastiken nicht mehr da, dafür ist in der Metrostation eine Zelle für die Miliz dazu gekommen. Doch als ich die Rolltreppe hochfahre, erwartet mich oben die mir wohl bekannte Gruppe von Partisanen, ich bin also richtig.

Aus dem Ausgang raus und los, geradeaus in Richtung Markt, die Hotelbauten lasse ich linker Hand liegen und erkenne ihn schon von weitem. Mit den

Jahren ist ganz im Stile der russischen Architektur des 17. Jahrhunderts eine ganze Kremlanlage dort entstanden, in der verschiedene Museen zu finden sind. Neben dieser Kremlanlage in Miniatur liegt der Eingang zum Markt, auf dem man alles bekommen kann, was an sowjetische Zeiten erinnert: Mützen, Münzen, Briefmarken, Gasmasken, Uniformen, Uhren. Und natürlich Souvenirs wie Matrjoschkas und die bekannten bunt bemalten Schmuckdöschen.

Ich habe mich (leider) an einem normalen Wochentag aufgemacht, und mir aus dem Internet versichern lassen, dass der Markt geöffnet hat. Dem ist auch so. Aber, als ich durch den Eingang komme, wundere ich mich schon, denn niemand kassiert „Eintritt" – sonst ist es üblich, dass um die 10 Rubel (also etwa 14 Cent!) zu zahlen sind, ein symbolischer Preis. Dass es diesmal nichts ‚kostet', das liegt daran, dass der Markt fast leer ist. Die unübersehbare Menge von Händlern, die ihre Waren im Freien auf überdachten Ständen feilbieten, ist nicht da, es gibt nur einige wenige, die hier Souvenirs präsentieren. Freilich am rechten Rand finden sich feste Holzhäuschen, in denen Kostenintensiveres angeboten wird, also Uhren, Schmuck, Kunsthandwerk. Ich schlendere bis fast zum Schluss, schaue mir einige Matrjoschkas an und werde sofort in Verkaufsverhandlungen hineingezogen.

Ich sage meinen Satz, der natürlich nicht stimmt, aber zumeist sofort akzeptiert wird. Dass ich gerade in Moskau angekommen bin und erstmal schaun und nachdenken muss, also „подумать". Dafür haben die Händler Verständnis. Beim Rückweg durch die zwei Gassen schaue ich mir aber dann doch ernsthafter einige Matrjoschkas an. 400 Rubel soll eine kosten. Da ich weiß, dass hier das Handeln zum Prinzip gehört, wiege ich schwer mit dem Kopf und sage, dass sei etwas zu viel, von teuer wollen wir hier mal nicht reden. Der Händler macht ein Angebot, 3 für 1.000. Ich sage 800 und bei 900 sind wir uns einig. Ich hätte auch den anderen Preis bezahlt, wirklich, aber Spaß muss ein. So sind wir beide der Auffassung, dass wir ein erfolgreiches Geschäft gemacht haben.

Bei dem guten Umtauschkurs von ca. 1:70 kostet mich eine Matrjoschka um die vier Euro. Das ist nun wahrhaftig ein kleiner Preis, und es gibt in Deutschland einige, von denen ich vermute, dass die kleine Aufmerksamkeit Freude machen wird. Ich frage den Matrjoschka-Mann dann noch, warum heute so wenige Stände offen haben und die meisten unbesetzt sind. Er verweist darauf, dass am Wochenende, also Sonnabend und Sonntag, alles voll sein wird. Stimmt also doch, was ich irgendwo mal gelesen habe, dass man nach Ismailowo nur am Wochenende fahren soll.

Ich werde die Fahrt aber nicht mehr auf mich nehmen, es gibt noch genügend in Moskau zu tun und zu sehen. Also zurück ins Zentrum.

*Zum Gedächtnis an Konstantin Stanislawski*

## STANISLAWSKI, METRO
## UND WLADIMIR ILJITSCH LENIN HEUTE

In dieser Woche bin ich wegen der Routine des Metro-Fahrens ohne Hektik zur Universität gelangt. Es war genügend Zeit und ich bin nicht, wie mitunter zusammen mit anderen Moskauern, auf der linken Seite der Metro-Rolltreppe nach unten gelaufen oder nach oben geeilt, um schneller die nächste Metro zu bekommen. Die sowieso im Minutentakt kommt. Daher dokumentiere ich sozusagen einige Stationen des Weges von der Metro „Baumanskaya" bis zur Universität.

Unübersehbar, gleich wenn man aus der Metro kommt, das große Bildnis bzw. Graffiti von Konstantin Stanislawski, dem berühmten Theatermann, der eine ganze Theater-Schule geprägt hat. Es ging ihm darum, dass die Schauspieler sich auf Grund eigener Lebenserfahrungen maximal in die Rolle einfühlen. Stanislawski hat in diesem Zusammenhang vom „emotionalen Gedächtnis" gesprochen. Bertolt Brecht wiederum hat diesen Ansatz radikal abgelehnt. Ihm ging es gerade um das Gegenteil. Der Schauspieler müsse Distanz zu seiner Rolle haben, anstelle von Einfühlung setzte Brecht auf Verfremdung. Aber egal, auf jeden Fall, wird Stanislawski in Russland bis heute verehrt und hat sich ins kulturelle Gedächtnis eingeschrieben.

Mit den Studentinnen hatte ich im Rahmen des Themas „Stadt" natürlich auch über die Moskauer Metro gesprochen. Obwohl eine Reihe der Studentinnen die Metro fürchterlich findet – wegen der vielen Leute und mancher Unfreundlichkeit – betonen sie, dass es die einfachste Art ist, um in Moskau schnell von einem Punkt zum anderen zu kommen. Und das ist in der Tat so, es ist unfassbar, wie unkompliziert man sich nach einigem Training in der Metro zurecht findet und wie „kurz" die langen Wege mit der Metro sind. Von Unfreundlichkeit habe ich bisher allerdings nichts gemerkt. Im Gegenteil. Als ich kurz vor dem Klingelton in eine Tür hetze und die dann wirklich schließt, ist sofort ein junger Mann dabei, um mich aus der Misslichkeit zu befreien.

Übrigens hatte ich an die Studentinnen eine Aufgabe verteilt. Jede Studentin sollte schriftlich kurz ihre Lieblings-Metrostation skizzieren. Natürlich war mein Impuls nicht ganz uneigennützig. Ich wollte selbst erfahren, welche Station der Favorit ist, um sie mir vor Ort anzusehen. Auf Platz 1 stand die „Mayakowskaya" („Маяковская"), die 1938 eingeweiht wurde. Architekt ist Alexej Duschkin, der für den Entwurf auf einer Ausstellung in New York den Hauptpreis bekommen haben soll. Die Station, das sagen die Studenten ebenfalls, werde mit seiner Architektur dem Art Déco zugerechnet.

Sie haben Recht. Als ich am Nachmittag die Station aufsuche, ist alles so, wie beschrieben. Kennzeichnend für die Station sind die Marmorsäulen und die Bögen. Xenia weiß zudem noch etwas Anderes zu berichten. Wenn man sich an die eine Seite des Bogens stellt, dann könne der Gegenüber auf der anderen Seite hören, was man sagt. Ich kann es nicht ausprobieren derzeit. Aber zweifellos, die „Mayakowskaya" ist eine der eindrucksvollsten Metro-Stationen. Das gilt freilich – in spezifischer Weise – auch für andere. Vielleicht später mehr darüber.

Da ich wieder einen Theaterabend vor mir habe, fahre ich von der „Mayakowskaya" eine Station zurück und steige bei der „Teatralnaya" um bzw. aus. Letztlich verlasse ich die Metro, die hier gleich drei Stationen mit Tunneln verbindet, am „Roten Platz". Von daher aus marschiere ich erneut zum großen Superkaufhaus „GUM". In der Nikolskaya Straße, die auf den „Roten Platz" führt, sehe ich wieder einmal „Lenin" bzw. das „Lenin-Double". Ich habe inzwischen gelesen, dass es mehrere davon geben soll, die nicht auf eigene Kosten arbeiten, sondern bei einer Agentur angestellt sind. Jedenfalls kann man sich mit „Lenin" fotografieren lassen. Das soll um die 500 Rubel kosten.

Ich selbst habe „Lenin" nicht angesprochen. Oft wird man solche Doubles nicht wieder los, so meine Erfahrung. Das Geschäft floriert anscheinend. Es gibt immer wieder Touristen, die mit Lenin nach Hause kommen wollen. So auch diesmal, Lenin ist im Gespräch mit einem Touristen und wird flankiert von einem zaristischen Offizier. Kurz ein Schnappschuss

*In der Metro-Station Kiewskaja*

ohne zu bezahlen. Aber mir fehlt ja auch der persönliche Kontakt zu Lenin, der seinen Preis wert ist.

Danach noch eine kurze Visite im GUM, das für Weihnachten rüstet. Und von da aus ins Theater! Ein Liederabend mit deutscher Musik.

## „STOLPERN" ÜBER EL LISSITZKY – AUF DEM GANG DURCH DIE NEUE TRETJAKOWGALERIE (I)

Nachdem ich bereits in der „alten" Tretjakowgalerie vergeblich nach der Ausstellung zu 1917 gesucht hatte, habe ich es nun endlich geschafft. Ich merke dabei, dass ich eigentlich schon Anfang November in der Nähe der Ausstellung gewesen bin. Denn: Man steigt an der Metro „Oktjabrskaya" (Октябрьская) aus und macht sich auf den Weg Richtung „Krimskij Wal". Ich erkenne schnell das „Hotel Warschau". Bei meinem letzten Besuch dort hatte ich allerdings die Gegenrichtung eingeschlagen, was mir erst gar nicht bewusst war. Es war also zur Neuen Tretjakowgalerie gar nicht weit.

Nun gehe ich am Gorki-Park vorbei, den ich zuerst auch gar nicht wahrnehme, und genau vor dem Park gelange ich durch eine Unterführung auf die andere

Seite der Straße. Das kubusartige Gebäude ist schon zu sehen. Vor der Galerie stehen verschiedene Skulpturen, die offensichtlich aus der Sowjetzeit sind.

Am Eingang der Galerie wird mit der Ausstellung „некто 1917" („Irgendjemand 1917") geworben. Es geht – wie immer – durch eine Schleuse, eine Eintrittskarte ist zu kaufen, die Sachen (Mantel und Rucksack) sind abzugeben. Und dann los. Schon von weitem sieht man – bevor es über eine große Treppe in die erste Etage geht –die Hinweise zur Ausstellung. Bevor ich aber zu „некто 1917" gehe, stoße, ja stolpere ich auf eine Sonderausstellung, die sich in einem Museumsteil über zwei Etagen zieht und die El Lissitzky gewidmet ist.

El Lissitzky kann mit Sicherheit zu einem der wichtigsten Vertreter der russischen und europäischen Avantgarde gerechnet werden. 1890 geboren, bewarb er sich 1909 an der Kunsthochschule in St. Petersburg. Dort wurde er aber wegen seiner jüdischen Herkunft abgelehnt. Und wie viele seiner Zeitgenossen ging er nach Deutschland und studierte an der Technischen Hochschule Darmstadt ab 1909 Architektur, das Studium schloss er mit dem Diplom ab, das er – so kann man lesen – in Moskau machte. El Lissitzky gehörte – auch auf Grund seiner Erfahrungen – zu jenen Künstlern, die die Oktoberrevolution begrüßten und mit ihr ein neues Stadium der Menschheitsgeschichte anbrechen sahen. Von der neuen Sowjetmacht sah El Lissitzky sich dann auch in der Tat gebraucht, so wurde er Mitglied in der Abteilung für Bildende Künste des Volkskommissariats für Bildungswesen in Moskau, 1919 holte ihn kein anderer als Marc Chagall an die Kunsthochschule nach Witebsk, an der auch Kasimir Malewitsch als Professor lehrte. El Lissitzky war sicher das, was man im positiven Sinne einen Visionär nennen kann. Er hat, wie auch andere Vertreter der Avantgarde, in ganz verschiedenen Bereichen, ja Berufen, gearbeitet. Die Summe dieser Arbeiten wird hier in der Galerie erstmals in einer Gesamtschau präsentiert. Mir war nicht bewusst, wie vielfältig das Oeuvre von El Lissitzky ist. Man kann sehen, wie ungemein breit El Lissitzky aufgestellt war. Es sind tolle Arbeiten von ihm zu sehen: Malerei, Design, Architektur, Graphiken, Fotografie.

Ich mache einige Fotos, obwohl ich sofort einen „Verweis" erhalte, Fotografieren sei verboten. Da bin ich aber schon fertig. Sehen kann man auch seine „Prouns", das ist ein Akronym für „Projekt für die Behauptung des Neuen". Es handelt sich hier um bunte Konstruktionen aus Linien, die mit anderen geometrischen Objekten verbunden werden. Wie soll man das erklären, man muss es sehen. Ich erinnere mich, dass sich in der Bibliothek, die ich von Christian Emmerich, einem Dresdner Literaturwissenschaftler, übernommen habe, der in den 1990er Jahren in die Nähe von Gießen zu seiner Tochter zog, ein Fundus-Band zu den „Prouns" befindet, der 1977 in Dresden erschienen ist. Den hatte ich vor kurzem zufällig in der Hand, weil ich für die Prüfungen in meinem Büro in Gießen nach einem Buch zur Deutschen Romantik suchte.

*Vor der Neuen Tretjakowgalerie*

Christian Emmerichs Frau war in der DDR eine bekannte Kunsthistorikerin. Das Fundus-Buch stammt
aus ihrem gemeinsamen Bestand. Jedenfalls sah
El Lissitzky selbst seine „Proun"-Arbeiten als einen
Übergang von der Malerei zur Architektur. Wer einmal in Dessau dem Bauhaus auf die Spur kommen will,
der wird Verbindungen erkennen.

In der Moskauer Ausstellung finden sich auch Fotos von Architekturprojekten, die utopisch wirken
und von denen wohl keines realisiert worden ist.
Allem Anschein nach hat El Lissitzky bis zu seinem
frühen Tod 1941 keine größeren Probleme mit der Sowjetmacht gehabt. Es wäre spannend, an seinem Beispiel einmal genauer dem Verhältnis von Geist und
Macht nachzugehen.

Nun aber endlich auf zu „некто 1917"!

DONNERSTAG, 30. NOVEMBER

## „IRGENDJEMAND 1917" ODER
## KUNST IN ZEITEN DER REVOLUTION (II)

Nach der Entdeckung von El Lissitzky komme ich in
der Ausstellung an, zu der ich eigens hier in der Neu-
en Tretjakowgalerie bin. Es zeigt sich, dass mitnichten die Oktoberrevolution im Zentrum steht, wie man

bei dem Titel vermuten könnte. Das ist wie bei vielen historischen Ereignissen, deren Bedeutung erst im Nachhinein bewusst wird. Als die „Berliner Mauer" geöffnet wurde, haben viele selbst in Berlin das gar nicht wahrgenommen oder es hat sie zunächst nicht interessiert, sagen sie. Und dass die „Wende" dann zur Wende wurde, ist den Beteiligten mit Sicherheit erst im Rückblick klar geworden.

Wer damals mit einem Fotoapparat minutiös die Veränderungen erfasst hätte, der wäre heute sicher ein wichtiger Zeitzeuge. Aber so ist das nun einmal: Während des Prozesses selbst geht das Leben für viele – nicht nur Künstler – seinen „normalen" Gang.

Erstaunlich ist die Breite der Kunstrichtungen, die hier im Kontext mit 1917 präsentiert werden. Die Kuratoren haben die über 100 Arbeiten in verschiedene Themengruppen geordnet wie „Stadt und Mensch", „Mythen", „Flucht aus der Realität". Ärgerlich, ich hätte mir den Katalog kaufen sollen. Aber ich habe an die Menge an Bücher gedacht, die jetzt bereits im Koffer liegen. Bei solchen Ausstellungen besteht das Problem ja immer darin, dass es einem nicht möglich ist, die vielfältigen Eindrücke aufzunehmen und zu verarbeiten. Man kauft sich dann immer die Kataloge, um sein Gewissen zu beruhigen und mit der Absicht, später auf jeden Fall noch mal gründlich nachzulesen und das Erinnerte vor seinem geistigen Auge vorbei ziehen zu lassen. Was man dann doch – leider – fast niemals tut. Bei mir ist es zumeist so.

Jedenfalls wird sichtbar, wie die Künstler damals auf die revolutionären Entwicklungen reagiert haben oder aber auch nicht. In einer Zeitung habe ich die Aussage von Alexander Benois gelesen, der einer der Mitgründer der Künstlervereinigung „Welt der Kunst" (Мир искусства) und der gleichnamigen Zeitschrift war, die am Anfang des 20. Jahrhunderts für Russland eine wichtige Rolle spielte. Benois also soll zum Umfeld der Oktoberrevolution gesagt haben: „In diesen Tagen war ich so vertieft in meine Arbeit, daß mich alle äußeren Ereignisse und sogar Gefahren kaum berührten."

Das wird nicht nur für ihn zugetroffen haben, denn in der Ausstellung sieht man Stillleben, Landschaften, Städteszenarien, es gibt auch Porträts zu sehen. Die Namen vieler Künstler lese sicher nicht nur ich das erste Mal. Im hinteren Teil der Ausstellung findet sich dann eines der Gemälde, von dem man immer wieder gehört hat, weil es – so auch meine Vermutung – in besonderer Weise den Geist der Zeit ausgedrückt haben könnte, nämlich Boris Kustodiews „Der Bolschewik" von 1920. Man sieht eine überdimensionale Figur mit Stiefeln, Mütze, wehendem blauen Schal und einer roten Fahne in der Hand, die wie Gulliver bei den Zwergen die Häuserfronten durchschreitet, unter sich ein Gewimmel von Menschen. Was das Bild in Zeiten des Bürgerkrieges ausdrückt? Sicher wird man sagen können, dass es sowohl die Macht der Bolschewiki symbolisiert, aber auch die damit in

*Gemälde in der Neuen Tretjakowgalerie*

Verbindung stehende Gewalt, mit der sie gegen ihre Gegner vorgeht. Ob diese Assoziation vom Künstler so intendiert, also bezweckt war, ist schwer zu sagen. Auch in der Ausstellung zu sehen, sind Zeichnungen, die auf die Zeiten des Terrors verweisen, ebenso wie Fotografien.

Das eigentlich wirklich Überraschende, das kommt dann aber nach „Irgendjemand 1917", jedenfalls für mich!

## ÜBERRASCHENDE VIELFALT UND KEIN EINHEITSBREI – SOWJETISCHE KUNST UND MODERNE FORMEN (III)

Ich habe ein Ticket für die gesamte Neue Tretjakowgalerie, also nicht nur für die aktuelle Ausstellung „Irgendjemand 1917". Und während ich durch die verschiedenen Säle gehe, in die ich ab der nächsten Etage nach der Sonderausstellung gelange, wird mir etwas klar, das mich irgendwie schon irritiert. Ich sehe, wie reduziert meine Vorstellung von der russischen Bildenden Kunst im 20. Jahrhundert, genauer in den Jahren von 1917 bis in die 1980er Jahre, ist. Und vermutlich auch von Russland insgesamt. Eigentlich habe ich mir immer eingebildet, mich einigermaßen auszukennen. Aber dem ist nicht so, im Gegenteil. Liegt es daran, dass das letztlich zu viel verlangt ist, Entwicklungen in einem anderen Land zu verfolgen oder liegt es an einer gewissen Überheblichkeit meinerseits oder an einer – sagen wir – ,deutschen Arroganz', die Russland und die Jahre der Sowjetunion trotz des Bemühens, Schwarz-Weiß-Bilder zu vermeiden, doch wieder einseitig auf vorgefertigte Muster vom Sozialistischen Realismus festlegt?

Was ich hier sehe, das korrigiert mein Bild von ,der' russischen und ,der' sowjetischen Kunst des 20. Jahrhunderts. Dass es eine Reihe von Namen gibt, von denen ich noch nicht gehört habe, ist nicht verwunderlich. Aber diese Künstler können es – so zumindest mein Eindruck – sehr wohl mit der modernen Kunst aus Frankreich, Deutschland oder den USA aufnehmen. Nichts da mit einer einseitigen Orientierung auf sozialistischen Realismus. Ja, den gibt es auch, aber es findet sich gleichzeitig eine große Anzahl von diversen modernen Formen und Tendenzen.

Warum, frage ich mich, gibt es nicht mal eine große Schau von sowjetischer Kunst nach 1917 bis 1989 in Deutschland? Oder hat es die schon gegeben nach 1989? Aber möglicherweise passt das nicht ins Bild, das von der Sowjetunion bis 1989 gezeichnet wird und das auch in der DDR ja nicht durchweg differenziert gewesen ist. Und in die gegenwärtige Sicht auf

Russland passt es mit einiger Sicherheit schon gar nicht. Möglicherweise finden sich auch keine Kuratoren, ganz abgesehen von den Finanzen, die so ein Unternehmen braucht?

Aber dann denke ich, „besser nicht" und erinnere mich an die keineswegs nur in meinen Augen misslungene Präsentation in Weimar 1999. Allein der Titel war schon bezeichnend. Vom „Aufstieg und Fall der Moderne" hieß das Teil, das in jenem Jahr gezeigt wurde, als Weimar Kulturhauptstadt war. Fatal war nicht nur, dass Kunst aus der DDR mit der des Nationalsozialismus kombiniert worden war. Ebenso problematisch fand ich den Umstand, dass die Ausstellung Künstler aus der DDR im Sinne einer „Verfallsgeschichte" präsentierte. Dazu kam die titelgebende Entgegensetzung: „Offiziell und Inoffiziell – Die Kunst der DDR"! Da die „Guten", hier die „Schlechten"? Man könnte vom sogenannten „Aschenputtel-Prinzip" sprechen, das ja in der Gegenwart anscheinend eine dominante Tendenz geworden ist. Zumindest in den Medien. Die einen kommen ins „Erinnerungs-Töpfchen", die anderen in das „Aus-dem-Gedächtnis-Kröpfchen".

Nur so funktioniert das Leben bekanntlich nicht, und schon gar nicht das von Künstlern. Ob man das jetzt, fast 20 Jahre später, anders machen würde? So optimistisch bin ich nicht.

Ich selbst musste damals in Weimar 1999, und ich muss auch jetzt, da ich die Arbeiten in der Tretjakow-

galerie sehe, an die Kunstausstellungen in der DDR denken, die bis 1989 in der DDR Großereignisse waren, zu denen junge und alte Leute regelrecht nach Dresden pilgerten. Wohl deutlich mehr Junge, glaube ich. Ich weiß noch, dass wir während eines Wochenendurlaubs im Winter 1982 – ich leistete damals meinen Armeedienst ab – mit dem Nachtzug nach Dresden gefahren sind. In meiner Erinnerung kamen wir dort um 5 Uhr an, und wir haben uns dann früh morgens in Warteschlangen derer eingereiht, die in die Ausstellung wollten.

Die dann 1999 in Weimar gezeigten „Helden der Arbeit" gab es damals, 1982, vielleicht auch, aber wenn, dann waren es Ausnahmen. Und es kursierte der im Rückblick wohl ungerechte Spruch: „Lieber vom Leben gezeichnet, als von Sitte – gemeint war Willi Sitte – gemalt." Angespielt wurde damit auf die in der Tat etwas muskulösen Figuren des Malers, die aber – das muss ja gerechterweise gesagt werden – nicht das ausmachen, was man sein „Werk" nennt. Aber ich müsste noch einmal in den Katalog von damals sehen. Zurück zu 1999 und Weimar.

Trotz der Proteste von Künstlern wird durch solche Ausstellungen zweifellos im Nachhinein ein Bild von Geschichte entworfen und Geschichte geschrieben. Genau deshalb gibt es den schönen Satz eines Freundes, der bei solchen Gelegenheiten immer sagt: „Der Zeitzeuge ist ein ‚Feind' des Historikers." Klare Sache: Zeitzeugen haben bei aller Subjektivität

eben ihre eigenen Erfahrungen und ein Gespür dafür, wann es nicht nur um „Tricks der Erinnerung"
geht, wie Uwe Johnson sagt, sondern man regelrecht
für dumm verkauft wird. Da wird Vergangenheit in
handliche Schwarz-Weiß-Muster einzementiert. Vor
solchen Pappkameraden kann die Gegenwart nur
super erscheinen, ganz wie es der sozialistische Realismus wollte. Wie nennt man das heute? „Kapitalisti-
scher Realismus"?

Lassen wir die Erinnerung. Und die Gemälde aus
der Neuen Tretjakowgalerie lassen wir auch besser
in Moskau. Geben wir sie nicht in die Hände von Kuratoren, die vielleicht nicht darauf aus sind, die Vielfalt der verschiedenen Strömungen der russisch-so-
wjetisch-russischen Kunst des 20. Jahrhunderts zu
zeigen. Es gibt da eben nicht nur Malewitsch und
Kandinsky, sondern auch zahlreiche Künstler zu entdecken, die unterstreichen, dass die Moderne auch
in den 1950er Jahren schon in der Sowjetunion angekommen war. Kein Wunder bei den Traditionen der
russischen Avantgarde.

Dass in solchen Zusammenhängen auch über das
grausige Schicksal unter Stalin und danach geredet
werden muss, steht ja außer Frage, und darauf wird
übrigens auf den Tafeln zu den Ausstellungsteilen
verwiesen.

## KAMINGESPRÄCHE IN DER DEUTSCHEN BOTSCHAFT UND DIE DICHTER BORIS PASTERNAK UND RAINER MARIA RILKE

Für den 30. November hatte ich – das muss ich nachtragen – eine Einladung zu einem vielversprechenden Abend. Der Deutsche Botschafter in Moskau, Rüdiger Freiherr von Fritsch, hatte in die Residenz geladen. Es ist dies eine Örtlichkeit in Moskau, in der „Povarskaya Straße 46". Freilich musste ich mich von der Deutschen Botschaft, in der ich zu diesem Zeitpunkt noch wohnte, in die Stadt aufmachen, denn die Residenz liegt nicht in oder neben der Botschaft. Für Moskau ist es immer gut, wenn man sich für seine Fahrten durch die Stadt gut vorbereitet. Das erspart viel Stress, denn man kann nicht damit rechnen, dass man immer jemanden findet, der die Anschrift kennt und den richtigen Weg weiß. Faustregel 1: Erstmal bei google.map nach der nächst gelegenen Metro schaun. Faustregel 2: Alternative Wege erfragen. Faustregel 3: Die Straße möglichst auch in kyrillischen Buchstaben, also auf Russisch, aufschreiben und prüfen, in welche Richtung man aus der Metro kommend, gehen sollte. Damit ist man schon mal gut gerüstet, denn man kann notfalls seinen Zettel vorholen. Zudem hat es sich für mich bewährt, sicherheitshalber zwischendurch immer mal zu fragen, ob man richtig ist. Vor einigen Jahren wollten mir Freunde weis machen, dass nur Frauen nach dem Weg fragen würden. Das war in Havanna, und das Ergebnis sah so aus, dass wir schon fast über die halbe Insel waren, ehe den Kollegen klar wurde, dass fragen doch angesagt sei. Nun ja, das nennt man eine heilsame Lehre. Aber mir ist vollkommen egal, was „Mann" macht oder nicht, ich möchte möglichst schnell den ausgesuchten Ort erreichen. Und sicherheitshalber frage ich daher. Bevorzugt spreche ich Personen an, die gerade mit dem Handy zu tun haben. In diesem Fall eine junge Frau, die auch sofort auf dem Handy nachsieht, wo es lang geht. Gemeinsam gehen wir plaudernd des Weges, bis der Abzweig in die „Povarskaya" kommt. Später stelle ich fest, dass meine Vorbereitung nicht optimal war, denn es gibt eine Metro, die dichter an der Residenz liegt. Ich hatte die „Smolenskaya" ausgewählt, mit der Konsequenz, dass ich um die 15 bis 20 Minuten unterwegs bin, bei leichtem Schneefall und diesmal eigentlich zu dünn angezogen, weil – mit einer gewissen Anzugsordnung.

Residenz klang für mich so, und beim letzten Mal in der Botschaft war ich eventuell doch zu locker dabei. Mein Mitarbeiter, Norman, mit dem ich am Tag vorher telefoniert habe, redete mir eindringlich ins Gewissen, auf gar keinen Fall „eines der stylischen Longsleeves", so sagt er, anzuziehen. Gemeint ist ein Langarmshirt. Ich sehe das anders, zumal ich weiß, dass diesbezüglich die Kleiderordnung lockerer geworden ist. Wie heißt es da bei diversen Ratgebern nach dem Prinzip „So interpretieren Sie den Anzug leger": „Shirt und Anzug sind eine modische und schicke Kombination, die trendy und gleichzeitig seriös wirkt. Wichtig ist, dass Sie ein unifarbenes Shirt von guter Qualität tragen, damit der optische Gesamteindruck stimmt. Oberteile mit grellen Drucken hingegen sollten Sie besser nicht mit einem feinen Zwirn kombinieren. Diese Zusammenstellung zerstört die stilvolle Optik und gilt als kaum wiedergutzumachender Fashion-Fauxpas." Damit bin ich legitimiert und fühle mich auf der sicheren Seite. Zudem gehe ich davon aus, dass diese „Kleidungs-Modernisierungen" auch in der Moskauer Botschaft angekommen sind. Außerdem bin ich Gast und vertrete nicht die Bundesrepublik Deutschland, sondern einzig mich.

Schließlich bin ich mir nach meinen positiven Erfahrungen mit der letzten Veranstaltung in der Botschaft sicher, dass es sich hier um keine der gestelzten Events handelt, auf denen irgendwelche Leute auftauchen, die meinen, sie seien bedeutsam und sich ganz genauso bewegen. Aber selbst das wäre mir in diesem Fall egal, mich interessiert nur wirklich, wie die Residenz aussieht, welche Leute eingeladen sind und wie das Kamingespräch funktioniert. Ganz abgesehen davon ist das Thema des Kamingesprächs einfach von Interesse: „Leonid und Boris Pasternak – Persönlichkeit, Freiheit und Verantwortung". Das ist wieder ein durchaus russisch-deutsches Thema. Warum? Von Boris Pasternak wissen wir, dass er für „Doktor Schiwago" 1958 den Nobelpreis erhalten hat, diesen aber aus politischen Gründen nicht annehmen konnte. Was man norma-lerweise nicht wissen muss, das ist der Fakt, dass Pasternak ausgezeichnet Deutsch sprach, Goethes „Faust" ins Russische übersetzt hat und die Eltern in den 1920er Jahren nach Deutschland emigrierten.

In der Residenz ist alles auf den Abend und die Pas-ternaks vorbereitet. Ich bin wieder einer der ersten und habe Zeit, mir die Räume anzusehen und die klei-ne Ausstellung. Ich treffe auch den Leiter der Politi-schen Abteilung, Hubert Knirsch, und wir haben ein zwangloses und wirklich nettes Gespräch über alles Mögliche. Auch über Persönliches. Keinen Small-Talk, das möchte ich betonen. Ebenfalls zum „Dr. Schiwa-go", den wir freilich kennen und der auf abenteuerli-che Weise zum Buch wurde. Das Romanmanuskript hatte der italienische Literaturlektor Sergio D'Angelo aus der Sowjetunion geschmuggelt. Es war in alte Zei-tungen verpackt. Pasternak, dem klar war, dass der Roman in der Sowjetunion nicht erscheinen konn-te, hatte sich trotz der Gefahren darauf eingelassen. Überliefert ist sein Abschied von D'Angelo. „Hiermit sind sie zu meiner Hinrichtung eingeladen", soll er gesagt haben. Der Roman erschien und wurde zu ei-nem Welterfolg. Schon 1958, ein Jahr später, erhielt Pasternak den Nobelpreis für Literatur. Dass jemand unmittelbar nach der Publikation den Nobelpreis be-kommt, das war schon etwas Neues. Und natürlich weiß man heute, dass dies mit dem Kalten Krieg zu tun hatte, in dem ein Autor und ein Roman eine solche Bedeutung erlangen konnten. Eben West gegen Ost und umgekehrt. Und natürlich war die Vergabe damals ein politisches Zeichen, hier Freiheit und dort Gulag, so die Botschaft. Pasternak wurde dann in der Sowjetunion unter Druck gesetzt und musste die Annahme verweigern. Schon zwei Jahre später starb er. Er erlebte also nicht mehr die Verfilmung seines Romans im Jahre 1965, mit Geraldine Chaplin und Omar Sharif in den Hauptrollen. Auch ein Welterfolg, für den es mehrere Oscars gab. Der Roman selbst wurde erst – das ist schon eine Ausnahme – 1988 in der Sowjetunion publiziert, also in Zeiten der Perestroika. Vorher war der Autor rehabilitiert worden. In der DDR erschien die Ausgabe von „Dr. Schiwago" 1991 im Aufbau Verlag. 1990 hatte es zum 100. Geburtstag eine Würdigung im DDR-Fernsehen gegeben. Ich hatte davon gehört, gesehen habe ich die Sendung nicht. Davor war Pasternak mit seinem „Dr. Schiwago" eindeutig negativ bewertet worden. Ende der 1960er und 1970er Jahre hatten Stefan Hermlin und Günter Deicke, Deicke hatte Pasternaks Lyrik übertragen, sich zu eben dieser Lyrik geäußert und sie gegen seinen Roman – man muss das schon so sagen – ausgespielt.

Diese Fragen zur DDR spielten natürlich in dem Kamingespräch keine Rolle, aber es war wirklich – man sagt das nicht gern so unkritisch – erneut eine rundum gelungene Veranstaltung der Deutschen

Botschaft: Das begann mit der gleichermaßen souve-
ränen und lockeren Begrüßung durch den Botschafter, ein knappes Grußwort durch einen Vertreter des
Präsidenten der „Föderation der Jüdischen Gemein-
den Russlands" – die Pasternaks waren jüdischer Herkunft – und sodann gab es die feierliche Enthüllung
eines Gemäldes „Rainer Maria Rilke in Moskau". Was
hat das mit Pasternak zu tun? Nun, es gibt einen Briefwechsel zwischen Pasternak, Maria Zwetajewa und
Rilke. Aber das war nicht der Grund. Leonid Pasternak, der Vater des Autors, war ein bekannter Maler
und Professor an der Moskauer Schule für Malerei.

Der Botschafter erzählt nun, wie er dem Gemälde,
das von Leonid Pasternak stammt, auf die Spur gekommen war. Er wusste um die Existenz, aber letztlich stieß er ganz zufällig bei einem Termin beim
Bundespräsidenten Gauck im Vorzimmer auf das Bild.
Und Gauck stimmte sofort zu, als der Hinweis kam,
das Gemälde gehöre eigentlich nach Moskau. Über diverse bürokratische Wege gelangte das Bildnis in die
Deutsche Botschaft nach Moskau, und nun wurde es
zum ersten Mal der Öffentlichkeit präsentiert. Barba-
ra Staudacher, eine Münchener Restauratorin, machte
knapp mit den Umständen vertraut. Ich dachte schon,
es würde sich lange hinziehen, denn nun sollte eine
Literaturprofessorin zu Pasternak sprechen, aber sie
fasste sich ebenfalls kurz und brachte einige wichtige Aspekte zum Schaffen des Autors auf den Punkt.
Danach dann die Diskussion am Kamin, an der auch

Jelena Pasternak beteiligt war, die über Pasternaks Schwierigkeiten nach der Veröffentlichung des Romans im Westen sprach und den Kampf der Familie um den Erhalt der Datsche in Peredelkino, 20 Kilometer von Moskau. Sie, wie auch die anderen Diskussionsteilnehmer, darunter der Regisseur Maxim Didenko und der Kritiker und TV-Moderator Alexander Archangelski, betonten mehrfach, dass Pasternak keineswegs – wie oft behauptet – politisch naiv gewesen sei. Im Gegenteil.

Danach begannen die Fragen aus dem Publikum. Als erster meldete sich ein Herr, der sagte er, müsse nun nach vorne kommen. Nein, das gehe vom Platz, erwidert der Moderator. Der Herr lässt sich nicht beirren, kommt nach vorne, hält eine lange Rede über Fragen der Übersetzungen, die Pasternak gemacht hat, und zitiert dann ein von Pasternak übertragenes Gedicht auf Deutsch. Danach dann – das muss jeder hören – aus dem Gedächtnis die russische Übersetzung. Das dauert. Im Prinzip hat er Recht, aber hier ist das sicher nicht ganz so angebracht. Gleichwohl, alle bleiben freundlich und dezent. Ich finde das in diesem Fall auch in Ordnung. Nach einer Reihe von Fragen geht es dann gegen 21.45 Uhr zum Empfang, was bedeutet, dass Zeit für Gespräche bei einem entsprechendem Buffet ist. Eine ausgesprochen angenehme Atmosphäre. Ich lerne einen Kollegen aus Oldenburg kennen, der gerade in Moskau ist und bei einem Freund in Peredelkino wohnt. Er hat dieser

Tage das Pasternak-Museum besichtigt, ist begeistert und sagt, „da müssen Sie unbedingt noch hin." Nun denn, vielleicht klappt es noch.

Leider muss ich den Abend dann doch schon gegen 22.30 Uhr verlassen. Schade. Aber die Botschaft ruft, die Metro ist kein Problem. Ich habe jedoch keine Ahnung, wie oft die Busse noch fahren. Also los. Zumal ich am nächsten Tag um 10 Uhr meine Wohnung in der Botschaft verlassen werde, diesmal mit zwei Koffern und einem Rucksack. Es geht in eine neue Wohnung in Moskau. Wohin? Erstmal ein Geheimnis!

**FREITAG, 1. DEZEMBER (AM NACHMITTAG)**

## AUSZUG AUS DER BOTSCHAFT
## UND ZURÜCK IN DER TVERSKAYA

Obwohl ich bis zum Ende meines Moskau-Aufenthaltes in der Botschaft hätte bleiben können, habe ich mich anders entschieden. Ganz bewusst bin ich in die Botschaft gezogen, als sich die Möglichkeit ergab, und ganz bewusst bin ich wieder gegangen. Nicht, dass es mir schlecht gefallen hat. Im Gegenteil. Eine schöne Wohnung, ich habe ab und an dort Mittag gegessen. Schnell, gut und preiswert. Und ich habe einen Eindruck davon bekommen, wie das Botschaftsleben, nein, das ist falsch, wie das Wohnen in der Botschaft aussieht. Vielleicht, weil neun Tage nicht ausreichend sind, um Urteile zu fällen. Aber außerhalb der Botschaft, das versteht sich von selbst, ist das Leben einfach freier. Man muss nicht durch eine Wache, man muss keinen Pass vorzeigen und natürlich ist man – wenn es klappt – näher im Zentrum von Moskau. Daher also mein Entschluss, erneut die Wohnung zu wechseln. Und wo soll es hingehen? Die Antwort fällt leicht: In die Tverskaya, also direkt in das pulsierende Zentrum. Ich überlege lange, ob ich ein Taxi nehme. In der Botschaft besorge ich mir Informationen, es gibt da ein Blatt, das alle notwendigen Hinweise verzeichnet. Zunächst will ich mir den Stress ersparen, immerhin zwei Koffer, wie gesagt, ein Rucksack, schwer bepackt also. Und mit dem ganzen Gepäck zuerst in den Bus, dann in die Metro? Schließlich sage ich mir erneut: „Nein, nichts mit ‚Marscherleichterung‘, durchziehen, ich fahre mit Bus und Metro."

Irgendwie eine kleine Herausforderung. Wiederum sehe ich mir die Route an. „Meine" Studentinnen haben mich mit einer App versorgt, die ich nur jedem Moskau-Besucher empfehlen kann: „Yandex Metro". Man gibt den Ausgangspunkt ein und den Endpunkt und sofort erhält man auf dem Metro-Netz die entsprechende Markierung mit der Zeitangabe. Es sind um die zwölf Minuten reine Fahrtzeit. Das sollte zu schaffen sein. Freilich vorher der Bus von der „Mosfilmovkaya" bis zum „Kiewer Bahnhof". Das sind um die 15 Minuten. Ich habe am Abend vorher mit der Vermieterin Kontakt gehabt, sie teilt mir auf meine Frage mit, ich könne schon um 11 Uhr vor Ort sein. Das passt, ich muss nämlich zu 10 Uhr die Wohnung in der Botschaft räumen. Vor der Abreise noch schnell ein paar Fotos, das ist sicher nicht gegen die Sicherheitsmaßnahmen, dann den Schlüssel abgeben und sich von der netten Botschaftsmitarbeiterin verabschieden. Es klappt alles bestens, raus aus der Botschaft, der Bus kommt und rein. Vom Bus aus mache ich noch einige Fotos von den „Mosfilmstudios", die liegen hier nämlich. In der Metro klappt ebenfalls alles. Und mit „deutscher Pünktlichkeit" – Darf man so was heute noch öffentlich sagen, oder ist auch das gegen die sogenannte Political Correctness? – bin ich, wirklich, um 11 Uhr an der Wohnung. Und ich werde schon erwartet, mit „russischer Pünktlichkeit"! Beide freuen wir uns, als ich das anmerke. Deutsche Pünktlichkeit und russische, das passt. Auf zur Wohnung.

Zuerst: Eine schwere Stahltür, die muss man erst mal auf bekommen, ein Türcodeschnapper, auf den man mit dem Schlüssel drückt. Es ertönt ein Pfeifen, die Tür geht auf, dann zum Fahrstuhl, neues Modell und hoch in die 5. Etage. Die Wohnung ist so wie avisiert: „Sowjetischer Style der 1970er Jahre" – das ist ok., alles ist da, Wohnzimmer, Küche, kleiner Schlafraum, Flur, Toilette, kleines Bad. Was will man mehr. Und was mir noch gleich aufgefallen war: das Haus in der „Tverskaya 8" liegt genau neben dem alten Hotel „Lux" – darüber später –, das heute „Zentralnaya" heißt und seit einiger Zeit renoviert wird. Wie für Moskau üblich ist der Bau mit einer schön anzusehenden Plane verkleidet, die die Umrisse eines Hotels erkennen lässt. Ich bin froh: Endlich wieder die „Tverskaya", die zwar ungeheuer laut ist, aber ich habe eine Wohnung, die nach hinten hinaus geht. Die nächsten zehn Tage können beginnen!

## PROBLEME MIT DER OKTOBERREVOLUTION?

Es war mir vor meinem Aufenthalt in Moskau klar, dass angesichts der Tatsache, dass sich in diesen Monaten das Datum 1917 zum hundertsten Mal jährt, keiner, der Russland in dieser Zeit besucht, an der Oktoberrevolution vorbeikommt. Zahlreiche Ausstellungen sind diesem Datum oder dem Zeitraum nach 1917 gewidmet. Über die Sonderausstellung „Irgendjemand 1917" hatte ich schon berichtet. Zwischenzeitlich hört man in Deutschland immer wieder etwas über die Probleme, die es in Russland mit „1917" gibt. Keine Ahnung, woher die Leute das wissen und wie tief sie in den realen Prozessen stecken oder ob es – wie so oft – Zitate von Zitaten von Zitaten sind. Oder wieder mal die Mischung zwischen Bericht und Meinung, die ja inzwischen für die deutschen Leitmedien kennzeichnend ist. Zweifellos sind die Positionen zu 1917 sehr unterschiedlich, Vieles hängt – und das ist nachvollziehbar – von der persönlichen Erfahrung und der Familiengeschichte ab. Wenn ich allerdings moralisierende Bewertungen in Deutschland höre, bei denen die Rede vom „Unglück" ist oder davon, dass in Folge der Oktoberrevolution die Sowjetunion in den 1970er Jahren noch in verschiedenen Bereichen – welchen wird zumeist nicht mitgeteilt – auf dem Stand von vor 1913 gewesen sei, dann bin ich doch ein wenig skeptisch. Wie sah denn Russland 1913 aus, möchte man den Interpreten fragen, noch dazu, wenn er sich als Historiker präsentiert. Egal, diese Frage ist hier nicht zu klären. Meine Möglichkeiten waren in dieser Hinsicht auch begrenzt, und ich kann daher nur auf das zurückgreifen, was ein lieber Kollege und Freund immer „kleine Empirie" nennt.

In diesem Fall also die ganz persönlichen Begegnungen mit russischen Kollegen, Bekannten oder Studentinnen. Interessant war auch hier wieder, was eine junge Generation mit dem Ereignis verbindet. Eine Studentin sagt etwas zurückhaltend, sie müsse zugeben, dass sie sich für Politik und Geschichte nicht so interessiert, sie könne dazu nichts Ernsthaftes sagen. Andere geben Stichworte wie „Sturz des Zaren", „komplizierte und grausame Zeit" oder „Wendepunkt in der russischen Geschichte". Später haben wir ein sehr ausführliches Gespräch über 1917, und eine Studentin sagt, sicher werde sie jetzt vielleicht Probleme bekommen in der Gruppe, wenn sie sage, dass die Oktoberrevolution wichtig und gut war. Sehr differenziert verweist sie auf Schreckliches, das für manche Familien nach der Revolution eingetreten ist, aber insgesamt sei Russland, sei die Sowjetunion einen neuen Weg gegangen. Das Besondere an dieser Reflexion besteht u.a. auch darin, dass die Studentin mitteilt, ein Teil ihrer Familie sei als Kulaken verfolgt worden. Der Großvater musste fliehen und keiner wisse bis heute, wo er geblieben ist. Und dennoch, so die Aussage, „Russland heute, das ist ohne die Revolution von 1917 nicht denkbar, alles in allem, es war gut so"! Das kommt nicht so schnell über die Lippen der jungen Frau, sondern durchweg nachdenklich und überlegend. Als sie den Schlusspunkt setzt, kommt keine Kritik, sondern in der Gruppe gibt es rundum Zustimmung.

In Sachen Oktoberrevolution höre ich dann auch von einem Vorschlag Putins. Der hat 2013 die Position vertreten, dass sich Schulbücher mit dem Datum und den Folgen der Oktoberrevolution befassen sollten und es darum gehen müsse, nicht eine einseitige ideologische Sicht zu präsentieren. In der Folge hat dann eine Expertenkommission darüber diskutiert, und es existieren inzwischen verschiedene neue Lehrbücher zur Russischen Geschichte, die auch 1917 einen entsprechenden Platz zuweisen und die Revolution in einen größeren Zeitraum einordnen, also nicht nur auf 1917 festlegen, sondern die Ereignisse um dieses Datum mit einbeziehen. Selbst Kritiker sehen die Darstellung als ausgewogen und objektiv an. Und irgendwo habe ich gehört oder gelesen, die Lehrbücher würden Vielfalt zulassen und die Schülerinnen und Schüler dazu anregen, sich ein eigenständiges Urteil zur Oktoberrevolution zu bilden. Ich kann das nicht überprüfen, wenn es allerdings so sein sollte, passt das wiederum nicht in das in Deutschland vermittelte Bild, wonach eine Person vorgibt, wie die Geschichte aussieht. Derzeit kenne ich übrigens nicht jene Geschichtsbücher in Deutschland, die die Jahre von 1949 bis 1989 zum Gegenstand haben und die DDR und die Bundesrepublik präsentieren.

Was ich allerdings vor kurzem eher zufällig in den Händen hatte, das war ein Büchlein, das den schönen Titel trug, „Die DDR". Ich habe selten so viel – ich sage das mit Bedacht – Unsinn und Halbwahres in den letzten Jahren gelesen. Dort wird also zur Kunst und Kultur in der DDR – und damit befasse ich mich seit vielen, vielen Jahren – Folgendes mitgeteilt: „Wenn die Funktionäre aus Opportunitätsgründen (...) einen Film oder ein Buch nicht direkt zensieren mochten, fanden sie andere Wege um ihre Verbreitung zu behindern: Sie kappten das Papierbudget, senkten die Auflagenhöhe oder ließen einen Film nur wenige Tage und in wenigen Kopien laufen (...) Jeder Autor konnte ahnen und musste fürchten, was ihm blühte, wenn er nicht auf Linie blieb. Die Kunst unter der Knute aber brachte nicht nur eine breite fade, staatstreue Produktion hervor, die Unterdrückung forderte (...) geradezu den Widerspruch, den Witz, den Geist heraus. (...) Die Sozialisten nutzen für die Durchsetzung ihrer Ziele auf dem kulturellen Feld das Instrument das Massenorganisation und gründeten bereits 1945 den ‚Kulturbund zur demokratischen Erneuerung Deutschlands'. Er wurde zwar als überparteilich deklariert, doch mit dem Vorsitzenden, dem Dichter Johannes R. Becher, übernahm ein Kommunist die Federführung, und über das Nomenklatursystem bestimmte die SED die Besetzung der wichtigsten Posten."

Toll, das ist die Sprache des „Kaltes Krieges" der 1950er Jahre im Jahre 2017. Und die – so kann man nur ironisch sagen – „Kennerin der DDR-Geschichte" schreibt dann weiter: „Die ostdeutsche Staats-Ikonographie im Stil des sozialistischen Realismus (...) zeigte kräftige Arbeiter und strahlende Kinder, feiste Bäuerinnen, Werktätige in Bücher versunken, arbeitsame Jugend, gravitätisch die großen Gestalten der Arbeitergeschichte, Brigadefeiern, weite Felder, hohe Schornsteine und blühende Landschaften, rote Fahnen." Wenn man so etwas liest und die grenzenlose Unkenntnis des Lebens und Schreibens in der DDR erkennen muss, dann ist man einigermaßen sprachlos. Und, wenn man dann noch sieht, dass ein solches Büchlein allen Ernstes als „UTB" ausgewiesen ist, also als „Universitätstaschenbuch" staunt man über gar nichts mehr.

## WOHNEN NEBEN DEM „HOTEL LUX"
## UND ERINNERUNG

Mitunter hat man den Eindruck, dass in der deutschen Gesellschaft, zumindest in den Bereichen von Politik und Medien, die Vorstellung herrscht, jene Fragen, die in Deutschland als wichtig empfunden oder dazu gemacht werden, würden in anderen Ländern genauso gesehen und seien dort ebenso wichtig, wie dies das ‚Politikerlein A und B' meinen. Schnell ist man in diesem Zusammenhang übrigens mit der Begründung bei der Hand, man müsse den Einfluss „der Russen zurückdrängen". Aber an dieser Stelle geschenkt.

Dass dies zum Glück nicht stimmt, also Deutschland nicht der Nabel der Welt ist, und dass dies auch gut so ist, merkt man schnell, wenn es um Dinge geht, die einem persönlich wichtig sind und es konkret wird. Ein Beispiel? Nun denn: Selbst jene, die nicht unbedingt mit Fragen der Geschichte befasst sind, haben in deutschen Landen vielleicht schon mal irgendwie und irgendwann etwas vom „Hotel Lux" in Moskau gehört. Dies hängt damit zusammen, dass im „Hotel Lux" ab den 1930er Jahren vor allem deutsche Exilanten lebten, insbesondere aus dem linken Spektrum, aber nicht nur. Schon in den 1920er Jahren war das „Lux" als Gästehaus der KOMINTERN, der Kommunistischen

Internationale, genutzt worden. Berüchtigt wurde das „Hotel Lux" vor allem in der Zeit des Großen Terrors unter Stalin in den Jahren 1936 bis 1938. Gerade auch kommunistische Emigranten gerieten in die Fänge von Stalins Geheimpolizei. Nächtelang durchkämmten die Kommandos das „Lux" und nahmen Bewohner fest, die dann im Gulag verschwanden oder mitunter gleich erschossen wurden. Zumeist waren sie vorher in die Lubjanka gebracht worden, die KGB-Zentrale.

Im „Lux" lebten prominente Personen vor allem aus der kommunistischen Bewegung, gerade auch solche, die nach 1945 in Ost und West eine wichtige Rolle spielten. Dazu gehören: Herbert Wehner, Wilhelm Pieck, Lotte und Walter Ulbricht, Johannes R. Becher, Willi Bredel, Georgi Dimitrow, Fritz Erpenbeck, Antonio Gramsci, Imre Nagy, Theodor Plivier, Erich Weinert, Erich Wendt, Friedrich Wolf, Konrad Wolf oder Markus Wolf. Immer, wenn in Deutschland über den Terror unter Stalin gesprochen wird, dann ist das „Hotel Lux" ein Gegenstand, über den zu sprechen ist.

Allerdings: Meine Frage an Studenten und Kollegen unterschiedlichen Alters in Moskau war nur in den seltensten Fällen erfolgreich. Kaum einer kannte das „Hotel Lux" und seine Geschichte. Warum, fragte ich mich, sollte in Russland bei den Millionen Opfern unter Stalin nun gerade auch das „Hotel Lux" eine Rolle spielen. Was für uns in Deutschland wichtig oder irgendwie bedeutsam ist, muss es mitnichten für frühere Sowjetbürger, Kollegen, Bekannte oder junge Leute in Russland sein! Zumal die Geschichte Jahrzehnte zurückliegt. Bekanntlich verließen im Jahr 1954 die letzten, die aus politischen Gründen noch im „Lux" lebten, das Hotel. Wenig später wurde es zum „Hotel Zentralnaya" und nahm seinen normalen Betrieb als Hotel wieder auf, damals in der Gorki Straße 10.

Bereits vor einigen Jahren hatte ich das Hotel fotografiert, und schon damals wurde es saniert. Daran hat sich bis heute nichts geändert. Der Zufall will es nun, dass ich eine Wohnung in der Tverskaya 8 habe (also der früheren Gorkistraße) und das „Zentralnaya" genau daneben liegt, eben in der Nr. 10. Insofern bin ich also nicht fern von jenem Ort, der für kommunistische Emigranten zum Trauma wurde, über das sie – wie etwa Johannes R. Becher – schwiegen oder aber einfach schweigen mussten. Denn wir wissen heute, dass Traumatisierte in den meisten Fällen in der Realität nicht von dem Erlittenen berichten bzw. erzählen können. Man sagt, Traumatisierte haben große Schwierigkeiten, sich auf einen „narrativen Prozess einzulassen", weil die Erinnerungen ihnen schlichtweg „nicht als Geschichten zugänglich sind." Während also traumatisierte Menschen in der Realität nicht vom Trauma erzählen können, ist dies in der Literatur möglich. Späte Gedichte von Johannes R. Becher, die erst Ende der 1980er bzw. Anfang der 1990 Jahre veröffentlicht wurden, lassen ahnen, was nicht nur er verdrängen musste, vielleicht auch, um sich selbst (psychisch) zu schützen und einigermaßen weiter leben zu können.

*Das frühere Hotel „Lux" im Bauzustand*

Das „Hotel Lux" hatte zudem – auch darum das besondere persönliche Interesse – in meinen beiden Nachworten für die Editionen der Dokumentarromane von Heinrich Gerlach „Durchbruch bei Stalingrad" (2016) und „Odyssee in Rot" (2017) eine Rolle gespielt. Dies ein Grund dafür, warum ich ungemein interessiert an einer Veranstaltung war, die am 1. November im Rahmen der Kamingespräche in der Residenz des Deutschen Botschafters in Moskau stattgefunden hatte. Leider kam mein Flieger zu spät an, und ich musste ja sowieso noch raus ins Wohnheim.

Das Thema lautete: „Der 80. Jahrestag des Großen Terrors unter Stalin – Erinnerung an deutsche Schicksale." Erinnert wurde an die deutschen Opfer der Stalin-Zeit. Organisiert hatte die Veranstaltung die Heinrich-Böll-Stiftung in Verbindung mit der Organisation MEMORIAL. Ich hatte gelesen, dass der Botschafter von Fritsch in seiner Eröffnung darauf verwies, dass etwa 1,5 Millionen Menschen vom Terror Stalins erfasst wurden, darunter um die 8.000 Deutsche, die Opfer der Repression wurden. Es gab dann – wie auch bei der Veranstaltung zu Pasternak – eine Diskussion, die Johannes Voswinkel, der Leiter der Moskauer Vertretung der Heinrich-Böll-Stiftung, mit organisiert hatte. Besonders interessierte mich die Information, dass abschließend vier Schülerinnen und Schüler der Deutschen Schule Moskau die Biographien von Ernst Fabisch, Hans Gustav Adolf Hellmann, Carola Neher und Bruno Schmidtsdorf verlesen hatten – sozusagen repräsentativ für die vielen Opfer – und es danach ein Gespräch mit der Historikerin Dr. Waltraut Schälike gegeben hatte.

Waltraut Schälike, Jahrgang 1927, berichtete über ihre Erinnerungen an das „Hotel Lux", in dem sie von 1931 gelebt hatte, etwa 18 Jahre lang. Mit Waltraut Schälike wollte ich unbedingt sprechen. Es gelang mir – und erneut hatte ich Unterstützung, zuerst von der Botschaft und dann Johannes Voswinkel – an ihre Telefonnummer und ihre Mail-Adresse zu kommen. Ich schickte der 90-jährigen Dame also erst einmal eine Nachricht, und innerhalb kurzer Zeit hatte ich eine Antwort. Wir telefonierten und vereinbarten einen Gesprächstermin. Es wurde – das als Vorwegnahme – eines der wichtigsten Gespräche, die ich in Moskau hatte.

**SONNABEND 2. DEZEMBER (AM NACHMITTAG)**

## 18 JAHRE IM „HOTEL LUX" ODER ZU GAST BEI DR. WALTRAUT SCHÄLIKE

Schon seit den 1980er Jahren waren mir Gespräche mit Autorinnen und Autoren wichtig, und so war im Laufe der Jahre eine stattliche Anzahl zusammengekommen. Mein Mitarbeiter, Dr. Norman Ächtler, machte dann den Vorschlag, man solle doch die Gespräche, die er mit großem Interesse gelesen hatte, zu einem Band machen. Und so kam 2016 das Buch „Literatur im Dialog" beim „Verbrecher Verlag" (Berlin) heraus, der sich in den letzten Jahren einen Namen gemacht und mehrere Preise erhalten hat. In dem Band sind also 38 Gespräche, darunter mit Christa Wolf, Stefan Heym, Hermann Kant, Thomas Brussig, Christoph Hein, Erich Loest, Wolfgang Schreyer, Ulrich Plenzdorf, Günter Grass, Peter Härtling, Norbert Gstrein, Reinhart Jirgl, Marcel Reich-Ranicki, Werner Liersch um nur einige zu nennen.

Es ist auch ein sowjetischer Autor von Weltrang dabei, nämlich Tschingis Aitmatow. Warum sage ich das? Weil ich nach wie vor davon überzeugt bin, dass ein ernsthaftes Gespräch nicht nur über Fragen der Literatur, sondern eben auch über Politik, Kultur, ja das Leben überhaupt von Bedeutung ist. Es sollte allerdings ein Dialog sein, mithin ein Austausch, in dem man sich gegenseitig zuhört und versucht, dem Wesen des einen oder anderen Problems auf den Grund zu gehen. So etwas ist auch in der Gegenwart unverzichtbar.

Allerdings, und das muss eingewandt werden, hat das nichts mit dem medialen Gerede zu tun, bei dem man oft schon nach der ersten Frage merkt, dass es um einen Dialog gar nicht geht und vom Ernstnehmen des Gesprächspartners auch nicht ansatzweise die Rede sein kann. Einmal, weil der Frager nur eine Bestätigung der eigenen oder der staatlich sanktio-

*Zu Hause bei Waltraut Schälike*

nierten Auffassung bekommen will oder sich – und das ist häufig der Fall – mit dem Gegenstand, um den es im Gespräch gehen soll, schlichtweg nicht auskennt und zudem noch unvorbereitet ist.

Nun sollte hier – von den wenigen im Öffentlich-Rechtlichen Fernsehen von ZDF und ARD überbezahlten Moderatoren-Millionären einmal abgesehen – nicht verkannt werden, unter welchen katastrophalen Bedingungen die sogenannten „Freien" (Journalisten) existieren müssen. Man frage einmal, wie hoch inzwischen das Zeilenhonorar ist und wieviel man für ein Foto bekommt. Und wie lange es braucht, um eine Veranstaltung zu besuchen und darüber zu schreiben oder ein Gespräch vorzubereiten.

Lange Vorrede, aber auf solche Gedanken kommt man nun einmal, wenn man vor der Aufgabe steht, mit einer Zeitzeugin zu sprechen. Noch dazu einer, die inzwischen 90 Jahre alt ist und Verhältnisse erlebt hat, die ich selbst nur aus der Literatur kenne. Von daher war mir das Gespräch mit Waltraut Schälike sehr wichtig, zumal ich über Stalin, den Großen Terror der 1930er Jahre selbst gearbeitet und geschrieben hatte.

Aber bevor es zu dem Gespräch kommen konnte, musste ich Waltraut Schälike erst einmal finden, genauer ihre Wohnung. Sie hatte mir einigermaßen umfangreich beschrieben, wie ich zu ihr gelangen konnte. Metrostation „Juschnaya". Da war von einem Hochhaus die Rede usw. – Jedenfalls fand ich das Hochhaus, aber die Nummer stimmte nicht. Zum

Glück kam gerade ein Mann aus dem Haus, den fragte ich. Er klärte mich auf, dass ich hier falsch sei. Aber ich solle warten, er wolle nur seinen Müllbeutel entsorgen, dann schaue er genauer. Es schneite und ich wartete. Er kam nach kurzer Zeit wieder. Wir rätselten über das, was ich säuberlich notiert hatte. Da wir zu keinem Ergebnis kamen, rief ich Frau Schälike schließlich an, als sie mit Erklärungen begann, von denen ich schnell erkannte, dass sie mir in der unbekannten Gegend wenig helfen würden, gab ich dem freundlichen Mann das Telefon. Nach einer längeren Verständigung schien er zu wissen, wohin es gehen sollte und er sagte: „Ich bringe Sie dort hin!" Auf meine Frage, ob ihm dies nicht zu viel Mühe mache, teilte er mit, er hätte Zeit, und er sei sowieso Rentner.

Auf dem langen Weg, so kam er mir vor, unterhielten wir uns, und es stellte sich heraus, dass er in der Schule Deutsch gelernt hatte und noch einige Worte kannte. Wir sprachen auch über seine Datsche, in der die Familie im Sommer fast nur wohnte. Bei solcherart Austausch kamen wir dann nach etwa 10 bis 15 Minuten am Hochhaus von Frau Schälike an, wir hätten einen kürzeren Weg nehmen können, wie wir beide dann feststellten. Aber egal. Auf jeden Fall stand eines fest: Allein hätte ich in diesem Gewirr von Hochhäusern mit diversen Untergruppen von A, B und C niemals zu der Wohnung gefunden. Nun war ich da und aus dem Fahrstuhl aussteigend, erwarteten mich bereits die Gastgeberin und ihr kleiner Hund.

Ich wurde in die Wohnung geführt, für die ‚klein‘ noch nicht der richtige Begriff ist, ‚kleiner als klein‘ oder ‚kleinst‘ würde besser passen. Frau Schälike zeigte mir die Örtlichkeit. In solchen Kontexten wird mir immer so recht bewusst, an wie Vieles wohl nicht nur ich mich gewöhnt habe und worauf ich natürlich nicht mehr verzichten möchte. Wenn es sein muss, kommt man mit weniger aus, etwa einem Arbeitsplatz, der mit herum gebauten Bücherregalen rund 1,5 Quadratmeter umfasst. Da standen dann auch ein PC – der sei aber virenverseucht – und ein Notebook, mit dem Frau Schälike wie selbstverständlich umzugehen wusste.

Sie machte Tee und wir setzen uns in die Küche. Unser Gespräch konnte beginnen. Aber als es wir gerade loslegen wollen, fängt ein Obernachbar mit Bohrungen an, die sich so ausnehmen, als stände der Mann mit seinem Presslufthammer neben uns. Wir halten tapfer dagegen und sprechen mit enormer Lautstärke über Moskau. Ich sage, dass aus meiner Beobachtung in den letzten Jahren wahnsinnig viel passiert ist. „Ja", sagt Frau Schälike, seit der neue Bürgermeister da ist. „Der ist besser als der letzte." Ich hatte das schon mehrfach gehört und erwidere, den letzten habe Putin abgesetzt. „Stimmt", sagt sie, „der gehörte zur alten Elite. Der konnte viel durch seine Beziehungen durchsetzen." Frau Schälike meint das nicht positiv. „Und er war kein ‚Heutiger‘! Er wusste nicht, was eine moderne Stadt braucht." Allerdings würde, so setzt meine Zeitzeugin fort, „wegen der Schönheit auch viel gemacht, was nicht gut ist." „Was meinen Sie?", frage ich. „Nun, für mich als alte Frau, es werden viele der kleinen Kioske abgeschafft und in die großen zu gehen, das ist nichts für mich. Aber das ist einfach so." Punkt!

Waltraut Schälikes Kinder leben in Russland, sie hat drei Söhne. Einer lebt in Kirgisien und leitet mit seiner Frau, die aus Deutschland kommt, ein Zentrum für behinderte Kinder. Es gibt sieben Enkelkinder, vier davon in Moskau. Und die würden ihr auch helfen. Soweit kommen wir mit dem Gespräch, dann hat der Obernachbar mit dem Presslufthammer gewonnen. Wir schaffen es nicht mehr, gegen den ohrenbetäubenden Lärm anzureden und ziehen in das kleine Zimmer um.

Frau Schälike nimmt im Sessel Platz und ich auf dem Schaukelstuhl. Nun kann es weiter gehen. Ganz zu Anfang hatten wir schon kurz über das Erinnern gesprochen, und Waltraut Schälike sagt: „Ja, das ist interessant. Viele meiner Bekannten glauben, dass sie immer gegen Stalin gewesen sind, aber das stimmt nicht, genau das war nicht der Fall, ich kenne sie von der Jugend an. Das sind so Verdrängungen, wo man sich hinterher einbildet, dass man klüger war."

Über ihre Erinnerungen an die Zeit im „Hotel Lux" habe sie auch etwas publiziert, sagt Waltraut Schälike. Aber der Band würde 1946 abbrechen. „Schade", sage ich, „danach wird es doch spannend, was

Ihr Leben betrifft." „Das stimmt", bestätigt die Dame. Und sie sagt dann noch: „Meine Einstellung ist keine moderne, wenn es um das Publizieren geht. Ich sage, wenn ich gebraucht werde, dann findet mich." Drauf sage ich: „Nun ja, ich habe Sie gefunden." Waltraut Schälike, das muss hier hinzugefügt werden, ist in jeder Hinsicht auf der Höhe der Zeit, denn was sie mit „nicht modern" meinte, war eine Anspielung auf die Selbstinszenierung, die in heutigen Zeiten nötig sei, um gehört zu werden. Das ist nicht ihr Ding. Waltraut Schälike ruht in einer faszinierenden Weise in sich selbst. Selbstbewusstsein ohne jegliche Attitüde und Arroganz!

Wir kommen auf ihre 18 Jahre im „Hotel Lux" zu sprechen. „Was sind das für Erinnerungen an diese Zeit", frage ich vage. „Gute", so die Antwort. „Das war mein Zuhause, und das war kein besonderes Leben, wir hatten ganz kleine Zimmer." „Wie groß?" die Rückfrage „Ich habe nachher, als ich allein ein Zimmer hatte, überlegt. Mein Zimmer war so neun Quadratmeter, ohne Toilette und mit gemeinsamer Küche." Als sie mit den Eltern und Geschwistern zusammengelebt habe, da hätten sie 20 Quadratmeter gehabt, mit fünf Personen. „Etwas beengt", notiere ich. Die Antwort kommt sofort: „Meine Mutter kam aus kleinen Verhältnissen, und sie hatte die Devise, man nimmt das Leben so, wie es ist. Und auch ich kannte nichts anderes. Es gab nie Zank!" Mit Verweis auf Kinderfreundschaften verweist Waltraut Schälike darauf, dass sie im „Lux" viele Freunde hatte. „Wir haben alle zusammen im Korridor gespielt, es gab riesige Korridore, die Zimmer waren nie zu, immer offen."

Gefragt nach der Prominenz der unterschiedlichen Bewohner des „Lux" sagt die frühere ‚Mieterin'. „Also ich muss sagen, der Gedanke daran, dass die einen höher waren, als die anderen, der war nicht verbreitet. Wilhelm Pieck und Walter Ulbricht waren schon höher in der Parteihierarchie. Aber es herrschte dennoch das Gefühl der Gleichheit." Zwischendurch unterbricht das Hündchen unser Gespräch, es ist wirklich ein Hündchen, fast eine Art „Taschenhund". „Komm zu mir", sagt Frau Schälike, aber der hört nicht, und Frau Schälike kommentiert lachend: „Der freche Hund, der will nicht."

Und es geht weiter über das „Hotel Lux". „Gekocht wurde in einer Gemeinschaftsküche. Als ich alleine wohnte, also längst kein Kind mehr war, habe ich gezählt, es waren 80 Leute für eine Küche, da standen Gasherde, die waren oft und immer besetzt." Wie funktionierte das, steht die Frage. „Wenn was frei wurde, dann stellte man den nächsten Topf rauf." „Also eine richtige Kollektivküche", notiere ich. „Ja, das war eine Kollektivküche", wird mir bestätigt.

Die Schälikes waren befreundet mit der Familie des Schriftstellers Friedrich Wolf. Auf einen Aspekt macht Waltraut Schälike aber noch aufmerksam: „Es wurde nie geklatscht, wer in wen verliebt war, und wer mit wem schlief, darüber wurde nicht geredet, das war eine private Sache." Jedenfalls im Umkreis der Familie, für die sie sprechen kann.

Und dann kommen wir in diesem Teil doch noch einmal auf die späteren Prominenten zu sprechen. Zum Freundeskreis der Eltern habe Otto Winzer gehört, der spätere DDR-Außenminister. „Der spielte immer bei uns Schach." Oder eben Erich Wendt, in der DDR dann Leiter des Aufbau Verlages. Auch Lotte Ulbricht wäre öfter zu Besuch gewesen, die Mutter war mit ihr zunächst befreundet, aber das sei vor ihrer Verbindung mit Walter Ulbricht gewesen. „Lotte habe ich erst richtig kennengelernt, als Mama wieder in Deutschland war, da kam sie als alte Frau oft zu Besuch", so die Zeitzeugin.

Und so reden wir noch weitere Stunden über die vergangenen Zeiten, das Hotel „Lux", den untergegangenen Sozialismus, und wir kommen im letzten Teil auf die Gegenwart zu sprechen, auf Russland und Putin und Marx und die Frage, warum der Sozialismus eine Utopie ist. Waltraut Schälike hat eine Vermutung, und sie ist vom Fach als eine anerkannte Marx-Forscherin, die noch heute zu Tagungen eingeladen wird. Mit 90! Weil sie etwas zu sagen hat. „Was will man mehr mit 90", denke und sage ich, als wir nach drei Stunden gemeinsam im Fahrstuhl nach unten sind und wir uns verabschieden. „Sie haben Recht", sagt Waltraut Schälike, „ich finde das auch!"

*Das Gulag-Museum in Moskau*

# SUCHE NACH DEM GULAG-MUSEUM

Da ich in den letzten Jahren immer wieder in russischen Archiven gewesen bin und es auch mit zahlreichen Personen zu tun bekommen hatte, die in der Zeit des Großen Terrors im Gulag verschwunden waren, nie wieder kamen oder aber dort mitunter mehr als zehn Jahre verbracht hatten, war klar, dass ich erneut das Gulag-Museum in Moskau besuchen würde. Ich war 2013 mit meinem Freund Sascha dort gewesen. Diesmal machte ich mich allein auf den Weg.

Das Gulag-Museum befand sich – so meine Erinnerung – in der Nähe der „Tverskaya" und war gut zu Fuß erreichbar, nämlich in der Petrowka 16. Ich fand die Straße auch, die Nummer ebenfalls, und ich glaubte auch irgendwie den Innenhof zu erinnern, aber ein Museum befand sich da nicht. Ich ging mehrmals hin und her, sah das bewachte riesige Gebäude der Generalstaatsanwaltschaft rechter Hand und entschloss mich schließlich zu fragen, wo denn die Nr. 16 sei. „Nun, genau daneben", sagten die ,Kollegen' in den schicken Uniformen. Aber da sei nicht das, was ich suchte, gab ich zu verstehen. Ob ich zum Gulag-Museum wolle, fragte der nette Polizist. Als ich bejahte, teilte er mir mit, dass das schon seit zwei Jahren geschlossen sei. Ich war verwundert, aber vielleicht hatte ich etwas verpasst. Und in der Tat, das Gulag-Museum war umgezogen, es befand sich in einer anderen Gegend, in der 1-й Самотечный переулок, 9, in der Nähe der Metro „Dostoyevskaya". Dass sie so heißt, hat einen Grund, denn ganz in der Nähe befindet sich das Museum der Wohnung von Dostojewski. Und wenn man die Metro verlässt, sieht man am Ausgang ein großes Graffiti-Porträt des bedeutenden russischen Dichters an einem der Häuserwände. Auch hier stand wieder ein Musiker vor dem Porträt, wie man sie in vielen Metro-Stationen findet. Und immer wieder habe ich beobachtet, dass Passanten Geld in die Gitarrenkästen werfen. Ich selbst habe das auch mehrfach getan. Aber immer geht das auch nicht.

Zurück zur Wohnung: Eigentlich war es nicht Dostojewskis Wohnung, sondern die seiner Eltern. Der Vater war Arzt an der Moskauer Mariinsky-Klinik für Arme und so hatte die Familie eine Wohnung im entsprechenden Krankenhaus. Zusammen mit einem Bekannten, der inzwischen zu einem Freund geworden ist, haben wir uns am Gulag-Museum verabredet, aber zufällig treffen wir uns am Metro-Ausgang und gehen zusammen zur Dostojewski-Wohnung. Die sieht wirklich noch fast so aus wie damals, als der kleine Fjodor dort mit seinem Bruder in für die heutige Zeit düsteren Verhältnissen zubrachte. Der Ort – so sagen wir beide – ist nicht dazu geeignet, Fröhlichkeit zu entwickeln und schon gar nichts für Kinder.

Von da aus dann zum Gulag-Museum, hier verabschieden wir uns, denn wir werden uns vor meiner Abreise nicht mehr sehen. Zudem will der Freund noch einmal in Ruhe und allein hier herkommen. Sein Großvater, der als Offizier eine Zeit lang bei den Weißgardisten gekämpft hatte, wurde später, als er damit längst nichts mehr zu tun hatte, für zehn Jahre in einen Gulag gebracht. Erzählt hat er darüber nie, sagt der Freund.

Ich bin also im Museum, und es ist wie immer in solchen Räumlichkeiten ungeheuer bedrückend. Allein schon deshalb, weil man weiß, was hinter den Bildern, den Fotos, den Gerätschaften, den Zahlen an schrecklichen Geschichten steckt und einem immer wieder bewusst wird, was Menschen anderen Menschen antun können. Im Dienste einer Idee oder aber – das darf man nicht vergessen –, um an billige Arbeitskräfte zu kommen. Denn: Die Verfügungen über die Einrichtung der ersten Gulags liefen parallel mit den großen Modernisierungsvorhaben in der Sowjetunion.

Die Darstellung im neuen Gulag-Museum zielt auf die Präsentation persönlicher Schicksale. Aber wie soll man repräsentativ über Millionen Schicksale berichten? Ja, es gibt Erinnerungsstücke oder das, was die Häftlinge in den Gulags angefertigt haben. Es findet sich etwas von ihren persönlichen Sachen, auch Versuche, sich künstlerisch zu betätigen. Sodann ist in den dunkel gehaltenen Räumen der Nachbau einer Arrestzelle zu sehen, oder man kann sich in die Dokumente vertiefen, die über die Verhaftung, die Anklage und die Verurteilung informieren wie auch die Propaganda gegen Personengruppen, die sich letztlich im Gulag wiederfanden.

Aber, wenn ich ehrlich bin, mich hat das frühere Gulag-Museum mehr beeindruckt, vermutlich weil es roher und weniger artifiziell war und das Gebäude damals eher baufälliger wirkte. Aber wie soll man – das ist ein grundsätzliches Problem solcher Nicht-Orte – den Schrecken, das Grauen, die Hoffnungslosigkeit und gleichzeitig die Hoffnung jener Zeit authentisch in die Gegenwart holen? Und wie soll man das Geschehene an jene Generationen vermitteln, die zum Glück nicht wissen können, was das einmal war und was es persönlich bedeutete, etwa zehn Jahre und mehr unter solchen Bedingungen existieren zu müssen? Eine Frage, auf die ich keine Antwort weiß!

Sicher auch deshalb, weil ich schon oft erlebt habe, dass Leute am besten über eine Vergangenheit schwätzen und mit Urteilen bei der Hand sind, die die Verhältnisse, um die es geht, nie erlebt haben. Ich muss nur an die Darstellungen zur DDR denken, die oftmals nicht im Entferntesten etwas mit dem zu tun haben, was das kleine deutsche Land einmal gewesen ist. Und ich erinnere mich an eine Aussage von Christa Wolf aus der Wendezeit zu Beginn der 1990er Jahre, die die Frage gestellt hat, wie „wir" es lernen sollen, „uns historisch zu sehen, das Phantombild zu korrigieren, das jetzt an die Stelle unserer konkreten Geschichte zu treten droht, als durch Genauigkeit im einzelnen." In der Tat: Genauigkeit im Einzelnen!

## TALK-SHOWS IN RUSSLAND –
## KRITISCH ODER STAATSTRAGEND?

Wenn der Blick von Deutschland nach Russland geht, dann hat man, nein, dann habe ich in der letzten Zeit den Eindruck – ich lasse mich gern korrigieren –, dass da auf deutscher Seite großartige Persönlichkeiten in großartigen Verhältnissen am Werke sind, integer, klug, kenntnisreich, emphatisch, demokratisch. Und die setzen sich mit Verhältnissen in einem Land auseinander, in dem auch gar nichts stimmt und das eine Bedrohung für alle darstellt.

In Russland wurde ich darauf angesprochen, und der Kollege, der das gar nicht böse oder ironisch oder zynisch meinte, fragte mich, ob man in Deutschland darüber spreche, dass Russland sozusagen schrittweise von den früheren ‚Bruderstaaten' des Warschauer Vertrages und jenen neuen Ländern, die früher Sowjetrepubliken waren, nunmehr als NATO-Mitglieder umgeben sei. Da konnte ich nur antworten, dass das sicher Anfang der 1990er Jahre so wohl nicht gedacht gewesen ist. Aber dieser Umstand wird, ergänze ich, in Deutschland – soweit ich es übersehe – als völlig normal angesehen. Wobei ich einschränken muss. Die Auffassung wird weitgehend in der aktuellen Politik und den Leitmedien vertreten. Für die ist das normal, wohl eher nicht für den Bürger selbst. „Tja, so was sei normal", antwortet der Kollege.

Ob es auch „normal" sei, dass ein deutscher Außenminister nach Kiew fährt und die Demonstranten auffordert, die Regierung zu stürzen, um den vermeintlich prorussischen Kurs zu verhindern? Wie es wohl wäre, wenn der russische Außenminister Lawrov nach Berlin käme und Gleiches dort täte, so die Nachfrage. Ich erinnere mich an Guido Westerwelle, der wohl in der Tat damals in Kiew mit einer aggressiven Rede aufgetreten ist. Wir verständigen uns darauf, die Ukraine-Frage auszuklammern. Aber einig sind wir uns darin, dass viele dieser Leute, die jetzt in der Ukraine Politik machen, dies schon seit Jahren und Jahrzehnten tun. Und nicht zu ihrem Schaden! Poroschenko, der jetzige Präsident der Ukraine, ist ein Oligarch und Milliardär, der auf der Forbes-Liste der reichsten Leute geführt wird und dem nicht nur ein Schokoladenkonzern gehört, sondern auch Rüstungsfirmen und TV-Sender.

Der Mann war schon vorher Mitglied in diversen Regierungen. „Das ist ein Demokrat?", fragt mein Kollege. „Wo hat denn der Westen da seine Augen?" In der Tat. Aber nun bin ich an der Reihe und frage: „Sage mal, wie sieht es mit Euren Talk-Shows aus?"

Meine Frage hat einen Hintergrund? Während der letzten Wochen habe ich versucht, mein Russisch zu verbessern und wo kann man das besser und unkomplizierter, als bei Filmen in der Originalsprache und sonstigen Sendungen. Auf der Suche nach Russisch im Fernsehen und Sendungen, die hilfreich sein können, bin ich immer wieder mal in russische Talks-Shows geraten, die hier in Russland permanent laufen – ich glaube, öfter als in Deutschland. Und ich hatte den Eindruck, dass es da auch in politischen Dingen so richtig zur Sache ging, und es keineswegs „Putin-TV" war. Was ich von deutschen Talk-Shows halte, will ich hier nicht ausführlich mitteilen.

„Doch" sagt der Kollege, „das möchte ich aber wissen." „Gut", antworte ich, „dann nur so viel: Ich halte sie in den meisten Fällen für tendenziös und immer dann, wenn es um brisante politische Fragen geht, für schlichtweg affirmativ. Allein schon dadurch, dass fast immer Vertreter der jeweiligen staatstragenden Parteien im Proporz eingeladen werden, die sich dann entsprechend parteipolitisch äußern. Und wenn mal ausnahmsweise – ich erinnere mich – eine Frau während des Wahlkampfes Merkel gefragt hat, ob die denn überhaupt wisse, was sie da (für ein Zeug) rede, da dauerte es gar nicht lange, bis von den Medien wieder rausgefunden wurde, woher die Frau kommt und warum sie so böse argumentiert hat. Kritik an Frau Merkel ist anscheinend nicht erwünscht, und wenn sie es doch mal bis ins Fernsehen schafft, dann muss wenig später korrigiert werden. Nicht durch Argumentation, sondern dadurch, dass man personalisiert und der Kritikerin unlautere Absichten unterstellt.

„Aber was ist nun mit Russland?", frage ich. Der Kollege – und ich darf hier anmerken, dass er ein kritischer Geist und kein Apparatschik ist, die es sicher auch hier gibt – sagt: „Fast alle Talkshows bei uns sind sehr kritisch und sehr demokratisch! Ich möchte definitiv behaupten, im Fernsehen in Deutschland wären diese Debatten absolut unmöglich, zu frei, zu offen, zu liberal bzw. zu radikal!" Wumm! Das hat gesessen. Und er legt nach: „Glaub mir, ich darf das behaupten, ich kenne beide Seiten. Bei uns kannst Du täglich Talkshows miterleben und dabei Life mit dabei sein oder anrufen oder eine Nachricht schicken." „Das ist mir zu allgemein, das kann jeder behaupten" kontere ich. „Gut", antwortet er. „Ich schreibe Dir eine Auswahl auf." Und es dauert gar nicht lange, da habe ich eine Liste, die wie folgt aussieht:

| ZEIT | SENDER | NAME DER TALKSHOW | SONSTIGES |
|---|---|---|---|
| 12:50 | 1-Pervyj | „Wremja pokashet" – „Die Zeit wird es zeigen" | mehrere Teilnehmer im Saal, viele Mikrofone, etwas laut und chaotisch, aber ehrlich und offen |
| 17:00 | 1-Pervyj | „Wremja pokashet" – „Die Zeit wird es zeigen" | |
| 13:00 | Russia 1 | „60 – Sechzig Minuten" | sehr kritisch, mit Meinungsunterschieden |
| 19:00 | Russia 1 | „60 – Sechzig Minuten" | |
| 20:20 | TVZ (3.) | „Prawo Golossa" – „Das Recht zu sprechen" | zwei Frontlinien – Pro und Contra |
| 14:00 | NTV (4) | „Mesto wstretschi" – „Treffpunkt" | Moderatorenteam: Mann und Frau, kritisch und lustig |
| 16:00 | NTV (4) | „Mesto wstretschi" – „Treffpunkt" | |
| 21:35 | „Swesda" (Stern) | am Mittwoch kommt „Prozess" | sehr kritisch |

Was soll ich dazu sagen? Ich kann das nicht überprüfen. Und ich bin auch kein Osteuropa-Experte oder Soziologe, von denen es ja in Deutschland eine Menge gibt. Haben die da schon mal konsequent reingesehen? Wäre doch eine Sichtung wert, oder? Wenn ich die Möglichkeit hätte, dann würde ich wirklich mal eine Bachelor- oder Master-Arbeit ansetzen, die diesen Talkshows in Russland nachspürt und die Frage beantwortet: Offen, kritisch und demokratisch oder staatstragend und Putin-TV? Aber ich ahne jetzt schon, dass die Frage leider offenbleiben wird.

## „WAS HALTEN SIE VON – WLADIMIR PUTIN – IMMER WIEDER EINE FRAGE (I)

Egal, mit wem ich in den letzten Wochen gesprochen habe – ich meine jetzt russische Kollegen, Bekannte, Studenten – irgendwann kamen wir auf die Gegenwart und die russisch-deutschen Beziehungen. Und damit auf Russland und die Rolle von Wladimir Putin. Putin wird ja nun in der westlichen Welt bzw. den deutschen Medien – über die anderen kann ich nichts Substanzielles sagen, weil ich sie nicht verfolge – als die Person dargestellt, die für jegliche Übel der Welt verantwortlich ist. Ob das nun Hackerattacken im Bundestag sind oder die Wahlen in den USA oder in Deutschland, ob das Doping ist, Syrien, Superviren, es gibt nichts, wofür nicht irgendwie Putin die Verantwortung tragen soll.

Sehen wir einmal von diesen Szenarien ab, die ein bestimmtes Bild – bewusst oder unbewusst – in die Köpfe hämmern (sollen?), steht dahinter natürlich eine Frage, die ernsthafterer Natur ist. Immer wieder heißt es nämlich, Putin würde an eine „imperiale Geschichte" anknüpfen, also eine Erzählung vom „Großen Russland", er würde versuchen, sie zu beleben und neu zu schreiben und damit sei Aggressivität verbunden, wir müssen und sollen Angst haben. Das sind so einige Thesen, die in Deutschland – so mein möglicherweise eingeschränkter Blick – in Verbindung mit Putin permanent und in allen möglichen Nuancen wiederholt werden.

Um diese Thesen zu belegen, werden beständig Beispiele gesammelt, die von der Ukraine bis hin nach Syrien reichen. Allerdings, auch dies mein ganz subjektiver Eindruck, wird dabei vergessen, wenigstens ansatzweise einmal die Frage zu stellen, ob nicht möglicherweise in der eigenen, der europäischen Politik, Handlungen, ja Strategien stecken, die Russland so und nicht anders reagieren lassen. Und ob es nicht Gründe geben kann, warum die Auffassungen von der Gegenwart und Zukunft auseinanderdriften und was auch Europa dazu tut, dass dies der Fall ist? Aber so lange eine Frau Merkel allen Ernstes behauptet, dass ihre Entscheidungen „alternativlos" sind, wird man schwerlich Selbstreflexionen erwarten können.

Nebenbei: Ich habe bisher noch keine Antworten von zahlreichen Politologen-Kollegen auf diese Merkel-Diktionen der letzten Jahre bekommen. Und auch nicht zu ihren Entscheidungen, die sie im Alleingang und über die sogenannte „Richtlinienkompetenz" mal so entschieden hat.

Aber zurück zur Frage, die hier in Russland zumindest von Teilen der sogenannten „Intelligenzia" diskutiert wird, nämlich: Russland – Putin und die „Große Erzählung". Wenn man darüber nachdenkt, dann dürfen einige grundsätzliche Fragen, die mit dem Erinnern zusammenhängen, nicht aus dem Blick geraten, meine ich. Fragen, die in der Erinnerungsforschung der letzten Jahre immer wieder herausgestellt wurden: Wir alle wissen aus eigener Erfahrung, dass bevorzugt das erinnert wird, was uns und unser Selbst-Bewusstsein stärkt. Anderes wird nicht erinnert, es wird vergessen, gegebenenfalls sogar verdrängt. Das ist nur natürlich und hat mit dem Erinnern und dem Gedächtnis zu tun. Denn: Grundlegend für den Prozess des Erinnerns ist der Umstand, dass Personen darauf aus sind, ja darauf aus sein müssen, vergangene Erfahrungen in ein sinnstiftendes Verhältnis zur jeweiligen Gegenwart zu setzen. Nur, wenn dies gelingt, ist es möglich, unser „Ich" zu stärken. Wenn es dem erinnernden

Ich, also uns, nicht gelingt, unsere Erinnerungen sinnstiftend an gegenwärtige persönliche und gesellschaftliche Bedingungen und Bedürfnisse, Werte und Normen anzukoppeln, dann kann die eigene Identität in Frage stehen, die Stabilität einer Persönlichkeit ist nicht mehr garantiert und das Selbst-Bewusstsein untergraben. Solche Personen können sich unsicher fühlen und schwach, sie sind leicht aus dem Gleichgewicht zu bringen, kleinste Schwierigkeiten scheinen unlösbar.

Eine derartige Störung kann sich in dem Fall steigern, da die Person bzw. die Personengruppen traumatische Erlebnisse zu verarbeiten hat. Dazu gehören Kriegserfahrungen, Massenmord, Tod, Vergewaltigung, Bombentod, Flucht und natürlich die vielen Facetten von persönlich empfundenem schuldhaften Handeln. Solche traumatischen Ereignisse lassen sich nur schwer in die individuelle Biographie integrieren. Erfahrungen dieser Art wird das „Ich" daher nach Möglichkeit ausschließen, sie geraten in den Status eines „blinden Flecks", sie werden abgelagert und wenn es funktioniert, vergessen! Man spricht einfach nicht darüber und verschließt es. Die Kriegsgeneration, also unsere Großeltern und Urgroßeltern, hat das oftmals getan. Ähnlich übrigens wie in Russland jene, die Jahre in den Gulags zubringen mussten.

Was soll die lange Vorrede, werden einige jetzt fragen? Nun: Das, was für den einzelnen gilt, das gilt natürlich auch für Gruppen, Gemeinschaften, ja schließlich ganze Länder! Man denke nur an die beiden deutschen Staaten nach 1945! In Ost und West wurde – und das war durchaus nachvollziehbar – erstmal nach vorn geschaut. Der Rückblick und die Auseinandersetzung mit den Schrecken der Jahre 1933 bis 1945 waren nicht angesagt, jedenfalls nur ansatzweise. Es ging darum, die Trümmer wegzuräumen! Erst später begann eine ernsthafte Auseinandersetzung mit dem Holocaust und den Verbrechen im Zweiten Weltkrieg.

Erinnert sich jemand daran, welche Wellen noch in den 1990er Jahren die Hamburger Ausstellung zu Verbrechen der Wehrmacht geschlagen hat? Und nicht zufällig spielte für den Westen der Gewinn der Fußballweltmeisterschaft 1954 in Bern eine so große Rolle. Endlich sah man, dass es aufwärts ging. Und die „Große Geschichte", die in diesen und den folgenden Jahren erzählt wurde in Westdeutschland, das war die vom „Wirtschaftswunder", symbolisiert nicht zuletzt durch den VW-Käfer!

Und in der DDR? Hier gab es den Gründungsmythos „Antifaschismus". Bei aller möglichen Kritik an dieser Gründungsidee, es war leicht erkennbar, welche Leute in der DDR nunmehr Macht besaßen. Die meisten von ihnen waren Kommunisten oder Sozialdemokraten, sie hatten Hitlerdeutschland verlassen oder Jahre in KZs und Gefängnissen zugebracht. Ihre Biographien schienen dafür zu bürgen, dass „so etwas" nie wieder würde geschehen können. In der Bundesrepublik sahen die „Führungsetagen" aller-

dings etwas anders aus. Aber zurück zu den Grün-
dungsmythen.

Im Westen also eine Orientierung auf Materielles,
nämlich das eigene Auto, die eigene Wohnung, die
Küche, mithin also darauf, was der Einzelne am eigenen Beispiel erlebte. Im Osten gab es dagegen mit
dem Antifaschismus eher eine Verständigung auf
Ideelles, auf Ideologisches, letztlich auf etwas, was
man nicht „anfassen" konnte. Kein VW-Käfer oder die
neue Küche. Das wurde mir einmal mehr bewusst, als
ich hier in Moskau den Briefwechsel zwischen Brigitte Reimann und Wolfgang Schreyer, der in Kürze
erscheinen wird, Korrektur las. Eine ungemein spannende Lektüre, die am Beispiel dieser beiden wichtigen Autoren tiefe Einblicke liefert in die 1950er und
1960er Jahre.

Wir können jetzt hier nicht die deutsche Geschichte nebenher beleuchten, aber wir müssen sie ansatzweise im Kopf haben, um die gegenwärtige deutsche
Sicht auf Russland vielleicht nachzuvollziehen. Und
wenn wir das tun, dann sollten wir an dieser Stelle
noch etwas einfügen, das mit einiger Wahrscheinlichkeit kein Historiker in Abrede stellen wird: Das
Kollektivgedächtnis, mithin die es tragenden Instanzen bzw. Gruppen, zielen darauf – so die Historiker
Konrad Jarausch und Martin Sabrow –, „Große Geschichten" bzw. „Meistererzählungen" zu installieren.

Bei solchen „Großen Geschichten" handelt es sich
um Erzählungen, die im „Dienste nationaler Iden-

titätsstiftung" stehen. Solche „Meistererzählungen" reflektieren „kulturelle Zeitströmungen", sie treffen den „Ton der Zeit" und sie verfügen über „geeignete Mittel und Wege", sich in der Öffentlichkeit „Gehör zu verschaffen". Das meint: Sie werden über die Medien oder natürlich auch die Instanz Schule verbreitet. Die gegenwärtige deutsche und europäische Politik würde mit einiger Wahrscheinlichkeit von „nationaler Identitätsstiftung" nicht mehr sprechen wollen. Die Rede ist von einer globalisierten Welt, in der die Grenzen sich auflösen.

Aber Russland und Putin erzählen uns eine andere Geschichte, für Russland sind die sogenannten Nationalstaaten der Geschichts-Kern. Und damit kommen wir – endlich – zur Gegenwart und zu Wladimir Putin. „Was halten Sie von?"

DIENSTAG, 5. DEZEMBER

# „GROSSE GESCHICHTE" ODER „WAS HALTEN SIE VON – WLADIMIR PUTIN (II)

Ich hatte schon einmal, vor einigen Wochen, auf Heinrich Heine verwiesen. Der lässt in seiner „Nordsee" (1826/27) eine Dame fragen: „Doktor, was halten Sie von Goethe?" Und es folgt durch den Erzähler eine

Kommentierung: „Die Dame hatte, ohne es zu wissen, die allerschlauste Frage getan. Man kann ja einen Mann nicht geradezu fragen: was denkst du von Himmel und Erde? Was sind deine Ansichten über Menschen und Menschenleben? Bist du ein vernünftiges Geschöpf oder ein dummer Teufel? Diese delikaten Fragen liegen alle in den unverfänglichen Worten: Was halten Sie von Goethe?"

Den Hinweis auf Heinrich Heine danke ich einem Kollegen, der viel zu früh verstorben ist, dem Münchener Literaturwissenschaftler Karl Eibl. Der hat angemerkt, dass mit der Frage „Was halten Sie von?" wechselseitige Erkennungsprozesse in Gang gesetzt werden. Und in der Tat weiß man nach einer entsprechenden Antwort, mit wem man es zu tun hat. Das funktioniert auch in der Gegenwart. Man könnte also einen beliebigen Medienstar nehmen, einen Künstler, Dichter oder gar Politiker und fragen, „Was halten Sie von?" Die jeweilige Antwort lässt Rückschlüsse zu: über den persönlichen Geschmack, die literarischen Vorlieben und nicht zuletzt über den politischen Standort und die Sicht auf die Welt. Ich könnte also fragen: „Was halten Sie von Frau Dr. Merkel?" –

Ich möchte jetzt nicht darüber räsonieren, wie die Ergebnisse aussehen. Freilich könnte die gleiche Frage angewandt werden auf Seehofer, Söder, Schulz, Lindner oder Sahra Wagenknecht. Die entsprechenden Antworten würden es möglich machen, den Sprecher schnell zu verorten, in sozialen Milieus, Gruppen, Wertegemeinschaften oder Parteiungen. Wollte man nun die Frage: „Was halten Sie von Putin" beantworten, dann ist dies im Falle von Russland nicht ohne die Entwicklungen nach 1989 machbar. Denn Wladimir Putins Popularität – und, dass er populär ist, davon konnte ich mich hinreichend überzeugen – basiert auf den Erfahrungen, die die Russen in und mit den 1990er Jahren gemacht haben.

Freilich kann man, wie es in den meisten deutschen Medien und unter Politikern aller möglichen Couleur der Fall ist, die historischen Fakten ausschließen und vergessen machen wollen, aber analytisch und sinnvoll ist das nicht. Meine Studentinnen, die um die 20 sind, haben – und davon war bereits einmal die Rede – darauf verwiesen, wie schlimm für ihre Familien die 1990er Jahre waren. Gorbatschow hatte in ihrem Verständnis viele Ideen, aber er hat nichts umgesetzt. Und Jelzin, auch davon sprach ich, würde in manchen der Familien regelrecht „gehasst"! Er war – so die jungen Leute – ein Schwachkopf und ein Trinker, und er war peinlich. Ich wurde auf youtube-Sequenzen verwiesen, die noch heute im Netz zu finden sind, für die man sich in Russland schämen müsse.

Die 1990er Jahre unter Jelzin waren eine katastrophale Zeit, eine Zeit – so sagen die Russen –, in der amerikanische Berater sich die Tür von Jelzin in die Hand gaben. Wollte man in russischen Bildern bleiben, dann könnte man sagen, es wurde „das Fell des russischen Bären" aufgeteilt.

Es kam in kürzester Zeit zu Privatisierungen von Betrieben und ganzen Industriezweigen. Das gemeinschaftliche Eigentum schanzten sich die alten Eliten, frühere Parteigenossen und die Zeichen der Zeit erkennende Jugendfunktionäre zu. Chodorkowski oder Abramowitsch, das sind nur einige von ihnen. Jelzin machte es möglich. Ein Freund teilte mir mit, dass Russland unter Jelzin von seiner Tochter Tatjana Djatschenko zusammen mit dem Oligarchen Boris Beresowsky regiert wurde. Arbeitslosigkeit, Armut, Existenznot, das alles kennen russische Familien aus den 1990er Jahren, und meine Studentinnen haben mehrfach Beispiele gegeben.

Und dann kam Wladimir Putin, ein früherer KGB-Mann ins Spiel, der Jura studiert hatte und bis 1990 in der DDR stationiert war. Über den früheren St. Petersburger Bürgermeister Sobtschak und Boris Jelzin stieg er auf. Viele, mit denen ich sprach, schätzen ihn rückblickend als „sehr schüchtern" ein, aber eben nicht als „schwach", was man von Gorbatschow sagt. Und er sei eines eben nicht, Wladimir Putin sei kein „Pofigist"! Das ist eine Wortbildung aus dem „Gassenjargon", die freundlich übersetzt „Scheiß-egal-Mensch" bedeutet und Personen bezeichnet, denen außer der eigenen Bereicherung nichts wichtig ist.

Die Folge – und hier gibt es trotz gewisser Unterschiede in der Bewertung, bei jenen, mit denen ich mich ausgetauscht habe – einen einheitlichen Tenor: Mit Putin habe ein Aufschwung in Russland begonnen, den man auch in den Familien habe sehen können und der anhält. Eine Studentin verwies sogar auf die Jahre vor 1989 und sagte: „Uns ging es doch schlechter als allen anderen sozialistischen Ländern, weil wir alle unterstützt haben." Sie verwies dabei auf Erfahrungen ihrer Eltern, die früher öfter mal in der DDR waren. Als ein entscheidendes weiteres Moment höre ich immer wieder: Mit Putin sei in Russland endlich wieder Stabilität garantiert und ein Ordnungsrahmen geschaffen worden. Ich habe nachgefragt und auf die zahlreichen Oligarchen verwiesen, die es in Russland gibt und die sich das ehemals ‚gemeinschaftliche Eigentum' angeeignet haben. Die Antwort auf meine kritische Rückfrage sieht so aus: Ja, die gibt es. Doch diese Oligarchen würden nicht auf Putins Kappe gehen. Er müsse nun mit ihnen leben.

Aber nun zur „Großen Geschichte": Jelzin erzählte gar keine „Geschichte" von Russland. Sie war weder groß noch klein, sie existierte nicht. Putin bezieht sich stattdessen auf Russlands „Große Geschichte", ja er befördert sie. Genau damit hängen auch die Diskussionen über den Patriotismus zusammen. Ich habe auch hier mehrfach nachgefragt, weil es freilich schwer ist, von außen Entwicklungen in einem so riesigen Land wie Russland einzuschätzen. Die Antwort eines Kollegen, der sich in den deutsch-russischen Beziehungen und in der Geschichte Russlands hervorragend auskennt, sieht so aus: „Zuerst haben wir alle an das Jahr 1612 erinnert, das heißt an das Ende der Unruhen und Wirren in Moskau, den Sieg über die polnischen Kremlbesatzer und die Thronbesteigungen der Romanows", sagt er. Was die Folge gewesen sei, ist klar. Es kam zu einer Verschlechterung der polnisch-russischen Beziehungen.

„Wenig später", so der Kollege, „wurde der Marsch bzw. der Zug vom ‚Unsterblichen Regiment' in Ostsibirien von einem Bürger initiiert." Davon weiß man in Deutschland wenig. „Jahrelang gingen dort im Zug ganz freiwillig Leute mit Bildern ihrer gefallenen oder vom Regime ermordeten Familienangehörigen." Zweiter Weltkrieg und Gulag kamen hier – so könnte man sagen – in der Erinnerung zusammen. Diese Idee habe erst Jahre später die Großstädte erreicht. „Seitdem kommt jährlich auch Putin mit dem Bild seines Vaters", teilt der Kollege mit. „Die Menschen gehen schweigend ins Zentrum zum Roten Platz in Moskau oder den Hauptplätzen ihrer Heimatstädte – inzwischen weltweit –, also auch in Israel, den USA, Frankreich oder Deutschland." In diesem Rahmen spielt nun also die Erinnerung an den Zweiten Weltkrieg und den Sieg über Hitlerdeutschland eine wichtige Rolle.

Aber was um alles in der Welt ist daran „Großmachtstreben", wie in deutschen Medien immer wieder behauptet? Dürfen „die Russen", die bekanntlich „den Deutschen" verziehen haben, diese „Große Geschichte" nicht erinnern und inszenieren – über Ausstellungen, über Filme, über Reden? Wer sind diese Leute, die den Russen das verbieten und was für eine Anmaßung steckt dahinter? Es geht hier um 27 Millionen Tote Sowjetbürger, für die Nazi-Deutschland die Verantwortung trägt. Statt dessen solle man – so die Forderung von deutschen Politikern und Medienleuten – doch die „Gulag-Geschichte" ins Zentrum stellen und der stalinistischen Verbrechen gedenken!

Welch eine unermessliche Hybris, einem Land wie Russland anzuempfehlen, in welcher Art und Weise es mit seiner Geschichte umgehen möge! Nun könnte der Einwand kommen, dass es solche Positionen auch in Russland selbst gibt. Freilich macht es einen Unterschied aus, ob Russen dieser Auffassung sind oder deutsche Politiker und Medienvertreter.

Aber zum Kern: Meinen diejenigen, die das proklamieren, dass man damit in Russland ein Gemeinschaftsgefühl erzeugen und eine „Große Geschichte" entwerfen kann, die gemeinschaftsbildend ist? Wir wollen nochmals wiederholen, solche „Meistererzählungen" stehen im „Dienste nationaler Identitätsstiftung", und sie treffen den „Ton der Zeit". Man kann ergänzen: Nach 1989 war vom „Siegergedächtnis" in Russland nichts mehr übriggeblieben. Die Russen fühlten sich trotz des mit über 27 Millionen Toten erkämpften Sieges als die letzten „Loser", als Verlierer.

Mit dem Ende der Sowjetunion und dem Chaos der 1990er Jahre wurde aus dem „Sieger-Gedächtnis" ein „Verlierer-Gedächtnis" – in Deutschland war es genau umgekehrt!

Wladimir Putin hat nun an das breite Bedürfnis der Russen nach einer „positiven Geschichte" angeknüpft, und er hat auf der Grundlage einer zunehmenden Verbesserung der wirtschaftlichen Lage etwas geschafft, das seine Popularität mit begründet. Putin hat den Russen und dem riesigen Land wieder eine „Große Geschichte" gegeben, jedenfalls pflegt er sie. Und damit ist nicht nur eine „nationale Identitätsstiftung" verbunden, sondern noch etwas Anderes, das für den einzelnen ungeheuer wichtig sein kann: Es geht um Selbstbewusstsein! Man schaue sich einmal in den Straßen – nicht nur Moskaus – in der Metro, in den Cafés, Restaurants, den Theatern oder den Seminaren an den Universitäten um, man wird in selbstbewusste Gesichter blicken. Und das ist gut so!

Schließlich: Kollegen in Russland betonen, dass es bei dem Wiederaufleben der Erinnerung an 1612 oder den „Großen Vaterländischen Krieg" auf keinen Fall um das geht, was in Deutschland und Europa andauernd – und wider die Fakten – behauptet wird, nämlich ein „Großmachtstreben" oder die Vorstellung der Gründung eines „Neuen Reiches". Die genannten Erzählungen zeigen vielmehr, dass die Russen im Gedenken der Opfer vor allem eines wollen: Frieden!

## VOM KOLLEKTIVEN GEDÄCHTNIS
## UND RUSSISCHEN MÄNNERN

Wenn man schon einmal in Moskau ist, dann ist es schlichtweg unmöglich, nicht wiederholt auf Denkmäler zu stoßen oder Hinweise, dass in genau diesem Haus eine wichtige Person gewohnt hat. Dies kann auch ein Künstler sein, dessen Name einem eigentlich nichts sagt, weil er oder sie ein wichtiger Baumeister, Ingenieur oder ein gefeierter Ballett-Star gewesen ist, den man als Nicht-Moskauer schlichtweg nicht kennen kann.

In den Nebenstraßen der Tverskaya findet man dies häufig. In Russland ist – soweit ich das übersehen kann – eine solche Pflege von Personen wichtig. Es ist bedeutsam für das, was man „kollektives Gedächtnis" nennt. Und mitunter wünschte man sich, dass dies im Land, das früher mal das der „Dichter und Denker" hieß, auch so sein könnte.

Da das Ballett in Russland eine große Rolle spielt, ist es kein Wunder, dass es ein modernes Denkmal gibt, das an eine der bekanntesten Primaballerinen Russlands erinnert, an Maja Plissezkaja. Die Primaballerina hat sich weltweit einen Namen gemacht, und sie stand – und steht noch heute – für das Ballett des Bolschoi-Theaters. Die Plissezkaja war eine Art Symbol für die große Ballett-Tradition in der Sowjetunion. Das Denkmal befindet sich in einer Parallelstraße der Tverskaya, nicht weit vom früheren Gulag-Museum. Eingeweiht wurde es erst vor einem Jahr, im November 2016, zu Maja Plissezkajas 91. Geburtstag. Leider hat sie den nicht mehr erlebt, denn sie verstarb im Mai 2015.

Obwohl Primaballerina, erhielt die Plissezkaja erst Ende 1959 die Genehmigung, mit dem Bolschoi-Theater auf Welttournee zu gehen. Damals war sie bereits 36 Jahre alt, natürlich jung, aber für Tänzerinnen eben schon nicht mehr. Der Grund, warum sie nicht früher reisen durfte, hängt wie bei so vielen russischen Familien mit dem Terror unter Stalin zusammen: Ihr Vater wurde 1937 verhaftet und 1938 hingerichtet, die Mutter kam als Frau eines vermeintlichen Verräters in ein Lager nach Kasachstan. Eine Tante kümmerte sich um die junge Maja, die ab 1943 schon zum Bolschoi-Ensemble gehörte. Es dauerte nach der von Chruschtschow eingeleiteten Entstalinisierung dann noch einige Jahre, ehe Familien rehabilitiert wurden. In manchen Fällen erfolgte die Rehabilitierung erst nach 1990.

Die Plissezkaja stand wohl wie keine andere im 20. Jahrhundert für das russische Ballett, gerade auch in der DDR war ihr Name bekannt. Die traurige Familiengeschichte allerdings ist erst nach 1989 publik geworden. Das letzte Mal ist die Maja Plissezkaja mit 71 Jahren aufgetreten, im Jahr 1996.

Vor dem Denkmal, ich bin in der letzten Zeit immer mal wieder daran vorbeigekommen, lagen fast immer frische Blumen. Übrigens auch, das sagte ich schon, vor dem Denkmal von Alexander Puschkin. Mit den Studentinnen sprach ich darüber, und als ich sagte, dass ich vor dem Puschkin-Denkmal wieder Blumen und gar Blumengebinde gesehen hätte, da erklärte eine der Studentinnen mit einer sympathischen Selbstverständlichkeit: „Aber, das ist Puschkin!" Und alle anderen nickten beifällig.

Und in der Tat, Denkmäler für Puschkin findet man in Moskau mehrere, auch die Wohnung, in der er zeitweise gewohnt hat, ist heute ein vielbesuchtes Museum. Und vor dem Haus steht ein Denkmal, auf dem Puschkin mit seiner Frau zu sehen ist. „Warum ist Puschkin so bekannt", frage ich, obwohl ich mir denken kann, was der Grund ist. „Wir haben ihn in der Schule gelesen!", eine Antwort. Puschkin ist an russischen Schulen Pflichtlektüre, bis heute. „Und wie finden Sie das?" Die Studentinnen verstehen meine Frage nicht so recht. Und ich erläutere etwas umständlich, dass es in Deutschland in den einzelnen Bundesländern das, was früher „Kanon" hieß, nicht mehr wirklich gibt. Der Kanon hat sich unter vermeintlich modernen Verhältnissen weitgehend aufgelöst, besser: er ist aufgelöst worden. Es gibt schlichtweg keinen verbindlichen Kanon von Texten mehr, die über Generationen Gegenstand des Deutschunterrichts sind.

*Vor dem Puschkindenkmal auf dem Arbat*

Auch ein Resultat jener katastrophalen Veränderungen des deutschen Bildungssystems nach dem vermeintlichen PISA-Schock, in deren Folge ein ganzes Heer von sogenannten Bildungswissenschaftlern uns permanent erzählt, was für die Zukunft wichtig sei. Einige von ihnen können gar nicht aggressiv genug gegen das angehen, was man Fachunterricht nennt. Also Mathematik, Deutsch, Biologie oder Geschichte. Allerdings, und daher vermutlich das Selbstbewusstsein: Diesen Bildungsforschern werden von staatlichen Instanzen Millionen zur Verfügung gestellt. Nicht zuletzt um etwas zu tun: Sie evaluieren! Sie untersuchen permanent, wie die Ergebnisse in der Schule aussehen. Also, wie die Kinder schreiben und lesen, und was sie bereits gelernt haben. Ich weiß, wovon ich spreche. An Universitäten in Deutschland gibt es ganze Abteilungen, die sich ausschließlich mit so etwas befassen. Sie werden inzwischen zumeist als „Stabsabteilungen" bezeichnet – Militarisierung der Sprache kann man das nennen.

Aber ich will nicht ablenken. Seit PISA jedenfalls geht es in Deutschland um einen Begriff, den jeder schon einmal gehört hat, es geht um „Kompetenzen". An welchen Texten die vielbeschworenen Kompetenzen erworben werden, das ist allerdings egal. Ich finde diese Entwicklung fatal. Aber das konnten wir gemeinsam in Moskau natürlich nicht bereden. Es ging uns ja bei den Seminaren letztlich auch nicht um Goethe und Schiller oder Lessing, sondern wir haben uns mit der Gegenwartsliteratur beschäftigt. Auch und gerade mit Geschichten, die einen Bezug zur Lebensrealität der jungen Leute in Moskau hatten.

In einem der Seminare kamen wir im Rahmen der behandelten Texte, es ging um Jugend, auf sogenannte Rollenbilder von Frauen und Männern. Es stand die Frage, ob es bestimmte Typen gibt, die man in der Wirklichkeit findet. In diesem Falle in Russland. Die Studentinnen haben mir dann schnell zwei russische Männer-Typen genannt. „Da ist der eine, der liegt auf der Couch und sieht Fernsehen", so die Beschreibung. „Und trinkt Bier", kommt die Ergänzung. „Und der andere arbeitet und arbeitet und sucht möglichst viel für die Familie einzubringen." Klar, dass die Sympathie der jungen Frauen auf Typ 2 lag. Aber da gibt es noch einen dritten Typ, meldet sich eine Studentin, das sei sozusagen der „moderne Mann". „Und wie ist der", frage ich: „Der arbeitet viel und will auch viel verdienen, aber er will keine Familie!" Zustimmung der anderen Studentinnen, und auch der Student nickt mit dem Kopf. Einige geben dann aber ungefragt den Hinweis, dass es nicht so einfach sei, jemanden zu finden, der zu einem passt. „Das ist sicher eine Erfahrung, die auch für Deutschland zutrifft", wage ich einzuwerfen.

Aber was ist nun in dem Fall, da man es mit einem Mann zu tun bekommt, der nicht dem Idealbild entspricht? Diese Frage ergibt sich aus dem literarischen Text, den wir gerade besprechen. Die Antwort verblüfft mich. Eine der Studentinnen lächelt und sagt, dass es im Russischen eine Redewendung gibt, die alles zusammenfasst, was in diesem Fall zu sagen ist: „зато свой!" Auf deutsch in etwa: „Aber er ist mein." Das soll heißen: Egal, was er nun macht, ob er ein wenig zu viel trinkt, vor dem Fernseher sitzt, sich nicht ansprechend kleidet und zu benehmen weiß: „Er ist nun mal mein!" Alle lachen, und ich überlege, ob es diese Redewendung auch in Deutschland gibt. Ich müsste da mal bei den Studentinnen in Gießen nachfragen. Ich selbst würde sagen, dass es diese nette Umschreibung bei uns nicht gibt. Mal sehen.

Natürlich stand auch die Frage, wie die weiblichen Rollenbilder in Russland aussehen. Auch hier hatten die Studentinnen eine Antwort parat. Dazu später.

# SICHERHEIT, TERRORISMUSGEFAHR
# UND BIG BROTHER

Täglich werde ich seit Wochen in Moskau damit konfrontiert, dass es an jeder Metro-Station Sicherheitsdienste gibt, die größere Rucksäcke und Taschen kontrollieren. Wer einen Koffer bei sich hat, muss ohnehin durch einen Sicherheitscheck. Das ist auch in Kaufhäusern, Museen, Galerien und sämtlichen öffentlichen Einrichtungen so. Die Moskauer stören sich daran nicht, und auch ich bin inzwischen daran gewöhnt und finde das in Ordnung.

Ich frage mich, wie viel in Moskau für diesen Sicherheitsdienst aufgewendet wird und wie viele Leute da in Lohn und Brot stehen. Als ich darüber einem Bekannten aus Deutschland berichte, hat der gleich eine Wertung parat. „Das kann ich mir denken", sagt er, „das kennt man aus Diktaturen und Staaten mit mangelnder Demokratie. Polizei, Polizei." Und dann kommt noch etwas vom „Überwachungsstaat". „Woher weißt Du das?", frage ich ihn. „Du hast doch nie in einer Diktatur gelebt!" Und ich schiebe eine Frage nach: Anfang Dezember las ich einen Bericht in einer deutschen Zeitung, wonach der amtierende deutsche Innenminister Thomas de Maizière die Industrie dazu verpflichten will, gewissermaßen in

*In der Tverskaya*

sämtlichen digitalen Geräten Hintertüren zu schaffen, die es möglich machen, diese Geräte als Abhörwanze einzusetzen. Es geht um private Tablets und Computer, aber auch Bord-Computer in Autos, in Smart-TVs und alle anderen Geräte, die irgendwie mit dem Internet zu tun haben. Das kann auch – so heißt es – die Küchenmaschine sein. „Hallo Überwachungsstaat", sage ich zu dem Bekannten, der davon nichts gehört hat.

Und in der Tat, es ist um diese Nachricht schon wieder ruhig geworden. Die meinungsbildenden Medien schweigen, so scheint es mir. Da muss man freilich hellhörig werden, weil die Vermutung nahe liegt, dass umso emsiger an dieser Umsetzung von Orwells „1984" und „Big brother is watching you" gearbeitet wird. Eigentlich hätte sich der frühere Bundespräsident, Joachim Gauck, angesichts solcher Pläne melden müssen. Er stand doch über Jahre einer Behörde vor, die es mit Hinterlassenschaften eines Staates zu tun hat, der glaubte, seine Bürgerinnen und Bürger überwachen zu müssen. Übrigens hatte der Bekannte dann doch noch eine Erklärung für de Maizières Aktivitäten: „Man muss gegen den Terrorismus was tun", ist sein Einwand. Was soll man dazu sagen!? Ein Kollege an einer Universität im Süden Deutschlands, den wir beide kennen, hätte ihm so geantwortet: „Na klar. Erst die Gesetze eines Landes außer Kraft setzen, und dann mit Terrorismusgefahr kommen." Aber geschenkt, wir sind in Russland und die deutschen Verhältnisse sind nicht Gegenstand des Redens.

Dass in Moskau eine Sicherheitsstufe herrscht wie auf deutschen Flughäfen, das hat natürlich in der Tat mit den terroristischen Anschlägen seit etwa 2000 zu tun. Ich komme täglich an einem solchen Ort vorbei. Bei meinem Gang zur Metro Tverskaya gehe ich durch die Unterführung Tverskaya/Puschkinskaya. Zuerst konnte ich beim schnellen Gang in Richtung Metro nicht erkennen, worum es sich handelt. Aber dann nahm ich mir später die Zeit und sah, dass es eine Gedenktafel für die Opfer des Terroranschlages vom 8. August 2000 ist, dem zahlreiche Personen zum Opfer fielen. Terroristen hatten einen Sprengsatz in der Unterführung hoch gehen lassen. Die Moskauer haben auch noch den Anschlag vom Oktober 2002 am „Dubrowka"-U-Bahnhof in Erinnerung. Da waren über 1.000 Zuschauer des „Nord-Ost-Musicals" als Geiseln genommen worden, 130 von ihnen starben, und um die 50 Terroristen und Terroristinnen wurden getötet. Später gab es noch Terror-Anschläge in der Höhe „Autosawodskaya" und dann an einem Tag mit wenigen Minuten Zeit-Unterschied zwei Anschläge auf der roten Linie 1, in Höhe „Park Kultury" und „Lubjanka" – unweit vom KGB-Gebäude.

Der Moskauer Freund, mit dem ich darüber spreche, erzählt mir, dass in diesem Jahr die Sicherheitskräfte die Aktivitäten von 35 Terror-Gruppen aufgedeckt haben, hauptsächlich in der Moskauer

Region. Nach seiner Information haben die neben der Verbreitung von Reklame für den IS in Mietwohnungen Bomben gebaut. In diesen Tagen sind erneut zwei Gruppen entdeckt worden, die Anschläge für den Jahreswechsel in Moskau vorbereitet hätten. Der Freund verweist auch darauf, dass es 2.000 bis 5.000 Söldner aus der Russischen Föderation geben soll – hauptsächlich aus Tschetschenien und dem Nordkaukasus und aus Mittelasien –, die in den Krieg gezogen sind und für den IS kämpfen. Inzwischen seien viele zurückgekehrt, und man spreche in Russland von sogenannten „schlafenden Terrorzellen", die mittlerweile über ganz Europa verteilt sind.

Bei uns in Deutschland nennt man sie vergleichbar „Schläfer", es weiß wohl keiner so genau, wie viele es davon gibt. Und dann sagt der Freund einen Satz, der mich schon ein wenig irritiert: „Ich fühle mich in Moskau wesentlich sicherer als in Berlin." Irritiert deswegen, weil der Freund die Verhältnisse in Deutschland bestens kennt, zumal ein Verwandter bei der Bundespolizei arbeitet. Da von Berlin die Rede ist, kommen wir mit Notwendigkeit auf den Anschlag vom Breitscheid-Platz, bei dem der Attentäter mit einem Lastzug mitten hinein in den Weihnachtsmarkt an der Berliner Gedächtniskirche gerast war.

Wie man den Umgang mit den Opfern des Anschlags in Deutschland empfindet, fragt er mich. Und ich kann nur auf einen Kommentar von Jan Fleischhauer auf Spiegel-online verweisen. Es ist ein Skandal, so hatte der das Verhalten von Frau Dr. Merkel bewertet. Ich vermag nicht zu sagen, ob diese Sicht von allen geteilt wird, aber mit einiger Sicherheit kann man in diesem Nicht-Verhalten ein Symbol dafür sehen, wie weit der Abstand zwischen Politik und der „wirklichen Wirklichkeit" inzwischen geworden ist.

Solche Tendenzen gebe es freilich auch in Russland, merkt der Freund an, ohne mich mit einem solchen Hinweis ruhiger stimmen zu können.

### FREITAG, 8. DEZEMBER

## LANGSAMER ABSCHIED UND „CHRUSCHTSCHOWKAS" ODER WIE LEBT DER „NORMALE" MOSKAUER?

Nachdem wir seit Anfang November in den Seminaren zahlreiche Fragen nicht nur der deutsch-russischen Beziehungen diskutiert haben, frage ich in einer der letzten gemeinsamen Veranstaltungen die Studentinnen, ob ich denn nun nach sechs Wochen in Russland in etwa weiß, wie das Leben hier in Moskau funktioniert. Ich verweise u.a. darauf, dass ich Wohnheime und verschiedene Wohnverhältnisse in der Hauptstadt kenne, dass ich für meine tägliche Versorgung verschiedenste Einkaufsmöglichkeiten

genutzt und die Mensa sowie andere Versorgungs-
einrichtungen kennengelernt habe. Auch bin ich
täglicher Nutzer der Metro gewesen und fühle mich
hier genauso sicher wie jeder andere Moskauer. Und
ich zähle weitere Fakten auf, die anzeigen sollen, dass
ich mich hier gut auskenne, viele Veranstaltungen besucht und mit vielen Leuten gesprochen habe.

Die Studentinnen wiegen mit dem Kopf, denken
kurz nach und kommen zum Ergebnis: „Nein", das
reiche nicht. Letztlich hätte ich unter privilegierten
Verhältnissen gelebt und die Tverskaya (Straße), in
der zwei meiner Unterkünfte lagen, das sei nicht das
normale Moskau.

So würde ich eine „Chruschtschowka" nicht kennen, sagt eine der Studentinnen. Und gewohnt hätte
ich darin über längere Zeit schon gar nicht. Ironisch
merkt sie an, dass sie beispielsweise genau sagen könne, was ihre Nachbarn im Fernsehen sehen würden.
Als ich denke, dass nun weitere Informationen über
beengtes und stressiges Wohnen und die russischen
Familienverhältnisse geliefert werden, über die man
beim Leben in einer „Chruschtschowkas" ungefragt
in Kenntnis gesetzt würde, geht die Studentin genau
in die entgegengesetzte Richtung. Sie ordnet die Bedeutung der „Chruschtschowkas" historisch ein und
betont ihren Fortschritt. Die „Chruschtschowkas" sei-
en damals in den 1950er Jahren eine große Errungen-
schaft gewesen, weil viele Moskauer unter weitaus
schlechteren Bedingungen lebten.

Insofern könne man die „Chruschtschowkas" vielleicht mit den Neubauwohnungen in der DDR der 1970er Jahre vergleichen, merke ich an. Jene Hochhausblöcke, die in der Gegenwart in Großstädten als Problembereiche gelten, waren in der Sowjetunion wie auch in der DDR durchaus einmal erstrebenswert. Wer es endlich in eine WBS 70, eine Plattenbauwohnung geschafft hatte, galt durchaus als ‚privilegiert'. In den Genuss solcher ‚Privilegien' kamen in der DDR bevorzugt kinderreiche Familien und solche, die von ihrer Tätigkeit her der Arbeiterklasse zugerechnet wurden.

Die Sowjetunion versuchte unter Nikita Chruschtschow, die riesigen Kommunal-Wohnungen, die „Kommunalkas" genannt wurden, in den 1950er Jahren aufzulösen und jeder Familie dafür eine kleine Wohnung zu geben. In den „Kommunalkas" waren bis zu 20 Familien in einer gigantischen Wohnung untergebracht, mit nur einer Toilette. Diese überdimensionalen Wohnungen gehörten vor 1917 reichen Anwälten, Industriellen, Kaufleuten, Ärzten oder Richtern, die nach der Oktoberrevolution ins Ausland geflohen waren. Wie in der DDR nach 1945 in den großen Gutshäusern wurden in diese palastartigen Wohnungen in Moskau nun jene einquartiert, die kaum etwas besaßen. Ein russischer Freund verweist zudem darauf, dass an der Wand in diesen „Kommunalkas" mitunter 20 mit Namen versehene Toilettenbrillen hingen und in der Gemeinschaftsküche mehrere

Herde standen. Waltraut Schälike hatte mir davon berichtet, als sie die Wohnverhältnisse im „Hotel Lux" schilderte.

In den kleinen „Chruschtschowkas" dagegen gab es eine Küche, die nur 5,5 bis 6 Quadratmeter groß war, aber eben für eine Familie allein! Übrigens – auch das gehört zur Vergangenheit und Gegenwart – spielen die „Kommunalkas" und „Chruschtschowkas" bis in die Gegenwart eine nicht zu unterschätzende Rolle: In den 1990er Jahren wurden die „Chruscht-schowkas" privatisiert, d.h., die Bewohner der klei-nen Wohnungen erhielten diese als Eigentum, und sie konnten verkauft werden. So kam es, dass junge Leute dank des Erbes ihrer verstorbenen Großeltern plötzlich zu Geld kamen oder Wohnungen vermieten konnten.

Und was passierte mit den „Kommunalkas", die es ja auch noch gab? Nun, in den 1990er Jahren kauften die „neuen Reichen" den Bewohnern der riesigen „Kommunalkas" in einem ersten Schritt ihre kleinen Stuben ab, in einem zweiten Schritt kauften sie ih-nen billige Wohnungen am Stadtrand, um auf diese Weise die früheren hochherrschaftlichen Wohnun-gen zu renovieren und diese für sich zu nutzen oder damit zu spekulieren. In der Gegenwart sind solche Wohnungen aber auch für die neuen und reichen Be-sitzer zu teuer. Ich habe gehört, dass der Strom- und Wasserverbrauch oft um die 1.000,– Euro monatlich kosten soll.

*Weihnachtsdekoration auf dem „Roten Platz"*

Nun habe ich in der Tat in keiner „Chruschtschow-ka" gewohnt, aber ich kann sehr wohl mit Erfahrungen aus den Jahren vor 1989 aufwarten. Ich weiß wovon ich rede, wenn ich von Gemeinschaftsküchen und -Toiletten spreche oder von Wohnheimen mit vier Doppelstockbetten oder Stuben bei der Armee mit fünf bis sechs Doppelstockbetten.

‚Meine' Studentinnen fragen mich dann, wo ich in Moskau eingekauft hätte und nehmen meine Antwort als Nachweis dafür, dass ich noch deutliche Defizite in der Moskau-Erfahrung habe. Sie nennen mir sofort einige jener Ketten, die ich kennen müsste, weil man dort gut und preiswert einkaufen kann. Ich habe mich zumeist an kleineren Geschäften orientiert, die mit dem Namen „продукты" überschrieben sind, also „Lebensmittel". Die seien viel zu teuer und die Auswahl nicht hinreichend, höre ich. Das hatte mir auch mein Freund Sascha mit auf den Weg gegeben.

Dann werde ich von den Studentinnen darauf aufmerksam gemacht, dass Moskau eben nicht Russland ist. Das ist selbstverständlich. Aber im Gespräch kommen wir darauf, dass selbst Kritiker der russischen Verhältnisse konstatieren, dass sich auch in den abgelegenen Regionen die Verhältnisse seit den 1990er Jahren deutlich verbessert haben, so der Spiegel-Korrespondent Christian Neef. Mit ihm – so ist der Lauf der Dinge manchmal – hatte ich Mitte der 1990er Jahre eine Lesung zu seinem gerade erschienenen Buch in

Neubrandenburg gemacht. Neef kommt vor kurzem zu folgendem Resümee: „Russland geht es heute, insgesamt gesehen, nicht schlecht."

Das war Anfang der 1990er Jahre, als Neef sein Buch geschrieben hatte, ganz anders. Damals hatte Christian Neef versucht, in 18 Porträts zu zeigen, wie ganz unterschiedliche Leute in der Umbruchszeit im neuen Russland ihren Platz in der neuen Gesellschaft suchen: Offiziere, Politiker, Künstler, Geschäftsleute, Kriminelle. Das Buch mit dem Titel „Russland – Gesichter eines zerrissenen Landes" war 1995 im Aufbau Verlag erschienen. Ich hatte es übrigens vor meinem Moskau-Aufenthalt noch einmal gründlich gelesen und dabei auch meine Fragen für die Moderation der Veranstaltung gefunden, die die Mecklenburgische Literaturgesellschaft in Neubrandenburg um 1995 organisiert hatte.

Neben vielen kritischen Fragen zur damaligen Situation hatte ich Neef auch nach der Rolle von Boris Jelzin gefragt und aus seinem Buch zitiert. „Westliche Politiker haben ausgerechnet Boris Jelzin zum Garanten russischer Stabilität erklärt und wider alle Vernunft bislang noch jede politische Torheit aus Moskau toleriert. Vielleicht, weil der polternde Selbstherrscher als bequemer, leicht zu dirigierender Partner erscheint und ihnen vorerst die Suche nach einer neuen Ostpolitik erspart?", schrieb Neef damals. Vor einem solchen Hintergrund, wenn die damalige Einschätzung denn stimmt, ist erklärlich, warum Putin im Westen zum Buh-Mann avanciert ist. Denn Putin ist eines garantiert nicht: Er ist kein steuerbarer Hampelmann, sondern der selbstbewusste Präsident eines Landes, das einmal das war, was man Großmacht nennt. Wie hatten ‚meine‘ Studentinnen durchaus mit Akzeptanz gesagt: „Putin ist ein starker Präsident."

Die Antwort auf die Frage, wie es dem „normalen" russischen Bürger heute geht und wie er oder sie lebt, entscheidet maßgeblich über die Zustimmungswerte von Wladimir Putin. Auf meine Frage an einen Bekannten, wie denn nun der „normale" russische Bürger lebe, zuckt der ein wenig irritiert mit der Schulter und verweist darauf, dass der „normale" Bürger „wirklich normal lebt. Wie in vielen Ländern dieser Welt." Und er ergänzt: „Wenn die Menschen nicht schwer krank sind, nicht behindert und nicht einsam, dann geht es ihnen – auch hier – relativ gut. Es gibt viel Arbeit, insbesondere im Zusammenhang mit den Sanktionen in der letzten Zeit, und es wird viel im sozialen Bereich getan. Überall im Lande. Zwar langsam, aber sicher."

Für mich gibt es keinen Grund, an diesen Aussagen zu zweifeln, zumal diese Einschätzung in etwa der ‚meiner‘ Studentinnen entspricht und auch dem, was ich gesehen und erlebt habe. Aber natürlich ist mir klar, dass ich mir in sechs Wochen nur einen kleinen Einblick verschaffen konnte, nicht mehr, aber auch nicht weniger.

*Blick in Richtung „Roter Platz"*

## AUF WIEDERSEHEN MOSKAU
## ODER KLEINE RESÜMEES

Wenn ich einige der Gespräche der letzten Wochen in Moskau resümiere, dann überwiegt bei russischen Freunden, Kollegen, Bekannten und auch Studentinnen Trauer und Unverständnis über ‚den Westen‘. Das fängt an mit der im ‚Westen‘ als „normal" empfundenen Auflösung des Warschauer Vertrages bei gleichzeitigem Erhalt und dem sukzessiven Ausbau der NATO bis an die Grenzen Russlands und reicht bis zur vermeintlichen Verantwortlichkeit Russlands für den Krieg in Syrien. ‚Der Westen‘ und auch und gerade Deutschland würden Russland und Putin für alles Mögliche in der Welt verantwortlich machen, so eine weit verbreitete Meinung. Es ergab sich somit, dass ich im Austausch über ganz alltägliche Themen immer auch mal hineingeriet in Gespräche über die neuen Kriege, den Hunger in der Welt, die Flucht von Millionen Richtung Europa oder den Ukraine-Konflikt.

Wenn wir uns über die Weltsituation austauschten, dann wurde mir von ganz unterschiedlichen Gesprächspartnern die Frage gestellt, wie das denn mit dem sogenannten Balkankrieg oder dem Krieg im Irak gewesen sei. Damit hatte doch Russland nichts zu tun. Es waren George W. Bush und die USA, Tony Blair und Großbritannien, die völkerrechtswidrig Bagdad bombardiert haben und in den Irak einmarschiert sind. Bush und Blair, die haben gegen das Völkerrecht, das sie sonst vor sich hertragen, gehandelt, so die Sichtweise.

Und was hat die USA in der Ukraine zu suchen, wurde von manchen dann sofort nachgeschoben. Man stelle sich vor, Russland würde – wie es bei der Kuba-Krise 1962 der Fall war – sich gewissermaßen vor der „Haustür" der USA in Stellung bringen. Irgendwie erwartete man von mir als „Vertreter des Westens" eine Antwort. Ich nahm solch eine Erwartungshaltung oder die offensichtliche Kritik nicht persönlich, zumal ich mich in solchen Gesprächen nicht in der Rolle sah, einen Mann wie Bush zu verteidigen oder Blair. Dies um so mehr, da ich relativ gut wusste, was mit dem Irak oder dem Krieg auf dem Balkan gemeint war.

Ich habe mich über mehrere Jahre – noch vor 2015 – im Rahmen von Beiträgen mit der Darstellung von „Terroristischen Selbstmordattentätern in der Literatur" und in diesem Zusammenhang sowohl mit dem Irak-Krieg, dem Krieg in Libyen, als auch mit der Rolle der medialen Inszenierung von Bushs „Kampf gegen das Böse" beschäftigt. Und ich erinnerte mich gut daran, dass vor einiger Zeit die Ergebnisse einer Kommission vorgelegt wurden, die einen Bericht über das Agieren von Bush und Blair im Irak-Krieg geliefert hatte. Dazu gab es auch einen Beitrag im „Spiegel". Ich wusste allerdings nicht mehr, von wem der war. Von daher konnte ich nicht mitteilen, was zu Bush und Blair gesagt worden war.

Noch am gleichen Tag, da ich das Gespräch mit den russischen Freunden über den Irak-Krieg hatte, suchte ich im Internet und fand die Kolumne von Georg Diez auf „Spiegel online" aus dem Jahre 2016, genauer vom 10. Juli 2016. Die Kolumne hatte den Titel „Klagt sie an!" Georg Diez schrieb unter Bezug auf die Chilcot-Studie, so war der Name jenes Berichts, der u.a. Blairs Handeln im Krieg gegen den Irak nachgegangen war. Und Diez notierte Folgendes: „Tony Blair und George W. Bush wollten den Irakkrieg. Jetzt bestätigte eine Kommission, dass er illegitim war. So wie die Kriege auf dem Balkan oder in Ruanda. Deren Planer landeten vor dem Internationalen Strafgerichtshof in Den Haag." Und die nächsten Sätze waren noch erschreckender, wenn man bedenkt, dass es letztlich auch um die Gegenwart des Jahres 2017 geht: „Der verbrecherische Krieg gegen den Irak, den Bush und Blair 2003 gewollt und bekommen haben, hat die Welt verändert wie wohl kein anderer Krieg seit 1945 – er zeigt das westliche Bündnis als Schurkenmacht", notiert Diez, der keineswegs zu jenen gehört, denen man eine USA-Phobie unterstellen kann. Im Gegenteil.

Und nach dieser Aussage, die es bereits in sich hat, schreibt er: „Der IS, der ‚Krieg gegen den Terror',

die eingeschränkten Bürgerrechte, das schwinden-
de Freiheitsgefühl, die Flüchtlinge, die zerstörten
Staaten, die zerstörten Leben und über all dem das
zerstörte Vertrauen in eine Ordnung, die auf solchen krass kalkulierten Schwindeleien beruht – all
das sind Folgen jenes tödlichen Messianismus, den
der britische Historiker Perry Anderson gerade
als Grundlage der amerikanischen Außenpolitik
nach dem zweiten Weltkrieg benannt hat."

Wer also heute über Syrien und die Flüchtlingskrise spricht, wird wohl nicht umhinkommen, einige
Jahre zurückzugehen und nach den Ursachen für gegenwärtige krisenhafte Prozesse zu suchen. Es bringt
wenig, mit der Devise „Haltet den Dieb" von eigenen
Anteilen abzulenken. Und der Dieb ist immer Moskau,
diesen Eindruck haben nicht nur viele Russen.

Ein russischer Kollege übrigens fragte mich, was
denn „meine" Kanzlerin zu Bush und Blair und den
Ergebnissen der Kommission gesagt hätte. Auf das
„meine" bin ich nicht weiter eingegangen. Zur Haltung
von Merkel konnte ich nichts sagen, aber ich vermute:
NICHTS ist keine falsche Antwort. Und auch auf die
Frage, was mit Bush und Blair und all jenen ist, die ihnen gefolgt sind, konnte ich nur schweigen. Gut fand
ich das nicht.

Mehrfach und aus ganz unterschiedlichen Ecken
wurde von russischer Seite während meines Aufent-
haltes in Moskau noch eine weitere Frage angesprochen, nämlich jene nach der Glaubwürdigkeit der

Medien. Auch hier verwiesen die Fragesteller darauf, wie die Medien den Krieg gegen den Irak – und nicht nur den – vorbereitet und ‚begleitet‘ hatten. In der Tat, die meisten Medien in den USA standen damals „Gewehr bei Fuß“, wie man militant sagen könnte. Und von diesem Beispiel war es dann nur ein kleiner Schritt, von dem aus – ich hatte das schon geahnt – auf die Rolle von Politik und Medien in Deutschland und anderen Staaten des ‚Westens‘ gewechselt wurde.

Ein fast witziges Beispiel gab es in einem der Seminare. Als ich tagesaktuell mit den Studentinnen über Doping und den Umstand spreche, dass das russische Team von der Olympiade ausgeschlossen worden ist, sind diesmal alle einer Meinung: „Die Dopinganklagen sind politisch motiviert.“ Eine ansonsten sehr zurückhaltende Studentin wirft folgende Sätze ein. „Selbst den russischen Fußballern wurde Doping vorgeworfen“, sagt sie, um dann an mich gerichtet folgende rhetorische Frage zu stellen: „Haben Sie die schon mal Fußball spielen gesehen?“ –

Ernsthafter formuliert es ein Freund und Kenner der deutsch-russischen Beziehungen: „Wie kommt Ihr dazu“, so seine Frage, „mit Blick auf Russland immer vom Staatsfernsehen oder einer Steuerung durch Putin zu sprechen. Hier in Russland gibt es ausgesprochen viele Positionen zur Rolle der Politik, zu Korruption, zur Ukraine. Aber bei Euch? Schaut doch mal Eure Medien an.“ Als ich nachfrage, was konkret gemeint ist, da sagt der Freund, er verfolge aus beruflichen Gründen sehr genau die deutschen Zeitungen und Nachrichtensendungen, etwa das „heute-Journal" beim ZDF. Er könne nicht erkennen, dass hier differenziert und kritisch berichtet werde. Wann werde denn dort die Regierung kritisiert. Und als Beispiel nennt er die Flüchtlingskrise.

Auch hier habe ich als imaginärer „Vertreter des Westens" keine guten Karten. Denn er kann gleich nachlegen. Der Freund verweist nämlich auf eine erst vor kurzem erschienene wissenschaftliche Studie der „Otto Brenner Stiftung", die das Agieren der deutschen Medien untersucht hat und zu einem kritischen, ja einem erschütternden, Ergebnis kommt. Ich kenne die Studie, weil ich sie kurz vor dem Beginn meiner Moskau-Reise im Kontext mit der Planung von Lehrveranstaltungen gelesen habe. Der Titel lautet: „Die ,Flüchtlingskrise' in den Medien – Tagesaktueller Journalismus zwischen Meinung und Information."

Realisiert wurde die Untersuchung von einem Team unter Michael Haller, der ein international anerkannter Medienwissenschaftler ist und Professor an der Universität Leipzig war. Haller kommt u.a. zu folgendem Ergebnis: „Statt als neutrale Beobachter die Politik und deren Vollzugsorgane kritisch zu begleiten und nachzufragen, übernahm der Informationsjournalismus die Sicht, auch die Losungen der politischen Elite." Michael Haller verweist zudem in einem Gespräch auf Untersuchungen, die belegen, „dass der politische Journalismus in Deutschland sich schon seit längerer Zeit gern im Dunstkreis der politisch Mächtigen aufhält." „Dunstkreis der politisch Mächtigen", die Bezeichnung scheint mir passender, als „politische Eliten". Denn das Wort „Elite", das hängt für mich irgendwie immer noch mit eigener Leistung und Qualität zusammen.

Inzwischen scheint die Annäherung von Medien und Politik schon so weit zu gehen, dass Medienvertreter, ohne es zu wissen, selbstentlarvend vom „politisch-medialen Komplex" sprechen. Der Begriff stammt, das wissen manche, die ihn kritisieren, keineswegs von böswilligen Personen, die angetreten sind, die journalistische Arbeit zu diskreditieren, sondern er findet sich bereits Mitte der 1980er Jahre in medienwissenschaftlichen Untersuchungen. So hat der Medienwissenschaftler Fritz Plasser schon 1985 davon gesprochen, dass die beiden Teilbereiche bzw. Systeme ‚Politik' und ‚Medien' zu einem politisch-medialen Supersystem verschmolzen sind. Diese Tendenz, die in der Gegenwart mit aller Macht durchschlägt, ist eigentlich bekannt und in kritischen Darstellungen wiederholt belegt worden. Insofern ist Deutschland nun wahrhaftig nicht das Exempel kritischer Berichterstattung, wenn es um die eigene Geschichte und Gegenwart geht.

Das ändert freilich nichts an der Frage danach, wie es in Russland mit der Staatsnähe aussieht. Ich persönlich kann derzeit diese Frage nicht hinreichend beantworten. Dazu müsste man die TV-Programme

*In der Metro*

und Sendungen über einen längeren Zeitraum sehen und untersuchen. Aber eines, das kann ich auf jeden Fall sagen: Die in Deutschland kolportierte Darstellung, alle Programme seien in Russland gleichgeschaltet, ist schlichtweg falsch! Und es macht mich immer etwas ärgerlich, wenn solche Aussagen auch von Personen regelrecht nachgebetet werden, die weder Russisch sprechen und zudem noch nie in der Sowjetunion oder Russland waren! Wenn ich solche, zumeist noch selbstbewusst vorgetragenen Reden höre, dann muss ich immer wieder an eine junge Autorin denken, an Mirna Funk.

Mirna Funk hat 2015 für ihren Roman „Winternähe", der bei S. Fischer Verlag erschienen ist, den

Uwe-Johnson-Förderpreis für das beste deutschsprachige Debüt erhalten. In der Begründung für den Preis hieß es damals: „Mirna Funk wirft über die Figuren ihres Romans eine Reihe von Fragen auf, die Uwe Johnson hätten sympathisch sein können: Was hat uns in die gegenwärtige Lage gebracht und in welcher Weise sind wir von den Zeitläuften abhängig. Wollen wir so leben und warum nicht. Mirna Funk bringt mit ihrem Roman zudem eine globale Perspektive ein, sie erzählt von latentem Antisemitismus in Europa, sie spielt Kontroversen durch und bleibt dabei erzählerisch konsequent." Die weibliche Hauptfigur von Mirna Funk, sie heißt Lola, pendelt zwischen Deutschland und Israel. Aber sie ist sehr zurückhaltend mit schnellen Wertungen, und sie hält nichts von „einfachen Wahrheiten", gegen die auch Uwe Johnson immer angegangen ist. Und Mirna Funk selbst hat im Gespräch einen wichtigen Gedanken geäußert. Sie sei immer wieder fassungslos, wenn sie erleben muss, wie schnell Leute mit Wertungen über Israel oder die Palästinenserorganisationen bei der Hand sind, die noch nie in ihrem Leben in der Region gewesen sind.

Ich weiß nicht, wie Mirna Funk zu Russland steht, aber eines ist für mich klar, man sollte versuchen, ganz im Sinne von Uwe Johnsons Figur Gesine Cresspahl zu handeln. Die empfiehlt ihrer Tochter, Marie, „eine Sache anzusehen auf alle ihre Ecken und Kanten, und wie sie mit anderen zusammenhängt."

Dieser Ratschlag gilt wohl nicht nur für jenen Kontext, in dem Gesine ihn formuliert, das Studieren.

In den deutschen Leitmedien der Gegenwart allerdings, sehe ich einen solchen Ansatz in den letzten Jahren nicht realisiert, schon gar nicht, wenn es um Russland geht. Gerade Medien, deren Aufgabe nicht zuletzt darin besteht, einen Beitrag zu einer demokratischen Selbstverständigung innerhalb einer Gesellschaft zu leisten, haben sich in meinem Verständnis an einer solchen Idee zu orientieren. Dass ich überhaupt mit russischen Kollegen und Freunden über die Nähe der Medien zu den Mächtigen gesprochen habe, das hängt schlichtweg damit zusammen, dass in und von Deutschland aus der Blick auf und nach Russland sehr einseitig und klischeebehaftet erscheint und – davon sprach ich an anderer Stelle – ahistorische Darstellungen dominieren. Dass der heutige Tag ein Resultat des gestrigen ist, diese simple Wahrheit, wird leider zu oft ausgeblendet. Mit historischem Denken hat dies nichts zu tun.

Nun wird auch häufig betont, dass man im Journalismus eben Geschichten erzählen müsse, also das sogenannte „Storytelling" wichtig sei. In der Tat ist das so, aber dann muss man auch wissen, dass Geschichten oftmals von Entgegensetzungen leben, von „Gut" und „Böse" von „Schön" und „Hässlich". Das Wissen auch um solche Zusammenhänge macht einen freilich zurückhaltend, wenn es darum geht, den Darstellungen über Russland zu „glauben".

Zudem: Immer dort, wo „Überzeugungen" und „Gesinnungen" zum Maßstab von Bewertungen werden, da wird es gefährlich. Warum? Weil es eine Neigung dazu gibt, eben jene, die die angesagten „Überzeugungen" und „Gesinnungen", man könnte pointiert auch sagen, die aktuelle „Ideologie", nicht vertreten und teilen, an den Rand zu drängen und auszuschließen. Wer in der DDR groß geworden ist, der weiß, wie hier ideologische Freund-Feindbilder aufgebaut und „Andersdenkende" ausgeschlossen wurden. Oder?

Was ‚lehrt' mich das In Hinblick auf Russland, aber keineswegs nur Russland? Ich sage es mal so: Wie komme ich dazu, mir von Leuten, die mitunter nicht einmal wissen, was kyrillische Buchstaben sind, ein so komplexes und widersprüchliches Land wie Russland erklären zu lassen?

Ich gehe davon aus, dass ich auch in den folgenden Jahren erneut in Russland sein werde. Das eine oder andere Problem wird dann erneut zur Sprache kommen. Aber auf eine Frage, die rhetorisch in Deutschland immer wieder im politischen und medialen Bereich gestellt wird, kann ich schon jetzt eine Antwort geben und einen Vorschlag machen: Einfach mal Jewgeni Jewtuschenkos Antikriegsgedicht von 1961 lesen oder den lyrischen Text in der Interpretation von Ben Becker auf youtube hören und sehen!

Meinst du, die Russen wollen Krieg?
Meinst du, die Russen wollen Krieg?
Befrag die Stille, die da schwieg
im weiten Feld, im Pappelhain,
Befrag die Birken an dem Rain.
Dort, wo er liegt in seinem Grab,
den russischen Soldaten frag!
Sein Sohn dir drauf Antwort gibt:

Meinst du, die Russen woll'n,
meinst du, die Russen woll'n,
meinst du, die Russen wollen Krieg?

Nicht nur fürs eig'ne Vaterland
fiel der Soldat im Weltenbrand.
Nein, daß auf Erden jedermann
in Ruhe schlafen gehen kann.
Holt euch bei jenem Kämpfer Rat,
der siegend an die Elbe trat,
was tief in unsren Herzen blieb:

Meinst du, die Russen woll'n ...

Der Kampf hat uns nicht schwach gesehn,
doch nie mehr möge es geschehn,
daß Menschenblut, so rot und heiß,
der bitt'ren Erde werd' zum Preis.
Frag Mütter, die seit damals grau,
befrag doch bitte meine Frau.
Die Antwort in der Frage liegt:


Meinst du, die Russen woll'n ...


Es weiß, wer schmiedet und wer webt,
es weiß, wer ackert und wer sät –
ein jedes Volk die Wahrheit sieht:
Meinst du, die Russen woll'n,
meinst du, die Russen woll'n,
meinst du, die Russen wollen Krieg?


(1961)

# „MAN SOLLTE MAL AUF DEN GLOBUS SCHAUN" –

## CARSTEN GANSEL UND FRANK WILHELM IM GESPRÄCH ÜBER RUSSLAND HEUTE UND GESTERN

*Frank Wilhelm: Warum haben Sie sich entschlossen, diesen Band zu machen?*

Carsten Gansel: Ich bin seit Februar 2012 in jedem Jahr immer um die zweimal in Russland gewesen. Dies hing zunächst mit der Entdeckung von Heinrich Gerlachs Urfassung seines Romans „Durchbruch bei Stalingrad" zusammen, den er im Sommer 1943 in sowjetischer Kriegsgefangenschaft begonnen hatte und um den 8. Mai 1945, also zu Kriegsende, abschloss. Danach schleppte er das Manuskript durch weitere Gefangenenlager, ehe es 1949 konfisziert wurde und in einem Geheimarchiv verschwand. Die Edition des Romans erschien im März 2016 bei Galiani. Bis dahin war es ein weiter Weg.

Zudem hatte ich noch ein weiteres Projekt, es ging um die Literatur der Russlanddeutschen und die Frage, was von der schwierigen Geschichte in literarischen Texten des 20. Jahrhunderts, insbesondere von den 1930er Jahren bis 1989 erinnert wurde oder aber auch nicht. Ein Mitarbeiter und ich waren dazu in Saratov und Engels, also jenen Städten, die bis zur Auflösung 1941 das Zentrum der Wolgadeutschen Republik gebildet hatten. Das Buch dazu wird noch in diesem Jahr erscheinen. Kurzum, es gab über die Jahre vielfältige Kontakte nach Russland, und zunehmend wurde mir bewusst, welchen Weg Russland seit dem Ende der Sowjetunion Anfang der 1990er Jahre gegangen ist. Wenn man das weiß und mit vielen Menschen in Kontakt kommt, wird man zurückhaltend mit schnellen Wertungen.

*FW: Es gab dann das Angebot des „Nordkurier", während Ihrer Gastprofessur in Moskau einen Blog zu machen.*

CG: Genau. Ich habe lange überlegt, ob ich das Angebot annehmen soll. Aber da ich in jeder Hinsicht offen und neugierig nach Moskau gekommen bin, dachte ich, es könnte auch für Leser des „Nordkurier" interessant sein. Es ging mir ja nicht darum, in Deutschland vorgefertigte Wertungen zu bestätigen, sondern mich in Moskau und Russland auf einen Prozess einzulassen und möglichst vielfältige Erfahrungen zu sammeln.

*FW: Aber es gab ja den Blog, warum ist dann nun ein Buch daraus geworden?*

CG: Ja, das stimmt. Es hing damit zusammen, dass die Reaktionen auf den Blog ungemein zahlreich waren und ich von ganz unterschiedlichen Personen angesprochen wurde, die die Einträge gelesen hatten. Und es waren durchweg positive Rückmeldungen. Das hatte ich so nicht vermutet, und es war auch gar nicht meine Absicht. Ich habe ja lediglich versucht, authentisch davon zu berichten, was mir in den Wochen in Moskau begegnet ist. Dann kam der Vorschlag eines geschätzten Kollegen des „Nordkurier", aus den Einträgen ein Buch zu machen. Und den Ausschlag, das anzugehen, gab letztlich eine Bewertung, die mir mehrfach mitgeteilt wurde. Es sei „mutig" gewesen, was ich im Blog geschrieben hätte. Gerade auch diese Zustimmung hat mich einerseits gefreut, aber andererseits auch ausgesprochen irritiert. Wie kann es sein, fragte ich mich, dass der Versuch, darüber zu berichten, was mir in Moskau begegnete, als „mutig" empfunden wird? Da kann etwas nicht stimmen, und dies keineswegs bei jenen, die dieser Auffassung waren. Ich fragte zurück und erhielt zur Antwort, dass die von mir geschilderten Eindrücke und Einschätzungen zu Russland nicht mit dem übereinstimmen würden, was die meinungsmachenden Instanzen in Medien und Politik in Deutschland vermitteln. Das mag stimmen, aber wenn dem so ist, dann muss man dem festgefügten Bild seine eigenen Erfahrungen entgegensetzen, wie minimal die Wirkungen auch sein werden. Wir sind ja alle das, was man mündige Bürger nennt und benötigen keine Instanzen, die uns sagen, was wir sehen sollen.

*FW: Kommen wir konkreter auf Ihre Erfahrungen zu sprechen. Es heißt, Reisen bildet. Inwiefern haben Sie Ihre Russland-Reisen gebildet?*

CG: Ich bin mir nicht so sicher, ob man das in der Gegenwart noch so pauschal sagen kann, Reisen bildet. Früher, da bedeutete Reisen, sich Zeit nehmen, die Landschaften studieren, sich auf andere Menschen einlassen, um letztlich länger an dem Ort, den man bereiste, zu verweilen. Das ist in der Jetzt-Zeit eher selten geworden. Aber Sie haben Recht. Längere Zeit an einem Ort mit enger Verbindung zu ganz unterschiedlichen Personen und Gruppen und der Möglichkeit, viele Facetten von Moskau oder der Region kennenzulernen und dabei auch noch in geheime oder öffentliche Archive vorzustoßen, das hat mir die Chance gegeben, Russland viel intensiver kennenzulernen. Und ich habe mich auf diese Reise ins Innere des Landes gern eingelassen.

*FW: Fühlen Sie sich jetzt als „Russland-Versteher"?*

CG: Der Begriff des „Russland-Verstehers", der ja bisher zumeist abwertend gemeint ist, zeigt das Problem, mit dem wir es in Deutschland zu tun bekommen haben. Erstaunlich ist nämlich, dass in einem Land, in dem zu Recht Toleranz ganz weit oben steht, diese aber anscheinend nur für bestimmte Gruppen, Personen, Staaten in Anschlag zu bringen ist. Ich sage jetzt mal „wir", obwohl ich es ablehne, von irgendwelchen Personen, die ich gar nicht kenne, mit einem „wir" vereinnahmt zu werden, also: „wir" sollen alles Mögliche auf dieser Welt „verstehen" und „uns" einfühlen, Empathie empfinden. Aber in dem Fall, da man dies auch für Russland fordert, da ist das plötzlich nicht angebracht, und es wird abgelehnt. Sollte es nicht um den Versuch gehen, „die andere Seite mit ihren eigenen Augen" zu sehen, wie das einer der gewichtigsten Autoren des 20. Jahrhunderts zu bedenken gegeben hat, nämlich Uwe Johnson? Daher ist es schon irritierend, wenn bestimmte Instanzen und deren Repräsentanten, die nicht durch Leistungen und Kenntnisse, sondern einzig durch ihre mediale oder politische Präsenz eine Art Monopol haben, öffentlich aufzutreten, und „uns" glauben vorgeben zu können, wen wir „verstehen" dürfen und wen nicht?

*FW: Wen und was meinen Sie konkret? Und was wäre aus Ihrer Sicht die angemessene Herangehensweise der Politik und der Medien an Russland?*

CG: Ich glaube, die Antwort liegt auf der Hand. Natürlich geht es zunächst um die Tagesberichterstattung vor allem in den überregionalen Medien. Die Kritik ist doch nicht neu, es ist in den letzten Jahren zunehmend zu einer Vermischung von Bericht und Kommentar gekommen. Die Selektivität der Nachrichten hat weiter zugenommen und damit – das ist wissenschaftlich seit Jahrzehnten akzeptiert – die Wirklichkeitskonstruktion, die über Medien betrieben wird. Problematisch wird es dann, wenn den Aussagen permanent moralische Wertungen beigefügt werden und die Karten vorher verteilt sind. Christoph Hein hat unter ganz anderen Bedingungen von der „Fünften Grundrechenart" gesprochen. Das war im

Oktober 1989 in der DDR. „Die fünfte Grundrechenart besteht darin", so Hein, „daß zuerst der Schlußstrich gezogen und das erforderliche und gewünschte Ergebnis darunter geschrieben wird. Das gibt dann einen festen Halt für die waghalsigen Operationen, die anschließend und über dem Schlußstrich erfolgen. Dort nämlich wird dann addiert und summiert, dividiert und abstrahiert, multipliziert und negiert, subtrahiert und geschönt, groß- und kleingeschrieben nach Bedarf, wird die Wurzel gezogen und gelegentlich auch schlicht gelogen." Diejenigen, die es einmal mit der „Fünften Grundrechenart" zu tun bekommen haben, werden sofort hellhörig, wenn sie wieder einmal „waghalsige Operationen" wahrnehmen. Auch, weil sie Erfahrungen aus einer vergangenen Zeit haben und daher vergleichen können. Die Antwort ist daher ganz einfach: Schlichtweg den journalistischen Job machen! Und der besteht nicht darin, ich überspitze jetzt mal, die Rolle des Regierungssprechers zu übernehmen.

*FW: Das klingt jetzt sehr hart und generalisierend. Aber zurück zu Russland. Eine Zäsur im Verhältnis zwischen Russland und Deutschland bildeten die Ereignisse auf der Krim 2015. Wie bewerten Sie die Übernahme der Halbinsel durch Russland?*

CG: Darf ich nachfragen, was da hart und generalisierend klingt?

*FW: Ich selbst habe mich bislang eigentlich nicht als Er-*

*füllungsgehilfe irgendeines Sprechers gesehen. Ich stoße*
*mich daran, dass Sie alle Kollegen unseres Berufsstandes*
*über einen Kamm scheren. Wäre an dieser Stelle nicht*
*auch Differenzierung gefragt?*

CG: Die Differenzierung ist gegeben, ich spreche von
den überregionalen Medien bzw. den sogenannten
Leitmedien. Und von „allen Kollegen" rede ich schon
gar nicht. Das wäre zudem unfair, allein, wenn ich
daran denke, wie profund, wie kenntnisreich und
wie umfassend etwa über die von mir verantwortete
Edition der Urfassung von Heinrich Gerlachs Roman
„Durchbruch bei Stalingrad" geschrieben wurde. Literaturwissenschaftler sind nicht verwöhnt, wenn
es um das wichtige „Gut Aufmerksamkeit" geht. Das
hat natürlich mit den Gegenständen zu tun, die nicht
unbedingt mit dem zusammenfallen, was die sogenannten „Normalleser" interessiert. In diesem Fall
aber haben wir, der Verlag und ich, es natürlich nicht
zuletzt den wirklich ausgezeichneten Besprechungen
zu danken, die Heinrich Gerlach und seine Geschichte in den Fokus rückten, dass ein Erfolg daraus wurde.

Und noch etwas Anderes: Es steht doch gänzlich
außer Frage, dass es nach wie vor zahlreiche Journalisten gibt, die engagiert und bis an die Grenze der
Belastbarkeit ihre Profession erfüllen und einen Beitrag dazu leisten, was man demokratische Selbstverständigung innerhalb der Gesellschaft nennt. Wer in
eine Lokalredaktion geht und einen Lokalreporter
bei der Arbeit begleitet, würde sehen, wie der journa-

listische Alltag aussieht, wie umfangreich zu Sachthemen recherchiert wird und was der Job wirklich bedeutet. Aber genauso klar und inzwischen vielfach belegt ist, auf welche Weise politische Journalisten in den Leitmedien, die letztlich eine Art Monopol der veröffentlichten Meinung haben, in ungebührlicher Weise ihre Handlungsrolle überschreiten und im politischen Bereich mitzumischen suchen.

*FW: Haben Sie Beispiele?*

CG: Tagtäglich. Und immer wieder. Aber gehen wir ein wenig zurück und packen es grundsätzlicher an: Kein anderer als der FAZ-Herausgeber, Frank Schirrmacher, hat 2014 Symptome eines „journalistischen Übermenschentums" mit aller Schärfe kritisiert. Ausgangspunkt war eine Moderation von Claus Kleber im „heute journal". Schirrmacher zufolge habe Kleber in diesem Fall vor einem Millionenpublikum in seiner Meinung nach unverantwortlicher Weise die ihm aufgegebene Rolle als Informationsvermittler überschritten und stattdessen versucht, Politik zu machen. Ich verweise darauf an dieser Stelle, weil eine Moderation bzw. ein Gespräch über und zu Russland der Ausgangspunkt für Frank Schirrmachers Kritik war. Sein plötzlicher Tod hat verhindert, dass die von ihm anvisierte Debatte zu einer wurde. Im Gegenteil. Was Schirrmacher 2014 als Symptom erkennt, das ist inzwischen zur Tendenz geworden. Leider auch in der Berichterstattung zu Russland.

*FW: Gibt es spezielle russische Themen, zu denen deutsche Medien nicht ausreichend genug recherchieren?*

CG: Lassen Sie mich mit Blick auf die von Ihnen aufgeworfene Frage noch eine Ergänzung anbringen, die mir auch für das, was und wie über Russland berichtet wird, nicht ganz unwichtig erscheint. Aber freilich betrifft dies nicht nur Russland, sondern die Berichterstattung zu sämtlichen Gegenständen der Gegenwart insbesondere dann, wenn es um Politik, Wirtschaft oder auch Kultur geht.

Es hat – korrigieren Sie mich – in der deutschen Presselandschaft, bleiben wir mal bei den Tageszeitungen, seit Jahren einen Prozess gegeben, der nun schon seit einiger Zeit auf die konkrete Arbeit durchschlägt: Die klassische Ressorteinteilung, über die wir in Seminaren immer gesprochen haben oder heute noch sprechen, gibt es faktisch nicht mehr. Es ist vor allem in Regionalzeitungen, deren Bedeutung ich nach wie vor hoch ansiedle, ein sogenannter „Newsdesk" eingerichtet worden. An diesem „Newsdesk" wird Agenturmaterial verarbeitet, wobei die Eigenbeiträge der Zeitungen zu den großen Themen der Welt immer geringer werden. Für einige Tageszeitungen ist der einzige überregionale Informationsgeber mittlerweile die dpa! Das hat Folgen: Die über viele Jahre bestens ausgebildeten Redakteure mit breiter historischer Kenntnis zur Außen- und Weltpolitik oder – um das Ressort ‚Feuilleton' zu nehmen – der Kultur und Literaturgeschichte gibt es immer weniger. Aber – so meine Frage – wie soll jemand mit Blick auf die Berichterstattung zu Russland seine „Gatekeeper-Funktion" erfüllen, wenn er oder sie gar nicht in der Lage ist oder sein kann, auch nur ansatzweise das weltpolitische Geschehen selbstständig und kritisch einzuordnen und mit den gelieferten Informationen umzugehen? Damit ich nicht falsch verstanden werde, ich moralisiere hier überhaupt nicht, denn es ist mir schon klar, dass dahinter nicht zuletzt auch wirtschaftliche Ursachen stehen. Und ich will natürlich nicht verschweigen, dass mit dem Eindampfen der eigenen Politikressorts auf der einen Seite, auf der anderen Seite die Lokalberichterstattung umfangreicher und professioneller geworden ist. Nur wir beide wollen ja hier nicht über Regionales sprechen, sondern über die Welt, genauer Russland.

*FW: Genau. Aber nur kurz und mit Blick auf potentielle Leser, was meinen Sie mit wirtschaftlichen Ursachen für Veränderungen im Pressewesen?*

CG: Wenn man die Veränderungen der letzten 20 Jahre betrachtet, dann sind das aus meiner Sicht radikale Umwälzungen. Das betrifft natürlich zunächst sinkende Auflagen und verringerte Werbeeinnahmen. Ich gehe sicher nicht fehl in der Annahme, dass ein gut aufgestelltes Medienunternehmen wie der „Nordkurier" heute einen großen, vielleicht inzwischen sogar den größten Teil des Gewinns nicht mehr aus dem Verkauf der Tageszeitung zieht. Ohne hier ökonomische Theorien debattieren zu wollen, steht außer Frage, dass sich – wie auch im Buchhandel – ein weiterer Konzentrationsprozess vollzogen hat und einige große Häuser zahlreiche Tageszeitungen besitzen. Ich glaube nicht, dass dies dazu führt, eine größere Vielfalt an Berichten und Meinungen bundesweit angeboten zu bekommen. Aber weitaus größer sind aus meiner Sicht die Folgen durch die neuen Medien, das Internet, die sozialen Netzwerke und die Möglichkeit, sich Informationen schnell aus ganz unterschiedlichen Quellen zu beschaffen. In Praxis-Seminaren, wie wir sie explizit zur Presse angeboten haben übrigens zusammen mit dem „Nordkurier" –, zeigt sich, dass die jüngere Generation sich schlichtweg nur noch in Ausnahmen über eine Tageszeitung informiert und eine solche auch nicht abonniert.

*FW: Kommen wir noch einmal auf die Frage, über welche speziellen russischen Themen deutsche Medien nicht ausreichend genug berichten und recherchieren. Welche Klischees begegnen Ihnen immer wieder?*

CG: Ich glaube, es geht nicht so sehr darum, dass nicht ausreichend berichtet wird. Es geht – so meine Beobachtung – um die Frage, WAS und WIE berichtet wird. Seit einigen Jahren konstatiere nicht nur ich, dass es eine gewisse Einheitlichkeit in der Berichterstattung gibt. Was meine ich damit? Die Distanz der deutschen Politik gegenüber Russland, die sich lange vor der Krim-Krise abgezeichnet hat, findet sich nahe-zu 1:1 in den Medien, sowohl dem Fernsehen als auch den Printmedien. Und wenn wir annehmen, dass meine Beschreibung mit dem „Newsdesk" nicht ganz verkehrt ist, dann pflanzt sich so ein „Meinungs-Be-richt" zu Russland gewissermaßen von „Oben" nach „Unten" weiter fort, also meinetwegen von Berlin nach Neubrandenburg oder Schwerin oder Hannover usw. Was Russland betrifft: Nehmen wir die deutsche Öffentlichkeit und die wichtigsten Tageszeitungen, dann kann ich keine ausgewogene Berichterstattung erkennen und eine hinreichende Recherche auch nicht. Zwischenzeitlich, das weiß ich von Bekannten, wartet man jeden Tag darauf, welche neue Negativ-nachricht über Russland und Putin nun heute wieder zu lesen oder zu sehen oder zu hören sein wird. Das bedeutet nicht, dass es nicht auch ernsthafte Versuche gibt, sich mit Russland analytisch auseinanderzuset-zen. Nur meinen Sie wirklich, dass sich diese Berichte in jenen Bereichen finden, die man den sogenannten Massenmedien zuordnet?

*FW: Das vermag ich nicht zu entscheiden, ich bin kein Russlandexperte. Aber vielleicht könnten wir folgendes machen. Ich nenne einige Klischees über Russland und Sie sagen, was Sie davon halten. Einverstanden?*

CG: Lassen wir es auf einen Versuch ankommen.

*FW: Ich liste jetzt einfach auf und hänge gegebenenfalls immer eine Frage an:*

*Klischee 1: Russland ist keine Demokratie! Kann Putin wirklich wie ein Zar herrschen?*

*Klischee 2: Gibt es eine nennenswerte Opposition und hat diese eine Chance?*

*Klischee 3: Die Medien sind alle gleichgeschaltet und es gibt keine Vielfalt der Medien in Russland! Stimmt das?*

*Klischee 4: Russland ist unterentwickelt – Kameras zeigen gerne die Weite, die Steppen und Feldwege in Dörfern. Wie schätzen Sie die wirtschaftliche Entwicklung Russlands ein?*

*Klischee 5: Die Bedrohung aus dem Osten! Wie friedliebend ist Russland? Befinden wir uns wirklich schon wieder im kalten Krieg der 1980er Jahre, also im Gleichgewicht des Schreckens?*

*Klischee 6: Die Annexion der Krim! Wurde die Krim von Russland erobert und sehen sich insbesondere die baltischen Staaten zurecht bedroht?*

CG: Das sind in der Tat Stereotype und Fragen, deren ernsthafte Beantwortung uns den Umfang eines Buches kosten würde. Dabei handelt es sich hier aus meiner Sicht weniger um Positionen, die von sogenannten ‚Durchschnittsbürgern‘ in Deutschland vertreten werden, jedenfalls sind sie mir in dieser Form weder in den alten noch in den neuen Bundesländern begegnet. Es handelt sich hier wohl eher um das, was man in der Medienwissenschaft unter dem Begriff des „populistischen Vorurteils" fasst.

*FW: Einverstanden, ich habe auch lediglich gesammelt, was mir wiederholt begegnet ist. Versuchen wir es dennoch, wohl wissend, dass sicher nur ansatzweise eine Antwort gegeben werden kann.*

CG: Beginnen wir mit dem ersten Aspekt, Russland sei keine Demokratie. Klar ist, dass es unterschiedliche Formen dessen gibt, was man als Demokratie bezeichnet. Man kann davon ausgehen, dass es sich bei Russland um eine sogenannte Präsidialdemokratie handelt. In der Präsidialdemokratie – auch die USA gilt als eine solche – fallen das Amt des Präsidenten und des Regierungschefs in einer Person zusammen. Das hat insofern Folgen, als der Präsident über weitgehende Vollmachten verfügt und die Innen- und Außenpolitik bestimmt. Anders in Deutschland, hier existiert eine parlamentarische Demokratie. Das Amt des Bundespräsidenten und das der Regierungschefin sind voneinander getrennt. Gleichwohl verfügt Angela Merkel über eine so genannte Richtlinienkompetenz und hat diese auch in ihrer Amtszeit genutzt. Man denke an die Entscheidungen über einen Atomausstieg oder die Grenzöffnung für Flüchtlinge 2015.

Nun wird man sicher nicht davon ausgehen wollen und können, nur die parlamentarische Demokratie als demokratisch zu bezeichnen. Insofern verstehe ich immer nicht so recht, warum ausschließlich im Fall von Putin, der der direkt gewählte Präsident ist, seine Machtbefugnisse hervorgehoben werden und suggeriert wird, dies sei nicht ‚demokratisch‘. Diesen Eindruck kann man freilich nur erzeugen, wenn der Hinweis auf das Wahlsystem wegfällt. Genau dann lässt sich auch davon reden, Putin agiere wie ein Zar. Also ähnlich wie in einer Monarchie, in der die Herrschaft durch Vererbung oder eine Wahl auf Lebenszeit erfolgt. Ganz abgesehen davon, es gibt in Deutschland schon länger die Diskussion, auch den Bundespräsidenten direkt zu wählen.

*FW: Inzwischen ist die Wahl erfolgt und Putin wieder bestätigt worden.*

CG: Ja, als direkt vom russischen Volk gewählter Präsident. Und man wird wohl auch hier sagen können, mit einem Ergebnis, das deutsche Politiker sich auch erträumen würden. Um die 77 % Zustimmung.

*FW: Das führt zur Frage: Gibt es eine nennenswerte Opposition in Russland und hatte diese eine Chance?*

CG: Wenn man sich die Wahlergebnisse ansieht, dann haben die Gegenkandidaten nicht sehr erfolgreich abgeschnitten. Aber auch in diesem Fall suggeriert das „nennenswert" immer den Verdacht, es gehe nicht mit rechten Dingen zu. Wenn Frau Merkel es schafft, die SPD von einer Volkspartei an die 20 % und darunter zu bringen, gibt es doch auch keine Erregtheiten in den Medien. Nicht mal dann, wenn ein Wahlkampf von der Kanzlerin mit der Aussage geführt wird: „Sie kennen mich!" Und das war's. So 2013 geschehen. Aber schaun wir uns jene Kandidaten an, die in Deutschland besonders in den Medien beachtet wurden. Werfen wir einen Blick auf Xenia Sobtschak. Als ich in Moskau war, habe ich versucht, ihr Wahlprogramm einzusehen. Es ist mir nicht gelungen. Meine Frage, wo ich das finde, wurde so beantwortet: „Sie hat keins!" Ihr Slogan lautet avantgardistisch „Ich gegen alle!"

*FW: Aber es gab doch wohl sicher ein Programm?*

CG: Ja, kurz vor Weihnachten. Ich habe es mit Interesse gelesen. Es waren Thesen, die mit dem Titel „123 трудных шага", also „123 schwierige Schritte" überschrieben waren. Man konnte das Programm dann auch im Netz unter dem Stichwort „Programm der Kandidatin für den Posten des Präsidenten der Russischen Föderation" finden („Программа кандидата на пост президента РФ Ксении Собчак"). Wenn man sich die Thesen ansieht, dann ist erklärlich, warum letztlich nur 1,7 % der Stimmen auf Xenia Sobtschak entfallen sind. Das ist ein sehr schlechtes Ergebnis, und es liegt deutlich unter dem, was sie sich erhofft hatte.

*FW: Wie erklären Sie sich das?*

CG: Als ich die Thesen las, musste ich an meine Gespräche in Moskau denken. Darunter waren solche mit Leuten, die sich zur kritischen Moskauer Intelligenz rechnen. Die bezeichneten sich bei meinen Aufenthalten 2012 und 2013 noch als Putin-Kritiker, ja -Gegner. Das hat sich ab 2014 grundsätzlich gewandelt. Es hing – so mein Eindruck – nicht zuletzt mit der permanenten Kritik von Außen gegen Putin zusammen und natürlich mit der Krim. Nimmt man einige der Thesen von Xenia Sobtschak, dann kann man nachvollziehen, dass diese in keiner Weise auf Zustimmung bei größeren Teilen der Bevölkerung gestoßen sind. Besonders eine These wurde wiederholt radikal abgelehnt, das war ihr Vorschlag einer Privatisierung der staatlichen Monopole. Sobtschak zielt darauf, große staatliche Unternehmen zu privatisieren. Und sie verkauft das als Fortschritt. Wer die 1990er Jahre in Russland verfolgt hat, der weiß, dass es Jelzin gewesen ist, der durch die Schockprivatisierungen das Oligarchentum gewissermaßen produziert hat. Mit den bekannten fatalen Folgen, die bis in die Gegenwart reichen. Bekannt ist auch, dass Putin mit den Gewinnen der großen staatlichen Erdölkonzerne sämtliche Auslandsschulden zurückgezahlt hat, Schulden, die Jelzin angehäuft hatte. Es liegt natürlich auf der Hand, bei wem und warum gerade auch diese These von Xenia Sobtschak im Ausland auf Zustimmung stößt.

*FW: An wen denken Sie, bei wem findet sich Zuspruch?*

CG: Sagen wir es zurückhaltend mal so. Und ganz ohne vermeintliche Verschwörungstheorien. Es steht außer Frage, dass transnational, mithin global agierende Konzerne großes Interesse daran haben, in Geschäfte in Russland einzusteigen und sich hier einzukaufen. Dies umso mehr, wenn man an die riesigen Erdölvorkommen und andere Bodenschätze denkt, über die Russland verfügt. Es muss nach 2000 gewesen sein, da flog ich aus New York zurück nach Berlin, und im Flugzeug gab es die New York Times zu lesen. Auf einer Ganzseite fand sich ein Aufmacher, der nicht zu übersehen war, nämlich Karl Marx in roter Farbe. Und dazu ein umfassender Beitrag, der die Bedeutung des „Kapitals" von Marx für die Gegenwart herausstellte. Ich war damals überrascht, denn das war lange bevor Marx auch in Deutschland wieder zitierbar geworden ist. Kurzum, man sollte mal wieder Marx lesen. Im „Kapital" findet sich bekanntlich die vielzitierte Aussage, dass mit „entsprechendem Profit" Kapital „kühn" wird. Aber zurück zu Xenia Sobtschak. Es gibt noch einen anderen Passus, der bei größeren Teilen der russischen Bevölkerung nach meiner Einschätzung auf Ablehnung stößt.

*FW: Um welchen geht es?*

CG: In Verbindung mit dem soeben Benannten der Privatisierung der Staatsunternehmen stößt auch ihr Vorschlag, von einer Präsidialrepublik zu einer parlamentarischen Demokratie überzugehen, auf Ablehnung. Für Russen ist dies eine Rückkehr in die Zeiten der Oligarchen.

*FW: Warum ist für Russen, wie Sie sagen, eine parlamentarische Demokratie gleichbedeutend mit einem Oligarchensystem?*

CG: Auch hier sollten wir die historische Entwicklung im Auge haben. Es ist schon des Öfteren geschrieben worden, dass in Russland in den 1990er Jahren – auch mit Hilfe von Beratern aus dem Ausland – versucht wurde, das politische System des Westens zu übernehmen. Es wurden diverse Parteien gegründet, neben der ehemals einzigen Partei, der KPdSU, der Kommunistischen Partei. Nur gab und gibt es in Russland, so die Einschätzung, keine hinreichend soziale Basis für die unterschiedlichen Parteien von liberal bis sozialdemokratisch. Und dies hat dazu geführt, dass die Parteien letztlich zum Werkzeug jener wurden, die über neu entstandene wirtschaftliche Macht verfügten. Man kann auch deshalb Russland nicht mit Maßstäben beikommen, die westeuropäischen Verhältnissen abgezogen sind und die in Deutschland oder anderen Staaten Westeuropas funktionieren – oder auch nicht. Wir erinnern uns daran, dass es nach der Oktoberrevolution in Russland die Idee bzw. Theorie vom Export der Revolution gab. Angesichts der Realitäten musste diese Vorstellung dann gewissermaßen begraben werden.

Genauso gefährlich freilich ist in der Gegenwart die Vorstellung vom Export der Demokratie, über die dann ein sogenanntes „Government Change", also ein Regierungswechsel, nicht nur theoretisch begründet, sondern aktiv unterstützt wird, etwa mit der Lieferung von Waffen an schon existierende oder sich formierende oppositionelle Kräfte. Wir haben gesehen, wohin dies führt. Nicht nur im Irak.

*FW: Kommen wir auf die Wahl in Russland zurück. Hatten die anderen Kandidaten eine Chance?*

CG: Natürlich hat Wladimir Putin als Präsident einen Amtsbonus und weitaus bessere Möglichkeiten, in der Öffentlichkeit zu agieren. Das ist bei Frau Merkel nicht anders. Aber dieser Amtsbonus erklärt nicht hinreichend, warum seine Politik offensichtlich in Russland einen so deutlichen Zuspruch erhält. Mir ist in Russland einmal mehr bewusst geworden, was hier vor allem zählt: Das ist Stabilität. Und dies hat seine Gründe in den Erfahrungen der 1990er Jahre, die die früheren Sowjetbürger machen mussten. Es setzte sich die Erkenntnis durch, dass ein freier Markt und freie Wahlen einzig und allein jenen etwas brachten, die es geschafft hatten, sich das frühere Volkseigentum anzueignen, nicht selten, wie sich später herausstellte, mit krimineller Energie. Erstmals mit Wladimir Putin – so meine Erfahrung aus vielen Gesprächen – gelang es, einen soliden Ordnungsrahmen zu schaffen, der für eine zunehmende Zahl von Bürgern einen offensichtlichen Aufschwung brachte.

Der bekannte Osteuropahistoriker Jörg Baberowski spricht sehr zutreffend davon, dass eine Art „gelenkte Demokratie" der Preis für diese neue Stabilität war. Und die meisten Bürger waren mehr als bereit, ihn zu zahlen, denn – so seine Einschätzung – „Ordnungssicherheit ist unter prekären Verhältnissen wichtiger als Entscheidungsfreiheit." Genau dies ist neben den weitgehend an der Wirklichkeit in Russland vorbei gehenden Vorschlägen der anderen Präsidentschaftskandidaten der Grund dafür, dass sie keine Chance bei den Wahlen hatten und nicht eine vermeintliche Behinderung. Bürger in Russland nehmen in den Vorschlägen eine destruktive Haltung wahr. Ein Moskauer hat auf meine Frage darauf hingewiesen, dass die Programme „hier als fremd und gegen das Land gerichtet" empfunden werden.

*FW: Und Nawalny?*

CG: Alexei Nawalny ist – so meine Erfahrung – in Russland aus verschiedenen Gründen ausgesprochen umstritten. Durchaus Zustimmung erhält er für seinen Kampf gegen die Korruption. Dies ist sein Plus. Mehr nicht. Dabei verweisen Kenner des politischen Lebens in Russland darauf, dass es keineswegs Putin ist, der mit der existierenden Korruption zu tun hat, sondern der Ministerpräsident Medwedjew, der als regelrechter Pate gilt. Intern erfuhr ich, dass Putin schon seit längerem versucht, das Netzwerk an Korruption zu zerschlagen. Es wird von Manchen vermutet, dass Medwedjew aus diesem Grund sein Amt in naher Zukunft verlieren wird. Nawalny, um auf ihn zurückzukommen, gilt als schlimmer Nationalist. Und es gibt nicht wenige, die ihm ebenfalls Korruption vorwerfen, in Verbindung mit dem damaligen Gouverneur der Kirower Region, Nikita Belych. Nawalny hatte ja im Herbst letzten Jahres die junge Generation aufgefordert, zu seiner Kundgebung zu kommen. Ein Bekannter, der gar nicht einverstanden war, dass seine Tochter da hin wollte, hat mir erzählt, dass jeder Person 10,- Euro angeboten wurden, wenn sie mit der Polizei in Konflikt geraten oder gar verhaftet würde. Es seien dann 14- bis 16-Jährige gekommen, um ihr Geld abzuholen. Aber ich kann das natürlich nicht belegen. Auch nicht, in welcher Weise der Ausschluss Nawalnys von den Wahlen begründet erfolgt ist. Aber insgesamt scheint mir Alexej Nawalny, der vom Westen als eine Art Heilsbringer angesehen wird, keineswegs eine Alternative zu Wladimir Putin zu sein.

*FW: Lassen wir das so stehen und nehmen das nächste Klischee, wonach die russischen Medien alle gleichgeschaltet sind.*

CG: Mich erstaunt gerade auch diese Behauptung. Meine Erfahrungen sehen anders aus. Lediglich die ersten zwei Sender, die man mit der ARD und dem ZDF vergleichen kann, sind sogenannte Staatssender und einander wirklich ähnlich. Alle anderen sind sehr wohl kritisch und interessant. Ich denke an NTW, REN, OTR, Kanal 5, RBK, „Doshdh – Regen". Zahlreiche der Programme laufen „live", da gibt es keine Korrekturen oder Zensur. So recht verstehe ich nicht, dass gerade die sogenannten Anchorleute, also die Sprecher bei ZDF und ARD, immer mit Blick auf Russland vom Staatsfernsehen sprechen, wo wir doch nun wirklich sehr gut wissen, dass dies bei den öffentlich-rechtlichen Programmen von ARD und ZDF der Fall ist. Gerade hier läuft ja das ab, was ich eingangs skizziert hatte. Und das ist natürlich kein

Wunder und auch nicht verwerflich, wenn man sich die Programmstruktur, vor allem vom ZDF, ansieht. Das bedeutet ja nicht, dass es nicht ausgezeichnete Sendungen gibt, ich denke an die Sendung „Aspekte" im ZDF, an „Kulturzeit" auf 3sat oder „Monitor" in der ARD – um nur einige zu nennen.

*FW: Wenn man Berichte zu Russland sieht, dann zeigen Kameras gerne die Weite, die Steppen und Feldwege in Dörfern. Unter dem Strich entsteht der Eindruck, Russland sei unterentwickelt. Wie schätzen Sie die wirtschaftliche Entwicklung Russlands ein?*

CG: Ich kann nur empfehlen, einmal auf einen Globus zu schaun. Dann erkennt man schnell, was in der russischen Dichtung mehrfach betont wird: Russland ist eigentlich kein Land, sondern ein Kontinent. Auch nach dem Zerfall der Sowjetunion hat es riesige Ausmaße und erstreckt sich über mehrere Klima- und Zeitzonen. Es reicht von Europa nach Asien und vom Pazifik bis zum Atlantik. Immer noch leben um die 100 Völkerschaften in Russland. Nebenbei: Der Westen sollte nicht vergessen, dass es in diesem ungeheuer großen Land bis 1990 keine größeren Konflikte gab. Und ein Völkergefängnis, wie manche uns weiszumachen suchen, war die Sowjetunion ebenfalls nicht. Wer diesen Eindruck zu erwecken sucht, der spricht die Unwahrheit. Und an ihr Ende gekommen ist die Sowjetunion nicht, weil es einen Aufstand der Millionen gegeben hat, sondern weil jene, die die Macht besaßen, in einem Hinterzimmer übereinkamen, sie aufzulösen. Aber zum Kern: Es ist klar, dass in einem solchen Land einzelne Regionen weiter entwickelt sind als andere. Und natürlich sind die Metropolen wie Moskau und St. Petersburg nicht mit Ortschaften und Regionen zu vergleichen, die an der Peripherie liegen. Aber mehrfach habe ich gehört, beweisen kann ich das nicht, dass es in den letzten Jahren unter Putin auch in den kleineren und ferneren Regionen vorwärts geht. Kurz bevor ich Moskau im Dezember verlassen habe, gab es in der Tverskaya rund um das Denkmal, des Moskau-Gründers Jurij Dolgoruki einen ungemein schönen Markt, auf dem sich die entfernten Regionen Russlands mit ihren Produkten, alten und neuen, vorstellten. Darunter waren nördliche Regionen Sibiriens oder mit Chabarowsk auch eine Region aus Fernost, nahe an der Grenze zu China.

*FW: Und was die Entwicklung in Russland betrifft?*

CG: Daher habe ich soeben auf Chabarowsk und Regionen in Sibirien verwiesen. Ich glaube, man muss Russland selbst bereisen. Dann wird man vielleicht sehen können, was sich seit etwa 2000 in dem Land verändert hat. Und das trifft nicht nur für die Metropolen zu. Diejenigen, die in der DDR groß geworden sind und früher in der Sowjetunion waren, die werden das Land nicht mehr wiedererkennen. Und das ist gut so. Schaut man auf Russland insgesamt, dann haben die Sanktionen natürlich dazu geführt, dass die

Entwicklung sich verlangsamt hat, aber gleichwohl geht sie nach meinem Eindruck stetig voran, insbesondere in der Landwirtschaft und in der Industrie. In einigen Bereichen haben die Sanktionen natürlich auch dazu geführt, die eigenen Kräfte zu mobilisieren und sich unabhängiger von Importen zu machen.

*FW: Sie sagen in Ihrer Einleitung zu diesem Band, dass in der DDR durchaus eine gewisse Überlegenheit gegenüber der Sowjetunion existierte und natürlich auch Abwehr. Ich erinnere, dass in der DDR jene Vorgänge zu Kriegsende, von denen Sie sprechen, lange Zeit auch in der Literatur kaum zur Sprache kommen konnten.*

CG: Genau, man denke an Werner Heiduczeks Roman „Tod am Meer", in dem erstmals das Thema der Vergewaltigungen eine Rolle spielte. Der damalige sowjetische Botschafter Pjotr Abrassimow wurde bei Erich Honecker vorstellig und protestierte. Und, wenn es um das Verhältnis zur Sowjetunion in der DDR geht, darüber sprachen wir ja, dann spielte natürlich der Einmarsch der Truppen des Warschauer Vertrages 1968 in der ČSSR eine Rolle. Aber das ändert nichts daran, dass es sehr viele persönliche Freundschaften gab und auch heute noch gibt. Die „Gesellschaft für deutsch-sowjetische Freundschaft", die DSF, hatte immerhin in der DDR über eine Million Mitglieder. Und selbst, wenn man ansetzt, dass viele nur formal beigetreten waren und ihren Beitrag entrichteten, so wurde die Freundschaft nicht zuletzt auch durch die Vermittlung von

Kenntnissen der russischen Literatur und Kultur, Generationen geprägt. Da gibt es einmal mehr deutliche Unterschiede zur Bundesrepublik, in der – ich sage das mit aller Zurückhaltung – eine gewisse Kontinuität in der Ablehnung des Russischen zu verzeichnen ist.

*FW: Wie ist das zu verstehen, was Sie gerade formulieren?*

CG: Im Dritten Reich gab es die Propaganda gegen das sogenannte „bolschewistische Judentum", das ist ein Thema für sich. Nach dem Ende des Zweiten Weltkrieges standen sich die ehemaligen Siegermächte schon bald in einem Kalten Krieg gegenüber. Den Kern bildete dabei das, was man Antikommunismus nennt. Den Kern dieses Feindbildes bildete die Sowjetunion als Führungsmacht. Da mussten Manche nicht wirklich umdenken. Übrigens, und dies ist in der Gegenwart vermutlich nur wenigen bekannt, gab es Mitte der 1950er Jahre in der Bundesrepublik Verfahren gegen Mitglieder der „Gesellschaft für deutsch-sowjetische Freundschaft", die als kommunistische Tarnorganisation galt. Die Angeklagten waren der Gesellschaft in der Kriegsgefangenschaft oftmals im Rahmen der antifaschistischen Arbeit beigetreten und nun nach der Heimkehr fanden sie sich mitunter vor Gericht wieder. Und wir wollen eines auch nicht vergessen, was natürlich in der DDR – ganz anders als in der Bundesrepublik – immer im Bewusstsein war: dass immerhin 27 Millionen Sowjetbürger Opfer eines deutschen Vernichtungskrieges gegen die Sowjetunion geworden sind. Und, wenn man das Schicksal der sowjetischen Kriegsgefangenen betrachtet, es wurden um die 3 Millionen umgebracht. Ich weiß, wovon ich rede, wir haben in Verbindung mit der Edition von Heinrich Gerlachs „Durchbruch bei Stalingrad" im Neubrandenburger Regionalmuseum eine Ausstellung zu „Deutsche Kriegsgefangene in der Sowjetunion und sowjetische Kriegsgefangene in Deutschland", insbesondere in Mecklenburg-Vorpommern, gezeigt. Von daher ist es schon mehr als problematisch, wenn die gegenwärtige Bundesregierung allem Anschein nach die Verantwortung, die sich aus den Verbrechen der Jahre 1933 bis 1945 auch und gerade gegenüber Russland ergibt, nicht mehr hinreichend präsent hat. Wie man angesichts dieser Geschichte erneut auf das von Nazi-Deutschland proklamierte Feindbild von der „Bedrohung aus dem Osten" kommt, ist mir ein Rätsel.

*FW: Sie sprechen selbst eines jener Klischees an, auf das wir eingehen wollten, die vermeintliche Bedrohung durch Russland und die Frage, wie friedliebend Russland ist?*

CG: Damit nähern wir uns einer der vielleicht bedrängendsten Fragen, in der Tat. Und sie macht es notwendig, den Blick auf beide Seiten zu werfen, den Westen und Russland. Auch dazu ist schon viel geschrieben worden. Es war u.a. Michail Gorbatschow, der in seinen Memoiren sein Unverständnis darüber geäußert hat, warum nach dem Ende des Warschauer Vertrages und der Systemkonfrontation nicht auch die NATO aufgelöst wurde. Es existierte doch die Bedrohung aus dem Osten nun nicht mehr. Aber was geschah stattdessen? Ab 1997 unter dem USA-Präsidenten Bill Clinton gab es Angebote an die früheren Staaten des Warschauer Vertrages, ja sogar an ehemalige Unionsrepubliken, Mitglieder der NATO zu werden. Und aus dem Angebot wurde schon bald Realität. Der Reihenfolge nach kamen folgende Staaten in das Militärbündnis: Polen, Tschechien, Ungarn. Danach Estland, Lettland, Litauen, Rumänien, Slowakei, Slowenien. Schließlich folgten Kroatien und Albanien. Auf der Warteliste und von den USA massiv unterstützt, stehen nun mit der Ukraine und Georgien weitere frühere Sowjetrepubliken. Mit einer neuen Sicherheitsordnung hat dies nichts zu tun, und auch in den USA hat es in den 1990er Jahren Kritik an dieser Politik gegeben. Sie wurde von US-Senatoren als „politischer Irrtum" bezeichnet. Die Osterweiterung der NATO rund um Russland ist also keine Fiktion.

Putin hat seit 2004 mehrfach darauf verwiesen, welche Probleme sich daraus ergeben. Die Beteuerung, dass die NATO doch lediglich der Verteidigung dient und Sicherheit garantiert, erscheint wenig plausibel, wenn man sich die letzten 20 Jahre ansieht. Denken wir nur an die völkerrechtswidrige Bombardierung Belgrads oder das, was im Irak angerichtet wurde und wie man den Einmarsch in den Irak begründete. Inzwischen hat eine eigens eingerichtete Kommission belegt, dass es sich bei der Intervention gegen den Irak um ein Kriegsverbrechen handelt. Die Folgen sehen wir: Der Krieg hatte mit Anteil an der Destabilisierung einer ganzen Region.

*FW: Nun gibt es wiederholt die Aussagen, dass Russland der NATO überlegen ist und permanent aufrüstet.*

CG: Ja, die Behauptung, Moskau würde militärisch der NATO überlegen sein und daher eine Gefahr darstellen, ist die Grundlage für eine weitere Aufrüstung. Nun gibt es bekanntlich die Auffassung, dass der Real-Sozialismus auch deshalb an sein Ende gekommen ist, weil die USA mit Ronald Reagan die damalige Sowjetunion in eine Art Rüstungswettlauf gezwungen haben, den sie nicht gewinnen konnte. Eine solche Strategie scheint mir für die Gegenwart ausgesprochen gefährlich, zumal man sich die Frage stellen muss, wo die wirklichen Gründe für die neue Konfrontation liegen? An den unterschiedlichen Ideologien kann es doch nicht liegen, oder? Russland ist kein kommunistisches Land mehr. Es funktioniert nach Prinzipien der Marktwirtschaft, so wie dies weltweit der Fall ist. Aber nochmal zur vermeintlichen Überlegenheit: Im „Spiegel" (43/2017), der nicht dafür bekannt ist, russlandfreundlich zu sein, fand sich vor einigen Monaten eine aufschlussreiche Darstellung. Auf den Beitrag hat mich übrigens ein amtierender Oberbürgermeister aufmerksam gemacht. Danach verfügt die NATO über eine Truppenstärke von über 3 Millionen, Russland über etwa 800.000, die NATO hat 9.800 Kampfpanzer, Russland 3.000. An Kampfflugzeugen verfügt die NATO über 6.100, Russland über 1.900. Man kann das weitertreiben und sich die Militärstützpunkte weltweit ansehen oder die Flugzeugträger, die atomar betrieben werden.

Wie da von einer Bedrohung durch Russland die Rede sein kann, vermag ich nicht nachzuvollziehen. Als ich mich mit genau der Frage, die Sie mir gestellt haben, an einen russischen Bekannten gewandt habe, hat der mir so geantwortet: „Russland bedroht kein Land, weil es selbst zu groß und selbstgenügsam ist. Alle Militärmanöver laufen im eigenen Land, wenn mitunter auch an den Grenzen, und sie sind Antworten auf die Bedrohung aus dem Westen. So sehen das hier die russischen Bürger." Auf Grund seiner Geschichte wäre es aus meiner Sicht wichtig, dass gerade Deutschland ausgleichend wirkt und auf einen Dialog setzt. Das ist – soweit ich das übersehen kann – nicht der Fall. Da spielen nicht nur aktuelle, sondern auch frühere Politiker keine gute Rolle.

*FW: An wen denken Sie da konkret?*

CG: Ich habe vor kurzem Interviews mit Herrn Fischer gelesen, die über ein Wochenende in der Tageszeitung „Die Welt" abgedruckt waren. Gewissermaßen als Publicity für ein neues Buch, das von Fischer erscheint. Einmal ganz abgesehen davon, dass sicher vor einigen Jahren in „Der Welt" kein Wochenende mit Herrn Fischer gefüllt worden wäre und man zu zahlreichen seiner Einlassungen keine Kommentierungen geben kann und möchte, weil sie schlichtweg ahistorisch sind, eines fand ich schon bemerkenswert. Joseph Fischer, der einmal Außenminister in der Rot-Grünen Bundesregierung war, notiert dort in der ihm eigenen Sprache, dass Adenauer es gewesen sei, der endlich Schluss gemacht habe mit dem „Schwanken unseres Landes zwischen Ost und West". Ich will das jetzt mal so stehen lassen. Und er notiert dann: „Die Hinwendung zu Russland hat nie funktioniert. Das wird nur Unheil bringen."

Was soll man davon halten? Als Garant eines ewigen Friedens sieht Fischer die USA, auch in Fragen der „nuklearen Proliferation", also der Waffenverbreitung. Und er begründet dies so: „Einfach weil sie aufgrund ihrer großen Erfahrung als erste und große Nuklearmacht und ihres globalen Einflusses immer ein Garant für Sicherheit waren." Ich weiß nicht, wie ich das nennen soll. Man wird bei solchen Aussagen fast in die Rolle eines Zynikers gedrängt und möchte sagen: „Ja, Herr Fischer, Hiroshima und Nagasaki, also die ersten Atombombenabwürfe, das sind schon ‚Erfahrungen'." Und wer böswillig sein will, der fügt gleich noch die „Erfahrungen" von Vietnam mit dem Einsatz von chemischen Kampfstoffen oder das Massaker von My Lai hinzu. Es sind dies Ereignisse gewesen, die für die sogenannten „68er", zu denen Fischer sich zählt, eine aufstörende Rolle gespielt haben. Aber, damit ich nicht falsch verstanden werde: Ich bin in den letzten Jahren vielleicht 20 Mal in den USA und Kanada gewesen, ein Semester in Calgary und zuletzt 2017 an der Universität Cornell, und ich habe in Nordamerika Freunde. Ich pflege also in keiner Weise Ressentiments gegenüber den USA. Aber viele Bekannte und Freunde würden wohl mit Blick auf die Rolle der USA nach 1945 kritischer sein als Herr Fischer. Aber die arbeiten auch nicht für die Beraterfirma der ehemaligen US-Außenministerin Madeleine Albright.

*FW: Befinden wir uns mit den von Ihnen geschilderten Entwicklungen wieder im Kalten Krieg der 1980er Jahre, also im Gleichgewicht des Schreckens?*

CG: Auf den ersten Blick könnte man das glauben. Denn was in den letzten Monaten an Behauptungen in den Leitmedien und der Politik gegenüber Russland kursiert, ist schon mehr als grenzwertig. Nimmt man die Behauptungen, die da seit Monaten Tag für Tag aufgestellt werden, dann hat man fast den Eindruck, es ist noch schlimmer. Im Angesicht eines Gleichgewichts des Schreckens war man auf beiden Seiten mit gegenseitigen Schuldvorwürfen zurückhaltender, scheint mir fast. Nimmt man die Vorwürfe der letzten Monate, könnte man glauben, man ist in einem Roman. Aktuell ist Russland verantwortlich für Hacker-Angriffe in den USA oder auf den Bundestag, Russland ist es zu danken, dass Trump die Wahl gewonnen hat, und vor der Wahl des Bundestages wurde immer wieder in großen Beiträgen darüber berichtet, dass es Eingriffe der Russen in die Wahl geben könne. Die Spirale geht immer weiter, mit der Skripal-Geschichte ist ein neuer Höhepunkt erreicht. Aber, und das sollte man betonen, permanent und seit Monaten, wird im Konjunktiv gesprochen: „Russland könnte", „vermutlich hat Russland", „es ist anzunehmen, dass Russland", „mit hoher Wahrscheinlichkeit ist Russland" usw. usw. Es gibt keinerlei Beweise, bislang jedenfalls nicht. Und in der Skripal-Affäre, da reicht der Umstand, dass das Nervengift wahrscheinlich aus Beständen der früheren Sowjetunion kommt. Auf dieser Grundlage, man stelle sich das vor, werden russische Diplomaten ausgewiesen! Vermutlich brauchte Frau May ein Thema, um von den Folgen des Brexits abzulenken und durch die solidarische Reaktion der übrigen Länder des Westens vielleicht doch noch aus der Brexit-Falle herauszukommen. Vermutungen freilich. Aber, um Ihre Frage zu beantworten: Eigentlich sind die 1980er Jahre nicht mit der Gegenwart zu vergleichen, denn damals gab es ja in der Tat zwei sich in Konfrontation gegenüberstehende Weltsysteme, das ist heute nicht der Fall. Daher ist irritierend, wenn man deutsche Zeitungen aufschlägt und einen Ton angeschlagen sieht, von dem man glaubte, dass es ihn so nie wieder würde geben können.

*FW: Wie sieht das, sofern Sie davon Kenntnis haben, der sogenannte normale Bürger in Russland?*

CG: Der normale Bürger in Russland, selbst der, der

Wladimir Putin gegenüber kritisch eingestellt ist, fasst sich vermutlich an den Kopf und unterstützt den russischen Präsidenten. Verstehen Sie mich nicht falsch, ich kann hier immer nur von meinen persönlichen Begegnungen berichten. Aber lassen Sie mich aus einer Antwort zitieren, die ich auf eine ähnlich gelagerte Frage bekommen habe. „Es war doch kein Zufall, dass der Name des in Russland längst vergessenen Ex-KGB-Mitarbeiters vor wenigen Wochen wieder ans Tageslicht gezogen wurde, und ein paar Wochen später wird er vergiftet, und dies im Städtchen nahe dem Chemiegifte-Zentrum", schreibt ein Bekannter. Und er fährt fort: „Und am gleichen Tage werden die Russische Föderation und Putin beschuldigt, mit dem Beweis ‚höchstwahrscheinlich', ‚wer denn sonst?' Und am nächsten Tag wird die Ermittlung unter ‚top secret' versteckt."

Übrigens gibt es in dieser Hinsicht schon etliche Witze. Und Witze sind bekanntlich Ausdruck einer gewissen Volksweisheit. Wir kennen das aus der DDR und den unendlich vielen Ulbricht- oder Honecker-Witzen. Nur deshalb zitiere ich jetzt mal zwei der aktuellen: Beispiel 1: „Höchstwahrscheinlich – highly likely – wird der nächste Spion in London von einer Balalaika erschlagen!" Beispiel 2: „Ruft Frau Ministerpräsidentin Theresa May den Putin an: ‚Wladimir, ich bin höchst empört! Ihre Leute haben versucht, bei uns den Spion Skripal umzubringen.' Darauf Putin: ‚Theresa, wie meinen Sie? Haben sie es versucht oder haben sie ihn umgebracht?' Mays Antwort: ‚Sie haben es versucht!'. Putins Reaktion: ‚Dann sind die Leute nicht von mir!'" Eigentlich sind die Vorgänge, über die wir hier sprechen, viel zu ernst, um darüber Witze zu machen. Das verbietet sich. Aber Sie haben nach Reaktionen in Russland unter sogenannten Normalbürgern gefragt.

*FW: Kommen wir zur letzten Frage: Es geht um die Ukraine und die Krim. Wurde die Krim von Russland erobert und sehen sich insbesondere die baltischen Staaten zurecht bedroht?*

CG: Lassen Sie mich mit der letzten Teilfrage beginnen, jener danach, ob und warum sich die baltischen Staaten von Russland bedroht sehen. Ich muss vorausschicken, dass ich hier nicht wirklich aus eigener Erfahrung sprechen kann. Allerdings kenne ich Estland insofern recht gut, als ich dort während des Studiums zweimal für eine längere Zeit gewesen bin, dort also studiert habe. Das war Mitte der 1970er Jahre und auch Anfang der 1980er Jahre, dann schon als Mitarbeiter, war ich dort. Ganz konkret in Tallinn. Nach Tartu wäre ich damals ungeheuer gern gefahren, denn dort saß Jurij M. Lotman, einer der für mich wichtigsten und klügsten Köpfe in der Literaturwissenschaft. Aber Tartu war damals Sperrgebiet, da kam man als Ausländer nicht rein. Das alles ist freilich lange her. Aber ich weiß natürlich, dass das Verhältnis der Esten zu den Russen nicht einfach war und Distanz vorherrschte. Und das ist sehr freundlich formuliert. Von einer Diskriminierung der Esten habe ich damals keine Kenntnis bekommen. Und ich würde auch sagen, es gab sie nicht. Mit dem Ende der Sowjetunion, das wird mitunter vergessen, wurden dann von einem Tag auf den anderen in vielen der ehemaligen Sowjetrepubliken, die sich nunmehr als neue Nationalstaaten konstituierten, frühere Sowjetbürger zu Ausländern. In Lettland etwa verloren selbst in multiethnischen Familien, in denen die Mutter Lettin und der Vater Russe war, der Vater und sämtliche Kinder ihren Status als Bürger Lettlands und wurden zu Nicht-Bürgern. Nicht-Bürger sind zwar nicht staatenlos, aber sie können in Lettland nicht Staatsbeamte werden und besitzen auch kein passives und aktives Wahlrecht. Auch das Russische ist als Amtssprache außer Kraft gesetzt worden. Was dies in der Praxis bedeutet, kann sich jeder ausrechnen.

Ich selbst habe eine Bekannte, deren Vater in der lettischen Unabhängigkeitsbewegung aktiv war, als Russe. Nach dem Ende der Sowjetunion spielte dieser Einsatz keine Rolle mehr, und er wurde zum Nicht-Bürger. Der Vater ging nach Russland, und die Familie zerbrach. Ich bin mir nicht sicher, ob von diesen Entwicklungen in Deutschland viel bekannt ist. Und in Hinblick auf die Bedrohung: Die baltischen Staaten sind Mitglieder der NATO. Ein berechenbarer Politiker und Stratege wie Wladimir Putin weiß das. Allein von daher halte ich die ins Feld geführte vermeintliche Bedrohung für nicht gegeben.

*FW: Kommen wir auf Ukraine und Krim zu sprechen.*

CG: Damit sind wir – wie eigentlich bei allen von Ihnen angesprochenen Klischees bzw. Fragen – bei einer hochkomplexen Problematik, die es notwendig machen würde, in die Geschichte zu gehen. Es ist bekannt, dass zur Ukraine und zur Krim Völkerrechtler unterschiedlicher Auffassung sind. Die einen bewerten das als Annexion, die anderen als Sezession. Als Literaturwissenschaftler trete ich nicht an, um moralische Bewertungen abzugeben. Meine Profession besteht darin, Texte und Prozesse zu beschreiben und ihnen nach Möglichkeit analytisch beizukommen. Dies ist im Fall der von Ihnen angesprochenen Fragen schwer genug. Ich lasse jetzt einmal die ganze Entwicklung hin zum Maidan aus und auch jene Vorgänge um das Blutbad auf eben diesem Maidan im Februar und März 2014. Die Entwicklungen auf der Krim hängen natürlich damit zusammen: Die Krimer Rada, also das Parlament auf der Halbinsel Krim, hat nach dem Sturz des in der Tat ausgesprochen umstrittenen Präsidenten Janukowitsch zu einem Referendum aufgerufen. Es gab Proteste der krimtatarischen Bevölkerung, die etwa 3 % der Bevölkerung ausmachen, davon war die Hälfte gegen die Umfrage.

Um die 96 % der Wähler auf der Krim stimmten mit „Ja", sie befürworteten also eine „Rückkehr" nach Russland. Wenn man ein wenig in die Geschichte zurückblickt, dann war es Nikita Chruschtschow, der 1954 die Halbinsel samt ihren Bürgern – damals waren

über 90 % russischer Abstammung – den Kommunisten der Ukrainischen Sozialistischen Sowjetrepublik
gewissermaßen geschenkt hat. Die Empörung damals
war groß, davon hat man freilich im Ausland nicht
viel mitbekommen. Chruschtschow soll das damals
damit begründet haben, dass es doch egal sei, wozu
die Krim gehört. „Wir sind doch ein Land und ein
Volk, das Sowjetvolk." Nach dem Zerfall der UdSSR
Anfang der 1990er Jahre habe, so ist überliefert, der
damalige Parteichef und erste Präsident der Ukraine,
Leonid Krawtschuk, im Nationalpark „Beloweshskaja
Puschtscha" – der liegt heute in Weißrussland – Jelzin mehrfach gefragt: „Und, was machen wir mit der
Krim, die ist doch russisch?" Jelzin sei angetrunken
gewesen und die Antwort fiel so aus: „Die kannst Du
behalten, wir brauchen die nicht! Sind auch ohne die
viel zu groß!" Die Krim protestierte umgehend und
erhielt kurz danach als erste Region ihre Autonomie.
Die Folge: 25 Jahre lang wurde die Krim durch
Kiew vernachlässigt. Es wurde so gut wie nichts dort
getan, kaum etwas saniert und wenig investiert. Ich
habe einen russischen Freund, der lieber heute als
morgen Putin abwählen würde, aber in einem ist er
sich mit Putin-Fürsprechern in jeder Hinsicht einig:
„Die Krim", sagt er, „ist in den letzten Jahrzehnten in
schlimmster Weise heruntergekommen. Es ist dort
nichts, absolut nichts getan worden." Und er verweist
auf schlimmste Fälle von Prostitution und Menschen-
handel. Nur die Küste am Schwarzen Meer wurde

von den Oligarchen aus Kiew billig aufgekauft und be-
baut. Dem ukrainischen Oligarchen Igor Kolomojsky
gehörten allein fast 35 Hotels und Sanatorien sowie
18 Tankstellen. Und die Entscheidungen des ukrainischen Präsidenten, Poroschenko, die ja dann auch zu
den Entwicklungen in der Ostukraine führten, waren sicher wenig glücklich.

*FW: Woran denken Sie?*

CG: Herr Poroschenko, so mein Eindruck, pflegt eine
etwas martialische Sprache und tritt bevorzugt auch
in Militärkleidung auf. Er ist ein Oligarch, der sein
Geld nicht nur mit Schokolade verdient, sondern mit
Waffenhandel. Nebenbei ist er Präsident der Ukraine.
Und wie soll man das finden, wenn er in aggressiver
Rede davon spricht, die „prorussischen Separatisten"
zu zerschlagen. Egal, wie man sie sieht. Zunächst mal
sind das Bürger der Ukraine, deren Präsident Poroschenko ist, oder? Es muss einen ebenfalls bedenk-
lich stimmen, wenn der Präsident eines Landes, in
dem ein hoher Prozentsatz von Bürgern lebt, für die
Russisch die Muttersprache ist, Russisch als Amtssprache verbietet. Welche Folgen soll denn so etwas
für die russischsprachige Bevölkerung im Osten des
Landes haben? Es war dies ja ein Problem, das sich in
ähnlicher Weise auf der Krim stellte. Und die letzten
Präsidentschaftswahlen geben zumindest eine Art
Stimmungsbild ab und zeigen das Votum der dortigen Bevölkerung.

*FW: Wie waren eigentlich die Ergebnisse der Wahlen auf der Krim?*

CG: Bei der letzten Wahl haben auf der Krim 90 % der Wähler für Putin gestimmt, in Sewastopol waren es 91 %. Warum? Russische Bekannte verweisen darauf, dass die Krimer mit der gegenwärtigen Situation absolut zufrieden sind. Sie haben drei Nationalsprachen, die staatlich anerkannt wurden: Russisch, Ukrainisch und Krim-Tatarisch. Die neue Brücke für Autos und Züge in Kertsch wird in diesem Jahr zu Ende gebaut. Soweit ich weiß, gab es eine Blockade, die Strom und Wasser betraf, die der ukrainische Präsident verfügt hatte. Ich habe erfahren, dass diese Blockade keine Ergebnisse gebracht hat, aus Russland wurden Wasser- und Stromleitungen neu verlegt. Ein Krim-Kenner sagte mir: „Endlich bekommen die Rentner ihre Rente regelmäßig, was früher nicht der Fall war. Die Strände sind wieder offen für alle." Aber ich tue mich hier schwer mit Beschreibungen der Lage, denn freilich beruhen meine Einschätzungen, anders als dies in Moskau der Fall ist, nur auf Informationen. Ich war nicht auf der Krim. Es bleiben viele Fragen, auch die Ukraine und den Maidan betreffend, zweifellos.

*FW: Einverstanden, und welche Fragen wären das?*

CG: Lassen Sie mich einen ausgewiesenen Kenner Russlands zitieren, den Osteuropahistoriker Jörg Baberowski, der für sein großartiges Buch „Verbrannte Erde" über „Stalins Herrschaft der Gewalt" 2012 den

Preis der Leipziger Buchmesse erhalten hat. Jörg Baberowski verweist mit Blick auf die konflikthafte Entwicklung in der Ukraine darauf, dass Historiker die „ärgsten Feinde" der Nationalisten sind, hier wie da, weil sie die verbreiteten Mythen widerlegen, indem sie Fragen stellen und wissen wollen, „wie es eigentlich gewesen ist". Und er zählt dann eine Reihe solcher Fragen auf, die zu beantworten wichtig wäre:

*„War der Moskauer Großfürst, der 1169 Kiew überfiel ein Russe und die Bewohner Kiews Ukrainer? Wer denkt sich einen solchen Unsinn aus? Gab es eine ukrainische Nation, als Zar Peter die Residenz der Kosaken verwüstete? Wollten die Bauern des 19. Jahrhunderts Ukrainer sein? Und wussten sie, was ein Ukrainer war und wie man sich in einen solchen verwandelte? Wurden denn die Kosaken nicht auch deshalb von den Kommunisten verfolgt, weil sie dem Zaren geholfen hatten, revolutionäre Erhebungen niederzuschlagen? Warum ließ Stalin, der Georgier war, nicht nur Ukrainer, sondern auch Russen, Polen und Juden töten und nach Sibirien verschleppen, fragen Sie? Warum verhungerten in der Ukraine des Jahres 1933 nicht nur Ukrainer, sondern auch deutsche, russische und polnische Bauern? Müsste man nicht auch über die Ukrainer sprechen, die als Kommunisten Bauern terrorisiert und Landsleute getötet hatten? Waren nicht auch die Täter Teil einer multinationalen Gemeinschaft? Denn die kommunistische*

*Gewalt wurde nicht nur von Russen verübt, es war überhaupt kein russisches, sondern ein bolschewistisches Projekt. War die Sowjetunion nach dem Tod Stalins wirklich ein Völkergefängnis? War sie nicht vielmehr ein erfolgreiches Modell interethnischer Konfliktbewältigung? Kann man sich die Ukraine überhaupt als Nation ohne das Imperium vorstellen und war sie nicht auch ein imperiales Projekt und ein Kind der Sowjetunion?"*

Marcel Reich-Ranicki hat das „Literarische Quartett" immer mit einem abgewandelten Zitat aus Bertolt Brechts „Der gute Mensch von Sezuan" beendet: „Und so sehen wir betroffen / Den Vorhang zu und alle Fragen offen."

Aber auch hier verbietet sich eine gespielte Lockerheit. Die Situation ist zu ernst. Doch, wer eine Antwort auf die genannten oder andere Fragen findet, der wird sicher zurückhaltender sein, wenn es um „einfache Wahrheiten", Schwarz-Weiß-Zeichnungen oder Schuldzuweisungen geht. Vielleicht kann es einen Konsens dahingehend geben, dass es wenig Sinn hat, weiter an einer Spirale der Konfrontation zu drehen. Jedenfalls ist dies wohl eher nicht im Interesse Deutschlands, und von daher wäre es aus meiner Sicht angeraten, alles zu tun, um sich im Dialog zu verständigen. Dies freilich setzt voraus, und ich wiederhole mich da gerne, „die andere Seite mit ihren eigenen Augen" zu sehen.

## ODER „DAS VERGANGENE IST NICHT TOT, ES IST NICHT EINMAL VERGANGEN"

Kurz nach dem Erscheinen der Edition von Heinrich Gerlachs „Durchbruch bei Stalingrad", davon war in der Einleitung dieses Bandes die Rede, erhielt ich die Anfrage von Frank Vorpahl von ZDF-Aspekte, ob ich mir vorstellen könne, gemeinsam nach Wolgograd zu fahren, um für einen Beitrag zu dem Roman und seiner Geschichte zu drehen. Nach einer kurzen Überlegung sagte ich natürlich zu. Anfang April ging es los, mit Zwischenstation in Moskau. Frank Vorpahl war bereits einige Tage vorher gestartet, um Beitrag und Dreharbeiten vor Ort akribisch vorzubereiten. Tobi Schlegel, der den Beitrag moderieren würde und ich kamen dann gemeinsam in Wolgograd an.

Vor Ort wurde mir einmal mehr die Dimension des Geschehenen bewusst, viel stärker als ich dies geahnt hatte. Es ist das Eine, theoretisch mit der Geschichte des Zweiten Weltkrieges und der Schlacht um Stalingrad beschäftigt zu sein, es ist etwas Anderes, vor Ort und noch nach 70 Jahren beständig die Spuren eines von Hitler-Deutschland begonnenen Vernichtungskrieges gen Osten wahrnehmen zu müssen. Etwa den Umstand, dass noch heute Gefallene aus der Erde geborgen werden und behutsam nach Nationalität getrennt links und rechts der Straße auf den Friedhöfen beigesetzt werden, mit einem Namensschild, sofern die Identität festzustellen ist. Und des Öfteren erinnere ich mich auch heute noch an die Trauer der russischen Dolmetscherin, die nicht verstehen konnte, warum die deutsch-russischen Beziehungen seit 2015 immer schlechter geworden sind. „Es kommen kaum noch Gruppen von jungen Leuten aus Deutschland, die früher jedes Jahr bei der Betreuung und Instandsetzung der Gräber gemeinsam mit Gleichaltrigen aus Russland gearbeitet haben", sagte sie. Gut konnte ich das nicht finden.

Zur Vorbereitung für die Aspekte-Sendung im ZDF waren wir sämtliche Stationen von Heinrich Gerlach durchgegangen und hatten die im gesendeten Beitrag dann auch eingeblendet, angefangen mit der Hypnose in der Praxis von Dr. Schmitz in München und dem nachfolgenden Sensations-Bericht in der Illustrierten „Quick" vom 26. August 1951. Die Schlagzeile, die sich den Lesern in großen Lettern darbot, lautete damals: „ICH WEISS WIEDER WAS WAR...". Der Untertitel lüftete dann das grandiose Geheimnis: „Rußland-Heimkehrer erhält durch Hypnose-Behandlung sein Gedächtnis zurück."

Eingeführt wurde die Reportage mit dem Verweis auf die Gefangennahme bei Stalingrad, die Odyssee durch russische Gefangenenlager und das Verwischen der Erinnerungen an das Trauma von Stalingrad nach der Rückkehr. In einem weiteren Teil des

Aspekte-Beitrags spielte natürlich der Fund des Ur-
manuskriptes von „Durchbruch bei Stalingrad" im
Moskauer Archiv eine Rolle. Das Cover, dann die Seiten, an denen Heinrich Gerlach immer wieder korrigiert hatte und schließlich Heinrich Gerlachs Zusammenarbeit mit den deutschen Exilkommunisten im
Nationalkomitee „Freies Deutschland".

Als wir nun darangingen, aus den Moskauer Tage-
buchaufzeichnungen 2017 ein Buch zu machen, entstand die Idee, wenigstens einige der Dokumente dieser einzigartigen Geschichte um Heinrich Gerlach
und die verheerende Schlacht um Stalingrad dem
Epilog des Bandes beizugeben, ohne Kommentierung. Warum? Vielleicht findet sich der eine oder die
andere, die einmal selbst Heinrich Gerlachs Romane
lesen wollen und die damit die Erinnerung an ein Kapitel deutscher Geschichte wachhalten, das nicht aus
dem Gedächtnis fallen darf, denn das „Vergangene
ist nicht tot, es ist nicht einmal vergangen" (Christa
Wolf). Es wäre dies ganz im Sinne von Heinrich Gerlach, dem es darum ging, „Zeugnis im Namen der Toten" abzulegen!

Schließlich zeigt sich die viel beschworene Mün-
digkeit von Bürgerinnen und Bürgern auch darin,
dass man sich mit den oftmals vermittelten „einfachen
Wahrheiten" eben nicht abfindet, sondern „unter die
äussere Kruste des Gewesenen" (Uwe Johnson) zu
kommen sucht. Nicht zuletzt der deutsch-russischen
Geschichte gestern und vor allem heute!

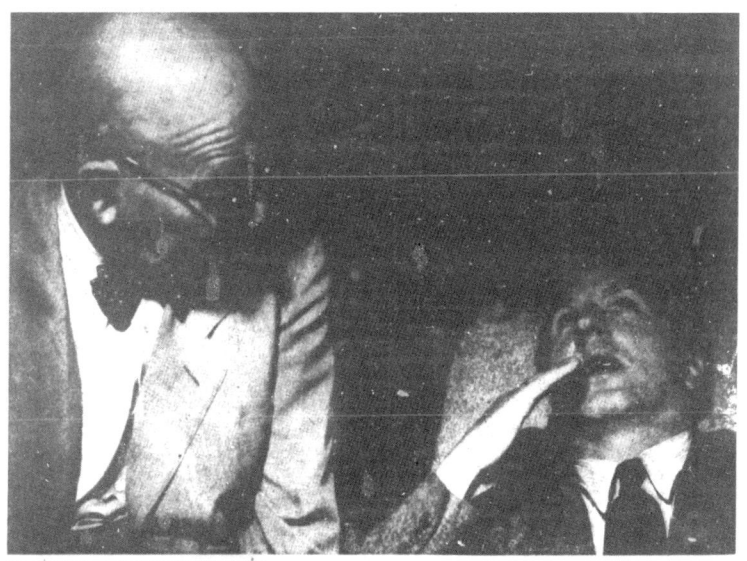

# ICH WEISS WIEDER WAS WAR...

### Rußland-Heimkehrer erhält durch Hypnose-Behandlung sein Gedächtnis zurück

Leutnant Heinrich Gerlach wird im April 1950 aus russischer Kriegsgefangenschaft entlassen (Bild links). Im achten Jahr nach seiner Gefangennahme bei Stalingrad, nach Jahren in russischen Kriegsgefangenenlagern, die ihn zermürbt haben, kehrt er in seine Heimat an der Weser zurück. Wie ein grauer Schleier sind ihm die Jahre der Gefangenschaft, immer undeutlicher verschwimmen die Bilder. Ineinander gleiten die Ereignisse, die Jahre, die Landschaften. Verwischen sich. Wie war es doch? Er weiß es nicht mehr. Da erreicht ihn der Brief eines Kameraden. In dem von einem Manuskript die Rede ist, das er von Gerlach bei seiner Entlassung mitbekommen habe. Er habe es der Frau des Kameraden nicht übergeben können. An der Grenze sei ihm der Roman, ein Packen Blätter von ein paar hundert Seiten, abgenommen worden. Gerlach erinnert sich. Ja — ein Manuskript über die Tage von Stalingrad. Er hat es sich in der Gefangenschaft von der Seele geschrieben. Aber wie war das alles? Wochenlang grübelt er, die Erinnerung kommt nicht wieder, die Erlebnisse kehren nicht mehr zurück. Er ist verzweifelt. In seiner Not wendet sich der Heimkehrer Gerlach an die Redaktion QUICK. Er hatte im Oktober 1950 in unserer Zeitschrift die Reportage „Der unbewußte Auftrag" des Münchner Hypnose-Arztes Dr. Schmitz gelesen. An diese letzte Hoffnung, die ihm bei der Lektüre gekommen war, klammert sich Gerlach nun. Auf die Einladung von QUICK kommt er nach München, und in dreiwöchiger Behandlung (Bild oben) versucht sich der Arzt an das Wunder: Die Jahre, die in den Abgrund des Vergessens gesunken sind, tauchen wieder auf! In erregten Ausbrüchen, die der Arzt oder seine Assistentin mitschreiben, in ersten eigenen Aufzeichnungen, die Gerlach im Hypnosezustand selbst aufs Papier kritzelt, kehren die Erlebnisse zurück, bauen sich zweifelnd allmählich einzelne Szenen und Kapitel des Romans. Über die dunkle Schlucht vorlorenen Jahre spannt sich von neuem die Brücke des Bewußtseins. — Nach drei Wochen kehrt Heinrich Gerlach in seine Heimat zurück und schreibt sich nun zum anderenmal die Erlebnisse von Stalingrad von der Seele.

*Fortsetzung* ➡

*Sensationsbericht in der Illustrierten „Quick"*

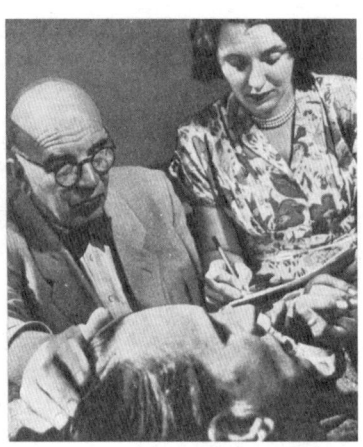

*Bericht in der „Frankfurter Illustrierten"*

*Cover der Urfassung von Heinrich Gerlachs „Durchbruch bei Stalingrad"*

kennen. Russische Gefangene haben von einer Panzerarmee gesprochen, die dort liegen soll. Das kann stimmen, kann auch nicht stimmen. Wenn es stimmt, dann ist das sehr schlecht für uns, Herr Kamerad! Wir haben, wissen Sie, keine schweren Waffen, und unsere Leute sind müde..".

Nachdenklich blickte er an der Wand hinauf, wo aus schweren Rahmen die Köpfe des jungen Königs Michael und des Marschalls Antonescu bewußt in die Welt schauten.

" Deswegen sind wir ja hergekommen, Herr Hauptmann," erwiderte Breuer und zündete sich eine der angebotenen türkischen Zigaretten an. "Wir haben genug schwere Waffen und auch Panzer mit."

" Ich weiß das, Herr Kamerad. Wann werden Ihre Truppen bereit stehen?"

" Nun, ich denke, in einigen Tagen!"

Der Hauptmann goß aus einer Flasche in zwei dünnhalsige Likörgläser und machte eine einladende Handbewegung.

" Bitte, Herr Kamerad, Sie müssen sich erwärmen! Es ist richtiger 'Riica'."

Er hob das Glas gegen das Licht und leerte es genießerisch in kleinen Schlucken.

" Es wäre gut," meinte er bedächtig, "wenn Ihre Einheiten sich beeilen würden. Wir haben den russischen Angriff schon am 5. November erwartet. Aber er ist nicht gekommen."

" Passen Sie auf, Herr Hauptmann," erwiderte Breuer zuversichtlich, "er wird überhaupt nicht kommen!"

" Wir wollen das hoffen, Herr Kamstadt?"—

Weiter vorn, beim um einer der rumänischen Infanteriedivisionen, die vor Kletskaja lagen, wurde Breuer von dem deutschen Verbindungsoffizier empfangen. Der schien sich das schöne violette Kreuz auf der Brust sauer verdient zu haben.

"" Ich sage Ihnen, ein Saustall!" sprudelte er hervor. "Da sitzen sie und pinseln den ganzen Tag an ihren Karten herum. Aber von vernünftiger Aufklärung keine Spur! Nichts als Gerüchte und Parolen! Die Offiziere lümmeln sich im Kampo herum und saufen und fressen den Soldaten die Rationen

Korrekturen von Heinrich Gerlach an der Urfassung

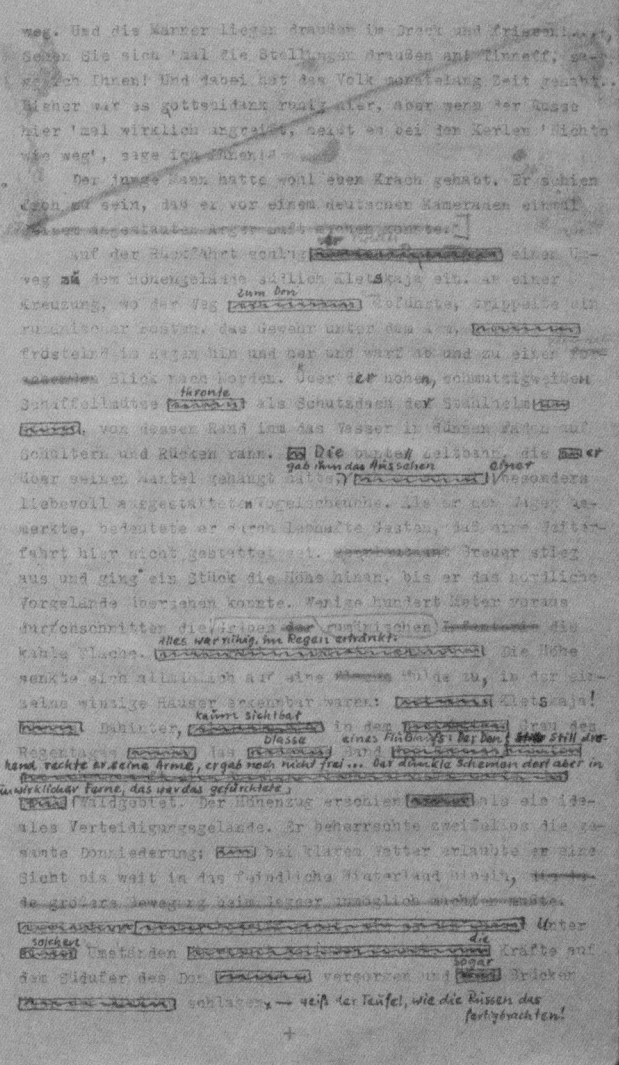

*Korrekturen von Heinrich Gerlach an der Urfassung*

Справа налево – ЛАТТМАНН, ПАУЛЮС, В.ПИК, фон ЗАЙДЛИТЦ /слева/.
На прогулке.

Der Präsident des BDO General Walther von Seydlitz und Erich
Weinert (links) zusammen mit General Lattmann, Generalfeld-
marschall Paulus und dem KPD-Funktionär Wilhelm Pieck (von
rechts) im Garten des Lagers Lunjowo bei Moskau 1944

На заседании учредительного собрания "Союза немецких офицеров".
Президент Национального Комитета "Свободная Германия" Эрих ВАЙНЕРТ
приветствует основание "Союза немецких офицеров".
За столом президиума /слева направо/: майор ЛЕВЕРЕНЦ, полковник
ВАН-ГУВЕН/ член президиума "Союза" и генерал артиллерии Вальтер
ЗАЙДЛИТЦ, президент "Союза", вице президент Национального Комитета.

Rede von Erich Weinert bei der Gründung des Bundes Deutscher
Offiziere (BDO) am 11./12. September 1943

Mein Dank gilt an erster Stelle meinen russischen Studentinnen und Studenten, von denen ich während meines Moskau-Aufenthaltes viel gelernt habe. Ohne den Austausch mit meinen russischen Freunden und Bekannten wäre dieser Band nicht entstanden. Mein Dank gilt stellvertretend Sascha, Wlad und Sergej. Der Staatlichen Landesuniversität Moskau (MGOU) und ihrem Rektor, Prof. Dr. Pavel Chromenkov, danke ich für die Einladung und den Mitarbeiterinnen und Mitarbeitern des Akademischen Auslandsamtes für die Unterstützung. Mein Dank gilt dem Deutschen Akademischen Austauschdienst (DAAD) für die Förderung und der Deutschen Botschaft in Moskau für die Gastfreundschaft, die Einladungen zu Veranstaltungen und anregende Gespräche.

Mein besonderer Dank gilt Dr. Frank Wilhelm von der Nordkurier Mediengruppe, der das Projekt angeregt und durch zahlreiche Überlegungen engagiert befördert hat. Ebenso danken möchte ich Elke Enders von der Kreativagentur 1punkt7 der Nordkurier Mediengruppe für die Unterstützung. Torsten Nitsche (van-Derner) hat, wie so oft in den letzten Jahren, das Layout und die Erstellung des druckfertigen Manuskripts übernommen, mit Korrektur gelesen und akribisch den Druck begleitet. Für Korrekturen und Hinweise danke ich meinem Mitarbeiter, Mike Porath, Dr. Gundula Engelhard, René Strien und Thomas Strohbach.

»Ein aufwühlendes
literarisches Zeitzeugnis.«
*Deutschlandfunk*

704 S., Euro 34 (D)

»Wer eine Ahnung davon bekommen will, was Stalingrad war (…),
muss es lesen.« *FAZ*

»Es ist die wahrscheinlich ungewöhnlichste Entstehungsgeschichte
eines Romans, von der man je gehört hat.« *FAS*

»Ein beeindruckender und zutiefst erschütternder Antikriegsroman.« *Hamburger Abendblatt*

www.galiani.de **Galiani Berlin**

# Auch bei mecklenbook erschienen

## 1945 – Zwischen Krieg & Frieden
### Teil 1 bis 3
#### Erinnerungen aus der Heimat

Die Menschen, denen wir diese Bücher verdanken, waren 1945 noch Kinder. Sie mussten Erfahrungen machen, die wir uns heute nur schwer vorstellen können. Auch 70 Jahre später sind es Geschichten und Bilder, die einen nicht mehr loslassen.

Frank Wilhelm, Birgit Langkabel

Teil 1 – Artikel-Nr.: 85730,
160 Seiten, Softcover 12,90 €, eBook 9,90 €

Teil 2 – Artikel-Nr.: 85749,
160 Seiten, Softcover 12,90 €

Teil 3 – Artikel-Nr.: 85822,
192 Seiten, Softcover 14,95 €

## Heute ist morgen schon gestern
### Gegen das Vergessen

Die Geschichte dreier Frauen beginnt in den 30er Jahren, streift Judenverfolgung, Krieg und Nachkriegszeit, thematisiert die Zwänge des DDR-Regimes und endet schließlich im Hier und Jetzt.

Karin Cieslicki, Artikel-Nr.: 85754,
Roman nach Tatsachen, 328 Seiten,
Softcover 12,90 €

Bestellen Sie unter 0800 151 3030 (Anruf kostenfrei) oder unter www.mecklenbook.de

# Auch bei mecklenbook erschienen

## Sterben war ihr täglich Brot
### Die Testpiloten von Rechlin

Jetzt ist er wieder da: der Original-Roman. Norbert Lebert hat den Alltag auf der Flugzeug-Erprobungsstelle in Rechlin von 1940 bis 1945 in einem Tatsachen-Roman beschrieben. Der zeitgeschichtliche Anhang lädt zur Spurensuche ein.

Norbert Lebert, Artikel-Nr.: 85803, 300 Seiten, Softcover 17,90 €

## RAF im Osten
### Terroristen unter dem Schutz der Stasi

Die linksextremistische Rote Armee Fraktion (RAF) hatte in der Bundesrepublik zwischen den 70er und 90er Jahren etliche Sprengstoffattentate, grausame Entführungen und Morde zu verantworten. Was niemand für möglich hielt: Zehn RAF-Aussteiger fanden in der DDR Unterschlupf – gedeckt von der Stasi. Sie bekamen eine neue Identität und das bis zur Wende 1990.

Frank Wilhelm, Artikel-Nr.: 85761
200 Seiten, Softcover 14,90 €, eBook 9,90 €

Bestellen Sie unter 0800 151 3030 (Anruf kostenfrei) oder unter www.mecklenbook.de